清华国学研究系列

陈　来著

中国哲学的
现代视野

中华书局

图书在版编目(CIP)数据

中国哲学的现代视野/陈来著. —北京:中华书局,2023.4
(清华国学研究系列)
ISBN 978-7-101-16170-0

Ⅰ.中… Ⅱ.陈… Ⅲ.哲学-中国-文集 Ⅳ.B2-53

中国国家版本馆 CIP 数据核字(2023)第 051525 号

书　　　名	中国哲学的现代视野	
著　　　者	陈　来	
丛 书 名	清华国学研究系列	
责任编辑	孟庆媛	
责任印制	管　斌	
出版发行	中华书局	
	(北京市丰台区太平桥西里 38 号　100073)	
	http://www.zhbc.com.cn	
	E-mail:zhbc@zhbc.com.cn	
印　　刷	北京盛通印刷股份有限公司	
版　　次	2023 年 4 月第 1 版	
	2023 年 4 月第 1 次印刷	
规　　格	开本/920×1250 毫米　1/32	
	印张 13⅜　插页 3　字数 310 千字	
国际书号	ISBN 978-7-101-16170-0	
定　　价	98.00 元	

陈来教授近照

《清华国学研究系列》总序

在现代中国,"国学研究"就其内容而言即国人对于中国文化之研究。中国文化有几千年连续发展的历史,中国文化的体系博大精深。经过百年来与外来文明的融汇,中国文化不断实现着新的发展与更新。在中国现代化进程不断发展、全球化浪潮冲击世界的今天,更全面、更深入地认识中华文明及其历史发展,发扬优秀的中国传统文化,已经成为新时代的重要使命。清华大学国学研究院的恢复建立,就是要为中华文明的伟大复兴、为中国文化走向世界、为中国学术的卓越发展、为重振清华大学中国文化研究的雄风而尽其努力。

在清华的历史上,1925 年曾成立清华研究院国学门,当时亦通称清华国学研究院,后因各种原因,在 1929 年停办。在短短的四年当中,毕业学生近 70 名,其中后来成为我国人文学界著名学者的近50 人。清华国学研究院指导学生的教授王国维、梁启超、陈寅恪、赵元任后被称为四大导师,清华国学研究院的研究在当时代表了我国国学研究的最高水平,其教育人才的成就也成为我国近代教育史的一段佳话。

关于老清华国学研究院的宗旨和精神,吴宓在《清华开办研究院之宗旨及经过》中明确地指出:"惟兹所谓国学者,乃指中国学术文化之全体而言。而研究之道,尤注重正确精密之方法,并取材于欧美学者研究东方语言及中国文化之成绩,此又本校研究院之异于国内之研究国学者也。"近代以来,"国学"概念的使用有不同的用法,吴宓的提法代表了当时多数学者的用法。后来清华国学研究院的教研实践也显示出,清华国学研究院对"国学"和国学研究的理解,始终是把国学作为一种学术、教育的概念,明确国学研究的对象即中国传统学术文化,以国学研究作为一种学术研究的体系。在研究方法上,则特别注重吸取当时世界上欧美等国研究中国文化的成果和方法。这表明,老清华国学研究院以研究中国传统文化为本色,但从一开始就不是守旧的,而是追求创新和卓越的,清华国学研究院的学术追求指向的不是限于传统的学术形态与方法,而是通向新的、近代的、世界性的学术发展。

所以,这种求新的世界眼光,是清华国学研究院得以取得如此成就和如此影响的根本原因之一。事实上,在1920年代,在大学成立国学研究的院所,清华并不是第一家,前有北京大学研究所国学门(1922)、东南大学国学院(1924),后有厦门大学国学研究院(1926)、燕京大学国学研究所(1928),尤其是北京大学国学研究所成立早,人员多,在当时影响广泛,但最终还是清华国学研究院后来居上,声望和成就超出于其他国学院所,成为现代中国学术史的标志。究其原因,除了王国维等人本身是当时我国国学研究冠绝一世的大师外,主要有二:一是清华国学研究院以中西文化融合的文化观作为基础,在中国文化的研究方面,沉潜坚定,不受激进主义的文化观念所影响;二是把国人的国学研究和世界汉学、东方学的研究连成一体,以追求创新和卓越的精神,置身在世界性的中国文化研究前沿,具有世界的学术眼光。

老清华国学研究院是不可复制的,但它的精神和宗旨在今天仍然有其不可磨灭的价值。今天的清华大学国学院,依然承续老清华国学研究院对国学概念的理解和使用,我们也将以"中国主体、世界眼光"为宗旨传承老清华国学研究院的学术精神。"国学研究"是中国学者对自己的历史文化的研究,必须突出中国文化的主体性;但这种文化主体性的挺立,不是闭关自守、自说自话,而是在世界文化和世界性的中国文化研究中确立起自己的地位。

清华大学国学研究院力图秉承老清华研究院国学门的精神,接续1930—40年代清华人文研究的传统,参与新时期以来清华文科的恢复振兴,力求把"清华国学研究院"办成具有世界影响的中国文化研究中心,为中国文化研究提供一个一流的国际化的平台。研究院将依托清华大学现有人文学的多学科条件,关注世界范围内中国研究的进展,内外沟通,交叉并进,既关注传统学术的总体与特色,又着重围绕中国哲学、中国史学、中国美学与文学、世界汉学进行多维度的深入研究,以高端成果、高端讲座、高端刊物、高端丛书为特色,为发展国际化的中国文化研究做出贡献。

《清华国学研究系列》是清华大学国学研究院主办的几种高端丛书之一,丛书主要收入本院教授、访问学人的研究成果,及本院策划立项的研究项目成果。这些成果在完成之后,经过遴选而收入本丛书,由中华书局出版。

清华大学国学研究院

2019 年 9 月

目　录

近代"国学"的发生与演变

——以老清华国学研究院的典范意义为视角

2009 年,新的清华大学国学研究院成立。在一定的意义上说,新的清华国学研究院当然是对老清华国学研究院的继承和重建。因此,要建设好新的清华国学研究院,正确掌握清华国学研究院的基本方向,就需要全面、深刻地认识老清华国学研究院的学术典范和历史意义。

若要全面认识老清华国学研究院的历史意义,则必须对近代国学观念的嬗变有一个总体的了解,并在此总体了解的前提下,对国学概念实际流行的复合层次作出基本分析。而晚近学者对近代国学概念及其讨论的梳理,资料收集甚为丰富,但较缺少概念的辨析和理论的把握。[1] 为此,本文将从几个大的方面展开论述。第一,分析"国学"的观念意识。关注国学语词之使用所从出发的时代观念及其意识,注重其在早期的变化以及与社会文化思潮的联结,并将其区分为三个阶段。第二,阐明"国学"概念定义的几个基本意义。以往学者的国学定义主要在国学的对象范围上着眼,本文强调的是把"国学"作为一个近代研究体系的意义。因为很明显,所

---

[1] 可参看罗志田:《国家与学术:清季民初关于"国学"的思想论争》,生活·读书·新知三联书店,2003 年;桑兵等:《近代中国学术思想》,中华书局,2008 年。桑兵等:《国学的历史》,国家图书馆出版社,2010 年。

谓"新国学"的提法和讨论,当然是指研究体系而言,研究的对象范围则无所谓新旧。第三,区分国学研究体系在近代演进的几个阶段。需要说明的是,本文只论述到 1920 年代末期,即整理国故运动的后期为止。第四,关于近代国学大家的几个主要形态,这和国学研究演进的阶段是相对应的。以上的不同分析最后都归向老清华国学研究院,以求呈现和理解其在"国学"领域作为学术典范的意义。

一、国学观念之发生与演进

为了突显近代以来"国学"观念在不同语境的复杂性,以下从三个方面试图加以呈现,即救亡意识主导下的、政治取向的国学观念,启蒙思潮主导下的、文化取向的国学意识,以世界汉学(及东方学)为参照的、学术研究的国学观念。与中国近代历史进程相适应,这三个方面展开为三个阶段的发展。

晚清民国之交,中华民族历经鸦片战争以来至甲午战争的种种屈辱,遭遇了空前的国家危机。这一危机不是个别的经济的或政治的或外交的危机,而是一种总体性的危机。这个总体性的危机就是在世界列强贪婪的攫取态势之下,中国在经历了一系列丧权辱国的让步后,有可能沦为列强的殖民地。这种民族危机,在甲午战争以后已经普遍地被当时的中国人意识到了,从而激发起了强烈的民族救亡意识。在此种形势下,对国学概念的思考与中华民族的国家命运紧密地联系在一起,"国学"成为当时表达民族思想的一个方式,其代表即邓实与晚清国粹派。

如黄节提出,"立乎地圜而名一国,则必有其立国之精神焉,虽震撼掺杂，而不可以灭之也。灭之则必灭其种族而后可。灭其种族，则必灭其国学而后可。昔者英之墟印度也，俄之裂波兰也，皆先变乱其言语文学，而后其种族乃凌迟衰微焉。迄今过灵水之滨，瓦尔省之郭，婆罗门之贵种，斯拉窝尼之旧族，无复有文明片影留曜于其间，则国学之亡。学亡则国亡，国亡则亡族"①。当时整个国家的民族危机非常严重，国粹派人士认为国家面临着灭亡的危险，就此，他们提出了"国"和"学"的关系。

同样，邓实主张"国以有学而存，学以有国而昌"②，他指出："中国自古以来，亡国之祸叠见，均国亡而学存。至于今日，则国未亡而学先亡。故近日国学之亡，较嬴秦蒙古之祸尤酷。……夫国于天地，必有与立。学也者，政教礼俗之所出也。学亡则一国之政教礼俗均亡；政教礼俗均亡，则邦国不能独峙。试观波尔尼国文湮灭，而洼肖为墟；婆罗门旧典式微，而恒都他属。是则学亡之国，其国必亡，欲谋保国，必先保学。"③ 他还指出，欧洲人殖民主义的老谋深算："其希望伟，其谋虑深，其亡人过也，必先灭其语言，灭其文字，以次灭其种姓。"④

黄节、邓实的这些提法凸显了他们对中国作为国家和中国历史文化的双重忧患。按照这个观点，一个国家与其国学是共生共存、相互依赖的，国家依靠其国学而生存，国学依赖有国家而昌盛。

这种观点在当时为不少人所主张，许守微也说："是故国有学则

---

① 黄节：《国粹学报叙》，《国学的历史》，国家图书馆出版社，17 页。以下凡引此书，只列书名和页码。

② 邓实：《国学讲习记》，《国学的历史》，81 页。

③ 邓实：《拟设国粹学堂启》，89 页。罗志田以为此文可能为刘师培草，见罗书《国家与学术：清季民初关于国学的思想论争》，63 页。

④ 邓实：《鸡鸣风雨楼独立书·人种独立》，《政艺通报》1903 年第 23 号。类似观念还可见姚光：《国学保存论》，《国学的历史》，96 页。

虽亡而复兴，国无学则一亡而永亡。何者？盖国有学则国亡而学不亡，学不亡则国犹可再造；国无学则国亡而学亡，学亡而国之亡遂终古矣。"①在这种说法里，亡国的迫切感更为突出，它表现出，面对国家的形势危急，当时有部分人甚至认为国亡已经难以避免，因此要学习明末顾炎武的想法，通过保学来避免永远亡国，用保学来期待再造国家。在这一点上他们吸取了晚明部分士人的想法，即假如国家亡了，学术不亡，国家还能复兴；如果国学也亡了，国家就无法复兴。国粹派将国学的兴亡和国家的兴亡联系在一起，提出了国学这一概念，保守固有文化，有着深刻的政治意义。

对国学的如此深忧，反映了他们对亡国灭种的极大恐惧。这样的"国"与"学"的讨论，不能不影响到"国学"二字的理解和使用。

在这种对深重的民族危机的自觉之下，邓实说：

> 夫自国之人，无不爱其自国之学。②

邓实特别强调国学与爱国心的关联，如他说"国学存则爱国之心有以依属，而神州或可再造"③，认为一民族之文化是该民族之思想的基础和来源。许之衡认为，"国魂者，原于国学者也。国学苟灭，国魂奚存"④。黄节更主张，"呜呼！不自主其国，而奴隶于人之国，谓之国奴；不自主其学，而奴隶于人之学，谓之学奴"⑤。梁启超也认为，"凡一国之立于天地也，必有其所以立之特质。欲自善其国者，

---

① 许守微：《论国粹无阻于欧化》，《国学的历史》，60 页。
② 邓实：《古学复兴论》，《国学的历史》，70 页。
③ 邓实：《国学今论》，《国学的历史》，第 49 页。
④ 许之衡：《读国粹学报感言》，《国学的历史》，56 页。
⑤ 黄节：《国粹学报叙》，《国学的历史》，18 页。

不可不于此特质焉,淬厉之而增长之。……诸君如爱国也,欲唤起同胞者爱国之心也,于此事必非可等闲视之矣"①。在梁启超等人看来,国学就是本其爱国之心,为国家和民生伸张之学,中国几千年绵延至今,根本原因就在于历史上仁人志士倡导国家大义而影响民心。邓实、刘师培创办《国粹学报》,大意皆出于此,《国粹学报》发刊词便明确声明,"保种、爱国、存学"是该刊的志向。

邓实又指出:

> 国学者何? 一国所自有之学也。……君子生是国,则通是学,知爱其国,无不知爱其学。②

爱学即是爱国,爱国所以爱国学。所有这一切,正如梁启超后来所说,都是建立近代"民族主义之根柢源泉"③。所谓国学乃立国之根之论,皆当如此观之。可见,晚清国粹派"发明国学,保存国粹"的主张实际是爱国主义文化观的体现。

桑兵指出,近代意义的国学一词及其使用,始于 20 世纪初,受到日本明治维新后学术变化的影响。④ 这是就语词的使用而言。而就观念意识来看,清末国学倡导者的言论,受到顾炎武文化意识的影响匪浅。顾炎武关于亡国与亡天下的说法,常被转换为亡国与亡国学的关联,盖顾炎武所谓天下,本是作为礼俗政教的文化而言。

可见,清末国学之名所起,并不是因反满而立,虽然邓实、黄节

---

① 梁启超:《论中国学术思想变迁之大势》,《饮冰室合集·文集之七》,中华书局,3 页。
② 邓实:《国学讲习记》,《国学的历史》,81 页。
③ 梁启超《新民说》,见张枬、王忍之编:《辛亥革命前十年时论选集》卷一上,生活·读书·新知三联书店,122 页。
④ 桑兵:《晚清民国时期的国学》,《近代史研究》1997 年第 1 期。

都是赞成反满革命的,这一时期国学保存论者的出发点主要是针对西方帝国主义欲亡中国而言。他们的主张,不是强调"研究"国学,而是"保存"中国文化,以求促进国民的爱国心。可见此时国学概念之提出,主要是政治取向的,而不是学术取向的,国学说是当时救国论述的一部分。邓实说:

> 不知爱吾祖国之文明,发挥而光大之,徒知爱异国之文明,崇拜而歌舞之。呜呼,吾想不百年后,东洋之文明亡,文明亡而其发生出此文明三千余年之祖国亦亡。①

我们必须知道,邓实和《国粹学报》的这些人绝不是主张排斥西方文明,而是主张两大文明之融合,所以他们注重保存国学,并不是针对欧化。这一点许守微说得最为明白:"国粹也者,助欧化而愈彰,非敌欧化以自防,实为爱国者须臾不可离也云尔。"②

章太炎也是一样,他从亡国的印度历史那里了解到"民族独立,先以研求国粹为主,国粹以历史为主"③。他更提出著名的口号"用国粹激动种姓,增进爱国的热肠"。章太炎主办民报所刊的《国学讲习会序》中也说:"夫国学者,国家所以成立之源泉也。吾闻处竞争之世,徒恃国学固不足以立国矣,而吾未闻国学不兴而国能自立者也。吾闻有国亡而国学不亡者矣,而吾未闻国学先亡而国仍立者也。"④ 章太炎是革命党人,尽管革命党人也有倡导欧化、不主张

---

① 邓实:《东西洋二大文明》,《光绪壬寅政艺丛书·政学文编卷五》,台北文海出版社,1976年,185—186页。
② 许守微:《论国粹无阻于欧化》,《国学的历史》,61页。
③ 章太炎:《重刊古韵标准序》、《印度人论国粹》,《章太炎全集》四,上海人民出版社,1985年,203、366页。
④ 《国学讲习会序》,《国学的历史》,77页。

保存国粹的,但他们同样是爱国忧国的人士,因此章太炎的主张在革命派内部也深有影响。

近代国学的观念,从20世纪初到1920年代末,经历了三个阶段的变化。如上所说,第一个阶段是晚清到辛亥革命,这一时期的"国学",体现的是一个政治的观念,而不是一个学术的观念。国学当然是指学术文化,但20世纪初提出"国学"时,其出发点是本于爱国主义的立场,着眼于政治的救亡。晚清国学派提出的"国学"是一个基于爱国主义观念的概念,他们自己也明确使用了爱国主义的语词。他们的基本观念是,国学代表一个国家的文化和语言,是和这个国家的兴亡命运完全联系在一起的,为了救亡图存,必须保存国学。

邓实、黄节在1905年提出了国学的概念,1907—1908年章太炎也使用这个概念,以此激励国人的爱国心。晚清这些人的国学概念,都是为了激励大家的爱国心,有一种很明显的救亡保国意识,即通过捍卫国学、保存国学来救亡保国、保种保教。这个阶段还有一个特点,即国粹派虽然强调要保存国学、守护文化,但并不反对革命,这些人都属于革命派的一翼。郑师渠的《晚清国粹派》对此有清楚的分析。[1]

第二个阶段,辛亥革命以后到新文化运动。这个时期,国学作为一个核心词汇用得较少,但国学被视作中国传统文化的代名词,其问题意识仍吸引着社会的关注。从观念上看,特别是从新文化运动开始,从1915年《新青年》的前身《青年杂志》讨论东西文化,也就是中西文化的优劣,可以说其中讨论的中国文化的问题也就是国学问题。国学的基本价值观、基本理念和基本学术倾向,在新文化

---

① 郑师渠:《晚清国粹派》,北京师范大学出版社,1997年,321页。

运动前后变成了讨论的中心，虽然这时国学作为关键词出现不甚普遍，但作为问题意识是始终存在的。所以，这个阶段的国学观念主要是文化意义的，而不是政治意义的；人们关注的不是把国学作为国家兴亡的文化基础，反而是从文化的角度，批判原有文化，引进西方文化价值来发展现代中国的文化。这个阶段有关"国学"的问题意识突出的是文化，而不是政治。

这个阶段比较有代表性的看法可举出 1919 年毛子水的《国故与科学的精神》一文，其代表性仅从傅斯年为其文作附识、胡适写长信与之讨论便可见一斑。毛子水所讲的国故和清末人讲的国学意义相近，他的定义是"国故就是中国古代的学术思想和中国民族过去的历史"[①]。但与晚清国粹派不同，他不是主张珍视国学国故以为民族国家立国的基础，而是认为："我们倘若单讲到学术思想，国故是过去的已死的东西，欧化是正在生长的东西；国故是杂乱无章的零碎智识，欧化是有系统的学术。这两个东西，万万没有对等的道理。"[②] 他更认为："我们中国民族，从前没有什么重要的事业，对于世界文明，没有重大的贡献，所以我们的历史，亦就不见得有什么重要。"[③] 这种在新文化运动高潮中从东西文化比较的角度所作的对于国学的评价，与晚清的关注全然不同，更多的是对国学和传统文化的批判。

自然，在文化观念上，与这一时期主流的批判传统思潮不同的主张也同时存在，如毛子水的文章发表后立即有张煊的反驳文章回应，但毛子水的观点是一时的主流，是无可否认的。虽然新文化运动并非以国学为关键词，但其批判旧文化的锋芒，显示出国学仍是

① 毛子水：《国故和科学的精神》，《国学的历史》，142 页。
② 同上，143 页。
③ 同上，144 页。

主要关切的对象。

新文化运动时期的争论是启蒙思想和文化保守主义的争论，要指出的是，重视保守中国文化的学者虽然强调中国文化和东方文化的价值（如梁漱溟到北大说他是去替孔子和释迦说话的），但他们并不反对"欧化"，并不拒绝、反对西方文化，正如晚清国粹派在政治上并不反对革命一样。与《新青年》杂志文化观念不同的《东方杂志》同时大量介绍西方文化，主张东西文化融合，是人们所熟知的。1920年代前期《学衡》杂志出现，一定意义上可以说是接续《东方杂志》的方向，其对中国文化的持守和信念，也是文化意义上的，但绝非反对和拒绝西方文化。这也是第二个阶段的一个重要特点。

第三个阶段就是1920年代初期到末期，这一时期，国学的概念开始广泛流行，而越来越成为一个学术概念了。在国学概念下面所谈论的，既不是政治，也不是文化，而是学术研究。这种情形和这一时期发起、流行的整理国故运动有关。1919年年底，胡适吸收了毛子水和傅斯年的概念，肯定了"整理国故"的提法。当时胡适的影响很大，而傅斯年等人还是学生。"整理国故"经胡适肯定之后渐渐发生了影响，其影响所及，首先是北京大学成立了国学研究所（正式名称是北京大学研究所国学门，俗称北京大学国学研究所）。北京大学研究所国学门成立于1922年，此后1924年东南大学成立国学院，1925年清华成立国学研究院（当时的正式名称是研究院国学门，通称为清华国学研究院），1926年厦门大学成立国学研究院，1928年燕京大学成立国学研究所。其他各地成立国学专修机构或学校，不一而足，其中以无锡国学专修学校为最有名。可以说，在新文化运动后期，出现了一个新的运动即整理国故运动，它在某一程度上有点类似今天的国学热（当然跟今天国学热还是不能相比的，它主要还是在学术层面上，还没有形成一个全民的文化国学热）。

应当说，1920年代的学术界已经逐渐发现了研究国学的重要性，整理国故运动推动了国学的研究，正是在此背景下，出现了一系列国学研究院所与类似机构。

与成立国学研究院所相关，这时的学术界出现了多种有关国学的定义。虽然国学的定义不同的人有不同的讲法，但这些定义所突出的理解，都是在学术的层面上，已经既不是强调政治（晚清），也不是突出文化（"五四"），而是注重如何发展学术研究。国学的观念在从晚清到1920年代三个阶段的基本变化反映了人们不同时期对传统文化与时代使命关系的认识。

1920年代，国学的关注进入了第三阶段，虽然文化启蒙思潮和文化保守主义的争论仍在进行，但保守主义并非反对西方文化，而是承认全盘承受西方文化的必要性（如梁漱溟）。且文化保守主义已经结合了第一次世界大战后的世界潮流，融合中西的文化主张并非容易击倒。启蒙阵营也分化出整理国故的主张，但在启蒙阵营，新文学观念与整理国故交杂纠葛，一元化的思维方式支配了多数新派学人，把启蒙与国学对立起来（如吴稚晖），以为要启蒙就必须排斥国学。所以，整理国故运动中真正开花结果的反而多是持保守主义文化观的学者。

不管如何，此时国学的概念已经与邓实时代不同，越来越成为一个学术的概念了。"学术国学"论说之发展日渐明显，与邓实时的"爱国国学"论说已大不相同了。

二、国学概念之使用

近代国学概念的定义应该可以分为几种。作为一个近代的文化概念而不是古代教育的设置,"国学"与"西学"相对,是指遭遇西方文化冲击之前中国原有的思想文化与学术体系,这是国学概念在近代的第一种用法。这里的"国"是本国之义,"学"是学术之义。用章太炎在辛亥革命前的提法,国学可称"中国独有之学"①;用刘师培后来的说法,则可称"中国固有之学术"②;东南大学国学院的提法以国学为"中国原有之学术"③。后来 1930 年代王缁尘《国学讲话》称:"国学之名,古无有也,必国与国对待,始有国家观念,于是始以己国之学术成为国学。"④ 从历史上看,根据章太炎等人的讲法,国学之提出,是指中国固有的学术,这个意义的"国学"从晚清到民国初年一直都比较流行。

　　1925 年清华国学院成立的时候,吴宓在论述清华《研究院缘起》中,⑤ 表达了清华国学院的理解,后来又在《清华开办研究院之旨趣和经过》中加以强调:"兹所谓国学,乃指中国学术文化之全体而言,而研究之道,尤注重正确精密之方法。"⑥ 吴宓所用的国学概念,定义了国学的对象和范围,是当时各个国学院所表达得最清晰的概念。这个定义以学术形态的文化为主,故称"学术文化",不包括民俗文化等非学术内容;此外,他重点强调学术文化的"全体",意谓不能仅以传统学术文化之一种(如儒家或道家)代替其全体。至 1990 年代初,张岱年先生写《国学丛书》的序的时候,还是讲国

---

① 章太炎说:"中国之小学及历史,此二者,中国独有之学,非共同之学。"《章太炎政论选集》,259 页。
② 此为《国故月刊社》之宗旨。
③ 东南大学《史地学报》2 卷 4 号(1923 年)有文云:"国学之为名,本难确定其义,在世界地位言之,即中国学,分析言之,则中国原有学术……"。(139 页)
④ 王缁尘:《国学讲话》,世界书局,1935 年,1 页。
⑤ 《清华周刊》360 期,1925 年 10 月 25 日,21—22 页。
⑥ 引自孙敦恒《清华国学研究院史话》,清华大学出版社,2002 年,15 页。

学即中国学术,这是流行最广的国学定义。

第二种是扩大的用法,即以国学为中国传统文化的简称。以国学为"中国传统学术"和以国学为"中国传统文化",这两种用法的区别在于,"中国传统学术"的外延要小于"中国传统文化",后者往往无所不包,而前者侧重于学术形态的文化而言。当一个概念提出之后,其意义就会不断地扩张,不同的人对之有不同的使用。在一般的意义上把国学当作传统文化,这个"传统文化"的意义就比较广泛了,它不仅是学术形态的文化,还可以将不是学术形态的文化包括在内。不仅是民俗文化,还有其他各种层次的文化,都被包括在内。这样的"国学"概念就是整个中国传统文化的概念了。新文化运动聚焦于中国文化和西方文化的比较,所以这种以国学指中国文化的概念,其使用与当时文化论争的焦点是有关系的。如范百诲讨论东西文化时就说:"国学是什么? 便是东方全部文化的代表。"[1] 当时批评中国文化的人尤其习惯于在这种意义上使用"国学"。

自然,国学一词在 20 世纪初流行开来之后,和任何其他概念一样,渐渐有不同意义的使用,如以上所说两种是一般所理解和使用的国学概念。在这两种以外,也多有以"国学"代称"国学之研究"者。"国学研究"是指对中国传统学术文化的研究,中国传统学术体系的内容,包括哲学、古典学、史学、文学、宗教、语言、艺术等等。

今人余英时认为:"我所讲的国学,主要是指中国传统的一套学术(或知识)系统而言,这个学术系统,便是经史子集的四部分类之学;经过乾嘉朴学洗礼之后,已发展出一套比较完整的研究方法,包括文字、声韵、校勘、考订种种整理经典文本的专技。在晚清时

---

[1] 范百诲:《青年国学的需要》,《国学的历史》,263 页。

期,这一系统可以《四库全书总目提要》和张之洞《书目答问》为具体的代表。"①这个看法把国学理解为传统的学术系统,也是就对象而言,应当说与吴宓是一致的。此外,他还认为清末民初是国学兴起的时期,此时的章太炎、刘师培的国学已经受西学的影响,将四部之学向西方开放,转化为西方学科分类,与西方学术系统相沟通,不全然是传统的,不能简单视为乾嘉考证学的延续。他所指出的这种转化为西方学科分类的国学,就不是纯就对象而言,已经是国学研究的系统了。

我现在要强调的是,实际上从晚清以来到1920、1930年代,"国学"之使用,很重要的一个意义,就是第三个方面的意义,即"国学"是指一个研究体系,或者一个学术研究体系。这个学术研究体系不是指一个过去的文化体系,如孔子思想体系、朱熹的学术体系,而是我们现在研究它们的体系。因此,在这个意义上,国学就不是一个具有时间性的概念。如认为晚清以前的学术是国学,这就是把国学理解为在时间范围意义上的传统学术,用时间界限来划分国学的范围。1920年代的国学概念则更是一个学术类型的概念,指对中国文化的一种研究体系。

比如,最典型的就是胡适的观念。胡适主张"研究这一切过去的历史文化的学问,就是国故学,省称为国学"。这个历史文化的学问不是指古人对过去的研究,而特别指近代以来我们对过去历史文化的一种研究。胡适在北大国学研究所办的刊物《国学季刊》的发刊宣言中说"国学"就是"国故学"的缩写。什么是国故学呢? 他说:"中国一切过去的文化历史,都是我们的'国故'。研究这一切

---

① 《国学概念与中国人文研究》,"中研院"第28次院士会议主题讲演,见往复网。

过去的历史文化的学问,就是'国故学',省称为'国学'。"①这个讲法来自毛子水。毛子水在 1919 年写的《关于国故和科学的精神》里面提出,"国故,就是中国古代的学术思想和中国民族过去的历史。""我们现在研究古人的学术思想,这个学问叫国故学。"②胡适加了一句,说"国故学"缩写、简称、省称就叫国学。就国学这一语词的历史来讲,胡适的说法并不合乎实际,并非先有一个"国故学"流行,然后大家省称、简称,才有了国学的概念,语词的历史并不是这样的。但是胡适的这一个说法,显示出国学的第三种意义,就是,国学是研究过去历史文化的学问。所以,这样的一个国学的概念就是一个学问体系的概念,就是指研究中国历史文化的学问体系。

这种用法在 1920 年代以后广泛流行,也渗透在学者的日常语言之中。比如当时国学名家黄侃,是章太炎的弟子,周作人谈到他时赞叹地说:"他的国学是数一数二的。"③这个"国学"的概念不是指它的对象即传统文化、传统学术,而是指对于它的研究。林语堂说:"科学的国学是我们此去治学的目标。"④他所说的国学也不是就它的对象来讲,而是就一个研究的体系、一个学问的体系来讲的。顾颉刚认为国学就是"用科学的方法去研究中国历史,研究中国历史的材料",这也是说国学是我们现代人研究过去中国历史材料的一个系统,这样的讲法就是以国学为一个研究的系统。顾颉刚还说:"国学是科学中的一部分。"⑤这个科学就是一个研究系统的概念。毛子水在 1930 年代的时候回顾这段整理国故的历史,表扬胡

---

① 胡适:《国学季刊》发刊宣言,《国学的历史》,194 页。
② 毛子水:《国故和科学的精神》,《国学的历史》,142—152 页。
③《知堂回想录》,香港,三育图书,1980 年,482 页。
④ 林语堂:《科学与经书》,《晨报五周年纪念增刊》,1923/12/1。
⑤ 顾颉刚的两段话皆见《一九二六年始刊词》,《国学门周刊》,2 卷 13 期,3 页。

适为北大国学门刊物所写的《发刊宣言》,认为"民国十二年(1923)以后国内的'国学'所以能有一点成绩,这篇文章(《国学季刊发刊宣言》)的力量不少"[1]。他所说的"国内的国学之所以有成绩"这句话中的"国学",不是指作为研究对象的国学,而是指"国学的研究"这个体系。曹聚仁后来也说:"简言之,国学者,以我国固有之学术为研究之对象,而以科学方法处理之,使成为一种科学者也。"[2] 所以这第三个意义的国学就是指国学研究。

另外,就外延来讲,因为国学同时已经开始作为一个学科的意义出现,在1922年北大成立国学研究所的时候,开始招收研究生。北大国学研究所筹备时的《研究所简章》为国学门所规定的范围,已规定了国学作为的范围,就是"凡研究中国文学、历史、哲学之一种专门知识者属之"[3]。这是确定国学的范围,即国学不仅仅指文学,也不是仅仅指历史或哲学,只要是研究其中之一种,都属于国学的范围。1925年清华国学研究院成立,《研究院章程》也规定"先设国学一科,其内容约为中国语言、历史、文学、哲学等"[4]。

三、国学研究之发展

1922年北大国学研究所成立,其成员与主持者多出自章太炎门下。这些章门弟子多在1913—1915年间进入北大,他们代替了

---

① 毛子水:《胡适传》,转引自陈以爱:《中国现代学术研究机构的兴起——以北大研究所国学门为中心的探讨》,江西教育出版社,2002年,196页。
② 见曹聚仁《国故学之意义与价值》。
③《公布北大研究所简章布告》,《蔡元培文集》卷三,50页。
④ 孙敦恒:《清华国学研究院史话》,26页。

过去桐城派的遗老，不仅成为北大文史教学研究的主流，而且主导了北大国学研究所。即使1923年胡适起草的《国学季刊发刊宣言》，其中也仍然"隐着章太炎的影子"（逯耀东语）。①

《北京大学校史（增订本）》叙述北大1910年代的历史时指出：

> 在此之前，姚永概任文科教务长，桐城派的学风在北大文科居于优势。……夏锡祺代替姚永概主持北大文科后，引进了章太炎一派，……他们注重考据训诂，以治学严谨见称，这种学风以后逐渐成为北大文史教学与科研中的主流。②

京师大学堂开办后，桐城文人任教甚多，桐城派领袖吴汝纶即首任京师大学堂总教习。民国后严复出掌北大，姚永概任文科教务长，亦桐城派著名文人。1913年夏锡祺任文科学长，此后相继引入沈尹默、朱希祖、钱玄同、马裕藻、沈兼士、黄侃等章太炎门人，后又引入刘师培，公开挑战桐城古文，鼓吹六朝文章。进入民国后的一个时期，章太炎成为学界最高权威，而北大文科以训诂音韵、文字考据为真正的学问，也都是受其影响。

1917年后，陈独秀任北大文科学长，引入胡适等人，大兴新文学运动和文学革命。虽然太炎门人在国语运动上新文学运动一致，但刘师培、黄侃明确反对新文化运动对古代文化采取的偏激态度，而太炎门人始终在北大文科处于优势地位。胡适从一开始就认识到北大文科的这一特点，故努力与太炎弟子们维持良好关系。在新文化运动中，胡适的社会名声虽然大大超过这些文科同事，但在北

---

① 《中国现代学术研究机构的兴起——以北大研究所国学门为中心的探讨》序。
② 《北京大学校史（增订本）》，48页。

大文科内部，还是太炎门人居于优势和主导。①

1921 年北大通过研究所组织大纲提案，规划成立研究所，分国学、外国文学、社会科学、自然科学四门，国学一门进度最快，遂于1922 年 1 月成立。这与后来清华研究院先成立国学门是相同的。所不同的是，北大在 1917—1918 年已经成立了分科的研究所（文、法、自然），但蔡元培后来认为各系分设，散漫无伦，故 1920 年由评议会决定合并旧研究所为四门，新的研究所以蔡元培为所长。此研究所非专为研究生而立，乃转为研究高深学问而设。其国学门的范围是：凡研究中国文学、历史、哲学之一种专门知识者属之。

陈以爱指出，这些身兼国学门委员的文科教授，除了胡适外，皆为留日的章太炎门生，由沈兼士连续担任国学门主任（1922—1927）。与清华国学研究院重视培养研究生不同，北大国学门从1922 年至 1927 招收的研究生共 46 人，但最后只有 10 人提交了毕业论文。这显然是因为国学门的重点不在培养研究生，而是在"三室五会"的活动。其"五会"中的歌谣研究会成立最早，在全国推动了一场歌谣的运动。风俗调查会与歌谣研究会互动密切，由风俗会而推动方言研究会，广泛开展方言调查。②北大国学门这种偏重民俗、歌谣的倾向不能不说是受到新文化运动及其文化观念的影响。1926 年，沈兼士在检讨北大国学门工作时也指出，国学门"关于研究方面尚未能充分进行"③。

从晚清到清华大学国学院成立，国学研究在近代的演进也可以分为三个阶段。第一阶段在学问方法上延续了清代的考据学、训诂

---

① 陈以爱：《中国现代学术研究机构的兴起——以北大研究所国学门为中心的探讨》，29 页。
② 同上，81—89 页。
③ 《研究所国学门第四次恳亲会纪事》，《国学门月刊》第 1 卷第 1 号，140 页。

学,在观念上导入一些近代的文化意识。如按照古人的传统观点,经学是最重要的,但清代的学术观念已经开始慢慢变化,到了晚清,章太炎、刘师培等人的国学研究作为一个研究体系,一方面继承了清代的考证学、训诂学作为方法,另一方面就研究意识来看,已经具有了近代观念,认为子学和经学是平等的。他们的研究不再突出"经",而比较强调"子",并且在"子"里面对孔子也有所批评。① 这些都体现了近代文化的意识,即,把经学的地位降低,把孔子的地位拉平。这是从晚清开始到民国初年,当时的国学作为研究体系的基本形态。这个形态对后世的影响还是很大的。现代人一提起国学,想到的就是考据学、训诂学等"小学",其实这只是国学在近代的第一阶段的一些特征。这里有一个很有意思的问题,就是清代考据学、训诂学加近代学术观念所构成的近代第一阶段的国学,其实已经是一个新的学术体系了,不再是老的体系了。考证学、训诂学加上近代意识,如《国故论衡》,这些学术系统已经带有新的特色,跟清代传统的学术研究体系不同。而如《荀子集解》,虽然其作者王先谦已经是近代人,但是这本书的学术形态还是比较传统的,可谓是传统的国学。近代新的国学虽然仍包括传统的国学,但其主体已经发展出新的研究形态。

第二阶段以北京大学国学所为中心。不过,如果不从阶段,而从典范的意义上来说,则太炎门人的治学仍多笼罩在章太炎之下,这个阶段和北京大学国学所真正新的典范可以说是以强调科学方法和疑古思潮为特色的。这些当然都与北京大学有关。在新文化运动倡扬"科学与民主"的影响下,不仅胡适特别强调科学方法的意义,其他人(如毛子水)也都非常重视科学方法。实际上,"科学

---

① 当然他们后来有些变化,比如章太炎早年"订孔",对孔子有责难,但晚年又收回了。

方法"作为一般提法已经成为当时学界的共识,而实际上如何理解科学方法则主张有异。这个时期提倡的所谓"科学方法"与晚清到民国初年的考据学、训诂学方法其实是有所不同的。虽然胡适常说清代考据学、训诂学当中有一些科学的方法,但总体来讲,他所讲的科学方法不即是清朝人的那种训诂学、考据学,而是有了一些新的分析和处理方法,特别是由西方学术而来的一些方法如实验主义、实证方法。除了科学的方法之外,疑古、辨伪的意识是这一阶段的国学研究,特别是胡适、顾颉刚研究的一个特点。[①] 疑古思潮与当时整个新文化运动对传统的批判、怀疑有关,人们对中国古史、经书、史料提出许多怀疑,这种怀疑也开发了许多新的研究领域,促进了史学的发展。这是作为研究体系的国学在这一阶段的特点。

第二阶段由北大胡适等所代表的科学思潮加疑古思潮是一个新的国学研究形态,比第一阶段更进了一步。它强调科学思潮、疑古思潮,同时也强调整理古代文化,这种文化学术意识虽然与第一阶段有连接之处,但已经属于更为新的一个阶段,其形态与章太炎相比也已经是一个更新的发展了。在章太炎那个时代,考据学、训诂学加近代意识的学术里面虽然也有一些西方的东西,但那些西方的东西更多的是属于"革命"的社会因素,如因为主张革命,所以要把经学和孔子的地位降低。但是到了科学、疑古这一阶段,它配合了科学和民主的呼唤,从文化启蒙的立场引进西方的人文价值,西方文化也在中国近代学科建立的意义上被大量参考借鉴。不过,大体上看,这一阶段的北大国学门,"启蒙"的意识甚强,"科学"的整理不足。

---

① 参看陈以爱书,182、205 页。

第三阶段就是清华国学研究院突出代表的、借用一个较有争议的概念来讲：汉学化的国学。① 这里的"汉学"不是胡适继承章太炎而主张的清代汉学，② 而是世界汉学（及东方学中的中国部分）。汉学化的国学是什么意思呢？其实就是世界化的，跟世界学术的中国研究接轨、合流的一个新的国学研究。③ 例如王国维所实践、由陈寅恪提出的大家熟知的"把地下的实物和纸上的遗文互相释证"、"外来的观念和固有的材料相互参证"、"异国的故书和吾国的古籍相互补正"三种方法，这些方法可以说都是与当时法国和日本的汉学、中国学的研究的方法是一致的。所以，像清华国学院陈寅恪所注重的是，清华国学院不仅在宗旨而且在实践上强调的也是，如何利用东方的古语言学、比较语言学等新的知识和方法来研究中国文化，因为当时的欧洲人和日本人都用了这种方法对中国的古学做了新的研究，并取得令人瞩目的成果。第三阶段的这种以清华国学院为代表的世界化的国学是新的国学研究的进一步展开，可以说，它真正落实了一个新国学运动的展开。在第二阶段所讲的科学方法和疑古，更多的还是观念上解放和启发，如顾颉刚所提出的"层累地造成的中国古史"的假设，而没有落实到学术实践上的卓越发展。所以李济后来说："（清华）国学研究院的基本观念，是想

① 龚鹏程《国学入门》认为清华国学院的课程和教育与西方或日本的汉学接近，北京大学出版社，2007年，228—229页。
② 关于胡适继承章太炎汉学的一面，参看陈平原《中国现代学术之建立》，北京大学出版社，1998年，191、223、224页。
③ 北大国学门，包括胡适，对此有所意识而未能真正发展，其原因是多方面的。其中重要的一点是启蒙的文化观支配了北大国学门的方向，不仅对民俗、民谣的重视是这样，胡适对传统文化的缺乏信心也是基于同样的原因。可参看我的文章《启蒙批判与学术研究的双重变奏——整理国故运动中的胡适》，《清华大学学报（哲学社会科学版）》，2010年，第4期。

用现代的科学方法整理国故。"[1] 这个说法虽然未能把清华国学研究院与北大国学门的特色区别开,但是如果把科学理解为包括西方社会学、历史学、语言学、人类学等社会科学理论,也可以认为,清华国学研究院才在科学地整理国故上做出了成绩,[2] 这也是清华国学院后来居上的原因。[3] 后来中央研究院史语所的学科负责人也是以清华国学院出身者为主流。[4]

四、国学名家与大师

上述近代国学研究发展的第三阶段之所以得由清华国学研究院为代表,是因为这一阶段清华国学院的核心教授王国维等人是世界承认的最好的国学研究者。这就涉及到国学家的问题。国学研究作为一个体系的发展不仅离不开国学学问家,而且是通过一代一代的国学家的工作来体现的。如前述近代国学研究的第一阶段,考

---

[1] 引自夏晓虹、吴令华编:《清华同学与学术薪传》,生活·读书·新知三联书店,2009年,388页。

[2] 吴宓说:"本院所谓国学,乃取广义,举凡科学之方法,西人治汉学之成绩,亦皆在国学正当之范围以内,故如方言学、人种学、梵文等,悉国学也。"(《研究院发展计划意见书》,《清华周刊》371期,1926年3月19日)。不过事实上,因胡适和傅斯年等所谓科学主要指自然科学,陈寅恪似以"科学"超出人文学,故不太赞成"以科学方法整理国故"的提法,认为这是新派学人即留学生的主张,也是容易出偏差的。参看《清华同学与学术薪传》,439页。

[3] 周传儒《史学大师梁启超和王国维》一文中说:"以清华设备之富,梁王声望之隆,清华研究院遂远远超过上海之哈同书院、无锡国学专修馆乃至北大国学研究所之上。"见夏晓虹编:《追忆梁启超》,生活·读书·新知三联书店,2009年,320页。

[4] 卢毅指出:"从后来步入正轨的史语所来看,清华国学研究院出身者显然占据主流,下设三组即分别由陈寅恪、赵元任、李济领衔。"《整理国故运动与中国现代学术转型》,中共中央党校出版社,2008年,89页。

证学、训诂学加近代意识,这一阶段的国学家以章太炎为代表,他不仅主张革命,有强烈的爱国意识,他的学术主张和学术研究在当时是代表着与前代不同的新的研究。第二阶段,即北大从 1913 年开始到 1920 年的主流研究,这个时期主导整个北大文科的是太炎门人,故代表这个时代的国学学者是太炎门人。就新文化运动作为一个文化运动的意义上来讲,胡适是这个运动的推动者,对青年学生影响很大;但是就北大的国学研究所来讲,胡适并不是主导者,主导者是太炎门人。所以,北京大学国学研究所成立于 1922 年的时候,由沈兼士做主任,人员基本上是以太炎门人为主体。太炎门人比起章太炎,有他们进步的一面,比如他们同意对白话文运动的推广,这与新文化运动是合拍的;他们对民俗文化也颇重视,这也是与新文化运动能够合流的。但总体来讲,他们的国学研究方法受章太炎突出考据学治学方法的笼罩比较严重,所以说,他们还没有像第三阶段清华国学院大师那样把世界学术新的东西引进来。① 举一个例子,章太炎轻视甚至反对甲骨文研究,而王国维则是以甲骨文研究起家的学者。这就可以看出来,像章太炎的这种国学研究在 1920 年代已经不能代表国学研究的方向,新的国学要向前发展,一定要从世界上各个方面来吸收研究方法和研究成果,站在研究的前沿。

北大从 1913 年开始,整个文科都是章太炎的门人所主掌的,可是今天看来,他们之中有哪一位的学术贡献在学术史上是特别重要的呢?比如沈兼士,我们从近代学术史上来看,其成就显然是不能和王国维、陈寅恪等人相比的。太炎门人的学术虽然已经是一个近

---

① 梁启超在其《先秦政治思想史》已指出,新国学研究之新即在引入外来学术的方法。刘梦溪也指出,北大国学门是新国学,清华国学院比起北大国学门是更新的国学。见氏著《国学与经学》第七章《论国学》,中华书局,2021 年,323 页。

代学术的形态了,但是学术研究的步伐还不能够跟上时代的要求。因为,这个时期欧洲和日本的汉学研究已经长足发展,在许多方面已经超越国人。其实胡适、陈垣对此都很感叹,后来傅斯年也处心积虑地要和汉学争高低,[①] 而太炎门人则缺少这样的学术胸怀和学问志向。[②] 至于清华国学院,王、梁、陈、赵四先生则已经入于此流之中,如王国维已经跻身世界一流的研究者当中,这是当时世界学人如伯希和等都承认的。王国维等和当时世界各地的汉学家们常有交流,并在这些交流中得到了世界汉学家的尊敬。[③]

国学名家第一代是以章太炎为代表,第二代是太炎门人所代表的北大学者。太炎门人的国学研究当时还是以考证学和训诂学为主,虽然他们也有一些新的文化观念,比如赞同白话文运动等,但是就学术研究来讲,当时还没有走在最新的国学研究前沿。第三阶段的代表是王国维和清华国学院的学者,他的学术视野和研究成绩,无愧于世界第一流的研究。国学研究不是关起门来研究就能发展的,而要充分了解世界中国学研究的方法、成就、动向。其实胡适当时是有这个心念的,然而,由于胡适受到新文化运动观念影响太大,这使他不能没有束缚地去追求国学的学术研究,也无法取得突出的成绩。所以正如我们看到的,王国维是近代国学家在第三个阶段的代表。

陈寅恪到清华的时候,他的视野、观念和方法跟王国维是一致的,受世界汉学、东方学的影响尤为突出。他跟王国维之间特别能够交心,除了社会、文化方面的共识之外,学术发展的眼界和方法的

---

① 参看陈以爱书,291 页。
② 如黄侃便认为,研究国学,懂外文不一定是必要的,王念孙不懂外文,也是一个大学者。参看《清华同学与学术薪传》,397 页。
③ 可参看桑兵:《晚清民国时期的国学与西学》,《历史研究》1996 年第 5 期。

共识也应是重要原因。所以,到 1930 年代时只有他能代替王国维的角色,成为世界汉学、国际中国学共同认可的最高水平的新国学研究者。所以,虽然陈寅恪的研究成果后出,但他的研究方法、路子与王国维是一致的。这个路子就是,它始终与世界的中国研究、汉学研究、东方学研究连接在一起,站在世界学术的前沿。所以,清华国学院的学术始终具有一个开放的研究视野,它不排斥汉学,不排斥外国学者研究,不自说自话,而是要在整个世界的学术社群里面建立它的学术地位。有学者用"汉学化的国学"来描述清华国学院的学术,这里的汉学不是清代的汉学,而是指国际的汉学;这个讲法虽然不见得恰当,但是它体现了当时清华国学院的一个特点,体现出他们的学术视野是世界性的。

作为学术研究体系的近代国学,历史地包含两个部分,一部分是传统式国学研究,如孙诒让《周礼正义》、王先谦《汉书补注》等,另一部分为新的国学研究。新文化运动以后,新的国学研究慢慢占据了主流,如王国维的《观堂集林》、陈垣的《元西域人华化考》等。

陈平原认为晚清与"五四"两代学人(如章太炎和胡适)共同开创了中国现代学术的新天地,[①] 但从国学研究的学术史角度来看,王国维、梁启超、陈寅恪的研究已经超越"五四",开创了后"五四"时代的新国学研究。这并非仅仅从时间上说,而且是从类型的逻辑关系上说,如王国维、梁启超都是"五四"前成名的人物,但他们的研究不是章太炎、胡适所主张的清代汉学式研究,他们的学问类型都是超越"五四学人",而不是"五四学人"所能笼罩的。所以陈平原其实只讲了我们所说的前两个阶段,而忽略了第三阶段,王国维、

① 参看陈平原:《中国现代学术之建立》,北京大学出版社,1998 年。

梁启超都不能归为"五四学人",而他们才是中国现代学术的真正奠基人。

1920 年代刘复等人及日本学人,都认为整理国故运动是一种"新国学之发生"。胡适后来也把他起草的《发刊宣言》称为"新国学的研究大纲"。当时尚在留学的刘复说:"我们只须一看北京大学研究所国学门中所做的工作,就可以断定此后的中国国学界,必定能另辟一新天地,即使是一时还不能希望得到多大的成绩,总至少能开出许许多多古人所梦想不到的好法门。我们研究文学,决然不再做古人的应声虫;研究文字,决然不再向四目苍圣前去跪倒;研究语言,决然不再在古人的非科学的圈子里去瞎摸乱撞;研究歌谣民俗,决然不再说《五行志》里的鬼话;研究历史或考古,决然不再去替已死的帝王做起居注,更决然不至于因此而迷信帝王而拖大辫而闹复辟!总而言之,我们'新国学'的目的,乃是要依据了事实,就中国全民族各方面加以精详的观察与推断,而找出个五千年来文明进化的总端与分绪来。"① 可见"新国学"这个概念在 1920 年代已经登场了,指 1920 年代国学研究的新发展。新国学当然是指作为一个研究体系已经有一个新的形态、新的方法的进步。所以我们今天在讨论国学的时候也要把新国学的发展的过程、阶段、经验做一个总结。可以说,清华国学研究院是 1920 年代新国学运动里面最后的、有代表性的、开花结果的环节。

新国学运动中,国学家的文化观与国学家的学术成就,两者之间有相当的关系。国学家的文化观对国学研究的重要性,这一点在百年之后的今天来看是越来越清楚了。北大国学研究所(包括胡适)之所以在国学研究上没有取得最好的成绩,跟新文化运动的文

---

① 《〈敦煌掇琐叙目〉叙》,《北大国学门周刊》第 3 期(1925 年 10 月 28 日)。

化观的影响有关系。新文化运动观的主导倾向是批判传统文化、反传统文化，这在当时虽然有它的必要性，可是在学术上也有一些影响。这种影响就是人们不能理直气壮地去研究中国文化，它使研究中国文化没有一个文化观的支持。整理国故运动本来是一个能够走向学术研究、得到很多学术成果的运动，可是从一开始就有一些新文化运动反传统的声音来影响它，认为研究国学虽然不是一点意义也没有，但是意义不大，更激烈者如陈独秀认为，研究国学、整理国故如同在大粪里面找香水，而我们现在是要从西方引进香水。胡适本来是赞成整理国故的，因为胡适作为一个学者，了解当时汉学发展的情形，知道国学研究应该有一个大的发展，所以他提出整理国故。但是后来他屈服于新派的批评压力，要维护其作为新文化运动领袖的地位形象，于是就转而表示他提倡整理国故是为了"打鬼"，为了"捉妖"，为了解剖中国社会的文化病象。在这样一种文化观的影响下，国学研究没有一个理直气壮的文化观基础来支持，成为一个很重要的问题。实践证明，国学研究需要有一个恰当的文化观作为基础，清华国学院是一个典型的范例。如吴宓是清华国学院的创始人，他是学衡运动的主要领导者，倡导"昌明国粹，融汇新知"，主张中西要融合，没有任何文化的自卑感。清华国学院的几位导师也没有激进文化观的束缚，梁启超重视中西融合，王国维突出兼通中西文化的重要性，陈寅恪强调不忘民族本位，在文化观上都是一致的。所以，近代文化史的经验告诉我们，要有一个重视民族文化的文化观作为底气来支持国学研究，加上引进新的研究方法，国学研究才能真正结出成果。

可以这样说，1929年夏清华国学研究院停办，此后清华的人文学就按照分科的系统来发展，兴办了分科的研究所，而不再有统括的国学研究院了。随着学系分科,清华文科的分科发展在 1930 年代到 1940 年代期间也创造了它的辉煌。在这个意义上,应该说清华国学研究院开创了清华文科研究的黄金时代。作为一个开创阶段,它构成了此后老清华文科辉煌发展的一个基础和示范。1929 年以后,清华分科的发展是跟随着这个示范、这个先导范例继续发展的。虽然此后清华的人文学科是以文学院为组织形式的分科发展,但是它的学术精神,它的学问宗旨,它的文化观,还是秉承了清华国学研究院中西融合、追求卓越的路向。清华文学院时期的学术也可以看成是清华国学研究院学术的继续发扬和光大延续。

今天,新的清华大学国学研究院,作为老清华国学院的重建,当然要总结历史经验,继承老的清华国学研究院的那种新国学研究的精神和方法,同时,我们还要不断向前迈进、跨越。① 时代毕竟不一样了,今天是一个中国崛起的时代,八十年来我们学术的积累跟 1920 年代已有很大的不同。特别是,改革开放以来,我国的人文学术研究,尤其是对中国历史文化的研究有着长足的进步。随着中国在世界上地位的提高,我们的大国地位要求我们提高我们在世界学术中的地位和影响。从这个角度来看,新清华国学院的宗旨一方面要继承老的清华国学院传统,另一方面是进一步发展老清华国学研究院的传统。今天的清华大学国学研究院当然是清华老国学研究院的继承者,是它精神上的延续;我们沿用"国学"为标志,就是要突出民族文化的主体意识,突出文化的主体性。外国人研究汉学虽然有其成就,但不会有中国学人这样的主体意识,甚至可以说,西方的汉学是西方学术的一部分。今天的中国人研究中国文化、中国历

---

① 2009 年 10 月 26 日《光明日报》发表了对本人的整版专访,讨论近代国学之演变与清华国学院的地位,本文即在此专访基础上写成。

史,必须突出我们中国人的主体意识、主体理解,坚持中国文化的主体性建构。

新的清华国学院希望如何来继承和发展呢? 我们用八个字来表达:中国主体,世界眼光。"中国主体"是要突出中国人研究理解的主体性,要突出中国人对中国文化历史的认识,理直气壮地突出我们自己对民族文化的理解和研究方法。我想,中国人主导中国研究的时代应该是慢慢到来了。但是,这个中国主体不是一个孤立的主体,我们绝不是排外的、拒绝外部世界的、封闭的。"世界眼光"也是我们从老清华国学院继承的观点,这个眼光让我们不仅仅向世界汉学开放,也向整个世界学术开放。我们今天研究中国文化不仅要吸收汉学的研究成果、达到汉学的水平,还要吸收西方一流的人文学、哲学、社会学所有的营养,我们要做出更好的研究成果,领导世界的潮流,即我们要使自己不仅与世界合流,而且成为主流。这是我们新时代中国国学研究所应当有的一个志向和宗旨。

启蒙批判与学术研究的双重变奏

——整理国故运动中的胡适

研究胡适对国学的态度，是个较大的课题，本文则把对胡适对国学的态度之研究限制在 1920 年代末以前，即重点在整理国故运动时期。

一、

胡适一生在很多问题上都有变化，对国学的态度也是如此。早在 1915 年留美学习时，胡适在"知识"上是肯定国学的，他说：

> 我所遇欧洲学生，无论其为德人、法人、俄人、巴而干诸国人，皆深知其国之历史政治，通晓其国之文学。其为学生而懵然于其祖国之文明历史政治者，独有二国之学生耳，中国与美国是已。……吾国之学子，有几人能道李杜之诗、左迁之史、韩柳欧苏之文乎？可耻也已。①

----

① 《留学日记》，1915 年 7 月 27 日，《胡适全集》（以下简称《全集》）28 卷，安徽教育出版社，2003 年，195 页。

这里提到的政治且不论，在胡适当时的意识里，一个人必须了解自己国家的历史文化，不了解自己国家的历史文化是可耻的。胡适当时虽然年轻，但此种说法，已接近于十年前即 20 世纪初流行的邓实、黄节等的"国"—"学"之论，即一国必有其学，一国之人必珍视其国之学。当然，此时的胡适似乎还达不到邓实等人的国学爱国论的程度，他也没有用到"国学"的概念，但显然在知识的了解和探求方面，胡适对作为知识的国学之研求是肯定的。他所说的"其国之历史"、"其国之文学"，就是邓实等所谓"其国之学"的国学。①

其实这样的经验在胡适并非第一次。早在 1911 年夏胡适在美国参加一研讨会后，就在日记里记下当时一位美国学者对中国学生说的话："君等近日有大患，即无人研求旧学是也。"这使当时的胡适颇感震撼。更令胡适感到惊奇的是，这位学者对朱子之学有所了解，而"大称朱子之功"，以致胡适在日记里写道："余闻之，如芒在背焉。"② 这显示出胡适当时深感对本国学术知识不加研求的羞愧。虽然胡适没有记录这位美国学者对"大患"的具体说明，但也可看出，至少在知识上，胡适对"研求旧学"是肯定的。所以，有学者说胡适早年一直是想昌明国学的，这不是没有根据的。③

随着胡适思想的逐步发展，这种在知识研求意义上对国学的肯定，渐渐发展为"学术"的概念，而同时，与之相对，他也明确地建立起"思想"的概念。1916 年他在见到马君武以后写的日记，已经区分了"学术"与"思想"，他说："其所专治之学术，非吾所能测其浅

---

① 邓实的思想可参看郑师渠《晚清国粹派文化思想研究》，北京师范大学出版社，2000年，100—104 页。

② 《留学日记》，1911 年 6 月 17 日，《全集》27 卷，150 页。

③ 罗志田：《国家与学术》，生活·读书·新知三联书店，2003 年，346 页。

深,然颇觉其通常之思想眼光,十年以来,似无甚进步。"① 照这个区分,对其国之历史文化的知识,是属于学术;而对于其国历史文化之看法,则属于思想。在这则日记中显示出,"思想、文学"的眼光,在胡适思想中已经变得更加重要了。

这一"学术"与"思想"分化的意识,是胡适此后对国学态度呈现矛盾的根源之一。不过总体上说,胡适在留学期间是主张文化的新旧调和论,如1912年,胡适在《非留学篇》中说道:"必先周知我的精神与他人之精神果何在,又须知人与我相异之处果何在,然后可以取他人之长,补我所不足,折中新旧,贯通中西,以成一新中国之新文明。"他在其博士论文《先秦名学史》中也说道:"如果对于新文化的接受不是有组织的吸收的形式,而是采取突然替换的方式,因而引起旧文化的消亡,这确实是全人类的一个重大损失。因此真正的问题可以说,是我们应怎样才能以最有效的方式吸取现代文化,使它能同我们的固有文化相一致,协调和继续发展,……使我们能在新的文化内在调和的新基础上建立我们自己的科学和哲学。"② 这些都是主张把现代文化的精华和中国固有文化的精华联结起来、协调起来,这和他五四时代"反对调和"的立场是不同的。

二、

在学术上,对中国文化之研究,胡适渐渐重视起来。这不仅因为他自己的博士论文便是对先秦名学的整理,而且《中国哲学史大

---

① 《全集》28卷,384页。
② 《先秦名学史》,《胡适学术文集(中国哲学史)》下册,中华书局,1991年,772页。

纲》的出版使得他暴得大名,也使得他必然要从专业学术的立场正视中国学研究的世界地位与整体发展。特别是,在他回国之后,世界汉学的研究成果带给他的冲击必然使得他对中国学研究的学术意义与前景,有更为深切的认识和理解。

1917 年 7 月,胡适在由美归国的途中写下日记,对日本学者桑原骘藏关于"中国学"的论文深加赞赏:

> 日本人桑原骘藏博士之《中国学研究者之任务》一文,其大旨以为治中国学宜采用科学的方法,其言极是。①

而且胡适对桑原文中的"整理"观念,亦认为"极当"。桑原这篇在《新青年》上转载的文章,提出对中国古籍,应先以科学方法整理之,再以科学方法研究之,这一说法对当时的胡适应有深刻之印象,也为他后来倡导"整理国故"准备了基础。由此推之,桑原的文章对当时其他中国学者也应有广泛的影响,虽然当时中国的学者很少对桑原的文章表示直接推崇。

桑原的文章之所以给胡适深刻印象,不仅在于他提出的以科学方法整理、研究中国古籍,而且在于该文介绍了欧美中国学的研究成绩,颇令胡适眼界大开,胡适在日记里写下:

> 其所举欧美治中国学者所用方法之二例,一为定中国汉代"一里"为四百米突,一为定中国"一世"为三十一年。后例无甚重要,前例则历史学之一大发明也。②

---

① 《全集》28 卷,582 页。
② 同上。

表现出了他对当时外国的中国学成绩发自内心的赞赏,这体现了他作为学者对学术的追求和认识。

1921年10月5日胡适日记见载:

> 日本人小柳司气太送我两本《东洋学报》(十一,1~2),中有饭岛忠夫一篇长文,……此君从历法上考见《左传》为刘歆之伪作,甚有研究之价值。①

几个月后,胡适又在日记记录:

> 日本人小柳司气太邀我吃饭,席上见着京都大学教授羽田亨(Haneda)先生。此君为东洋史专家,通数国语言文字,曾著有《西夏纪年考》等书。他新从欧洲回来,携有敦煌石室文稿影本四千余卷,将次第印行之。此极好事,我们都应该感谢。②

越多地了解世界国学研究的成绩,胡适应该越能了解国学研究这一学术领域在世界学术界的意义、前途,以及中国学者在这一领域与世界的差距。由于对日本中国学研究成绩的逐步了解,1922年8月,胡适在日记中甚至表示:"中国今日无一个史学家","日本史学的成绩最佳。"③ 在这些表达下面,可以看到胡适作为一个中国学术研究者所感到了学术压力。事实上,国学研究在世界中国学研究的对照下所显现出来的窘况,是当时中国学者相当普遍的感受。

①《全集》29卷,478页。
② 同上,515页。
③ 同上,726页。

次年，胡适在《国学季刊》发表《科学的古史家崔述》，其中说：
"近来日本的史学早已超过崔述以经证史的方法，而进入完全科学
的时代了。"[1] 这里所说的日本史学，还不是整个的日本史学界，不
包括日本学者对日本史、朝鲜史的研究，乃专指日本学者对中国历
史文化的研究。当然，胡适也了解，"其实日本人史学上的大进步大
部分都是西洋学术的影响"[2]。总之，当时世界范围的中国学研究，
不仅不同于清代学者的考证学研究，也不同于晚清章太炎等的国学
研究，而是采用从欧洲发展起来的研究方法，对中国古代历史语言
文化加以研究，取得了令人瞩目的成绩。欧洲、日本的中国学研究，
为国人的国学研究确立了新的价值和意义，尤令得胡适这样的中国
学者钦慕和赞佩，并激发了胡适等沿此方向发展国学研究的志愿，
即让中国的国学研究走向"完全科学的时代"。

三、

当时世界汉学所激起的中国学者的学术反应，不仅是全面推进
国学研究的"科学"化，而且在一部分一流的学者心中产生了夺取
中国学研究的"中心"的道德感。所谓道德感是指，中国学研究的
中心不在中国，这对于中国学者来说是一个耻辱，而不仅仅是学术
争先的雄心而已。[3]

---

[1] 《国学季刊》1卷2号，载《全集》19卷，158页。

[2] 《全集》29卷，725页。

[3] 陈垣在1920年代多次说："现代中外学者谈汉学，不是说巴黎如何，就是说日本如何，
没有提中国的。我们应当把汉学中心夺回中国，夺回北京。"冯尔康、郑克晟编：《郑天
挺学记》，生活·读书·新知三联书店，1991年，378页。

这一点也反映在胡适对北大学术的看法上。1920 年 9 月胡适对北大现状提出批评，强调："我们若想替中国造新文化，非从求高等学问入手不可。"主张把传播新名词的普及活动留给外面的人去干，希望北大的师生一齐用力把自己的学术程度提高。[①] 同时，傅斯年在欧洲也向蔡元培、胡适表达："北大此时之讲学风气，从严格上说去，仍是议论的风气，而非讲学的风气。就是说，大学供给舆论者颇多，而供给学术者颇少。"[②]

现在来看胡适起草的《国学季刊》的发刊宣言。

1923 年 1 月北京大学研究所国学门的《国学季刊》创刊，胡适任主任编辑，国学门同人委托他撰写了《发刊宣言》，以说明国学门研究国故的方法和原则。

《发刊宣言》说：

> "国学"在我们的心里，只是"国故学"的缩写。中国的一切过去的文化历史，都是我们的"国故"；研究这一切过去的历史文化的学问，就是"国故学"，省称为"国学"。"国故"这个名词，最为妥当，因为他是一个中立的名词，不含褒贬的意义。

这个说法应当是来自毛子水，毛在 1919 年说过："国故就是中国古代的学术思想和中国民族过去的历史"，"古人的学术思想是国故，我们现在研究古人的学术思想……这个学问，应该叫做'国故学'。"[③] 就"国学"语词的历史来说，胡适的说法当然不对，并不是先有了国故学一词，后来才省称为国学。但胡适此说，也显示出对

---

① 《胡适之先生演说词》，《北京大学日刊》1920 年 9 月 18 日。
② 见《傅斯年君致校长函》，《北京大学日刊》1920 年 10 月 13 日。
③ 《国故和科学的精神》，新潮 1 卷 5 号。

"国学"概念的一种使用,即国学是研究过去历史文化的学问。我们早就指出过,国学一词在近代有两种基本的使用,一是就学问的对象而言,即中国固有的学术文化;一是就学问体系而言,即研究中国历史文化的学问系统。胡适这里用的国学概念,便是后者。后来顾颉刚也认为,所谓国学,就是用了科学方法去研究中国历史的材料,也是以国学为一种研究的系统。

在《宣言》中,胡适强调:

> 方法上,西洋学者研究古学的方法早已影响日本的学术界了,而我们还在冥行索途的时期。我们此时正应该虚心采用他们的科学方法,补救我们没有条理系统的习惯。第二,材料上,欧美日本学术界有无数的成绩可以供我们的参考比较。……
>
> 近时西洋学者如 Karlgren(高本汉,引者注)、Baron von Steal-Holstein(钢和泰,引者注),用梵文原本来对照韩文译音的文字,很可以帮助我们解决古音上的许多困难问题。[1]

以上这些论述,都表达了胡适作为一个学者,一个学术研究者对国学(研究)的认识。作为一个在美国著名大学经过博士阶段学习毕业的学者,作为一个在北京大学任教的知名学者,胡适当然了解学者对学术的追求和理想,换成我们今天的语言,在国学上做出世界一流的学术成绩,这是胡适作为学者的个人的内在理想,也是胡适对中国学术界发展的期待。

早在 1914 年,蔡元培已感叹欧洲汉学之成就:

---

① 《国学季刊》1 卷 1 号,又见《全集》2 卷,7—15 页。

中国之地质，吾人未之绘测也，而德人李希和为之。中国之宗教，吾人未之博考也，而荷兰人格罗为之。中国之古物，吾人未能有系统之研究，而法人沙望、英人劳斐为之。中国之美术史，吾人未之试为也，而英人布绥尔爱铿、法人白罗克、德人孟德堡为之。……庖人不治庖，尸祝越俎而代之，使吾人而尚自命为世界之分子者，宁得不自愧乎？①

1922 年，胡适也呼吁：

我们有了几千年的历史、思想、宗教、美术、政治、法制、经济的材料，这些材料都在那里等候我们的整理，这个无尽宝藏正在等候我们去开掘。我们不可错过这种好机会；我们不可不认清我们"最易为力而又最有效果"的努力方向。②

胡适的学生顾颉刚发明此说："国学方面的材料是极丰富的，……现在用了新的眼光去看，真不知道可以开辟出多少新天地来，真不知道我们有多少新的工作可作。"③认为国学的材料无比丰富，只要用新的眼光去看，到处都是新的发现。但是顾氏的眼光多是受了启蒙思想束缚的眼光，仅以疑古为眼光，其学术不能不带有浓重的启蒙色彩（启蒙史学）。

其实梁启超早就提出：

清华学生除研究西学外，当研究国学，盖国学为立国之本，

① 蔡元培：《〈学风〉发刊词》，《蔡元培文集》卷八，中华书局，1984 年，329 页。
② 《北京大学日刊》，1922 年 12 月 23 日；见《全集》20 卷，106 页。
③ 顾颉刚：《国学门周刊》1926 年始刊词。

> 建功立业,尤非国学不为功。①

这与晚清国粹派的立论不同,是一种从学术立场出发的看法,正是在这样的立场上,胡适也明确指出:

> 要想能够有一种能与世界学术上比较一下,惟有国学。②

也正是出于同样的立场,胡适成为清华国学研究院建立的重要推动者,他对清华师生说:"中国办大学,国学是最主要的","办研究院,亦当以国学为优先。"③都是出于同样的理由。

到了 1930 年代初,在反悔提出整理国故的口号之后,胡适仍无法控制他对欧洲汉学成绩的赞叹:

> 三百年的古韵学抵不得一个外国学者运用活方言的实验,几千年的古史传说禁不起三两个学者的批评指摘。然而河南发现了一地的龟甲兽骨,便可以把古代殷商民族的历史建立在实物的基础之上。一个瑞典学者安特森(J.G.Anderson)发见了几处新石器,便可以把中国史前文化拉长几千年,一个法国教士桑德华(Père Licent)发见了一些旧石器,便又可以把中国史前文化拉长几千年。北京地质调查所的学者在北京附近的周口店发见了一个人齿,经了一个解剖学专家步达生(Davidson Black)的考定,认为远古的原人,这又可以把中国史前文化拉长几万年。向来学者所认为纸上的学问,如今都要

① 引自孙敦恒:《清华国学研究院史话》,清华大学出版社,2002 年,12 页。
② 《再谈谈整理国故》,《国故学讨论集》,上海书店影印本,1991 年,22 页。
③ 《清华大学校史稿》,1981 年,50 页。

跳在故纸堆外去研究了。"①

到 1930 年代初,学者指出:

　　近数十年来,各国多有所谓 Sinologist,用其新眼光来研究我国的学问,贡献甚大。日本以文字、历史、地理的关系,其所谓支那学的成绩,最近二三十年,尤多可观。老实说,近年我国提倡国故整理,多少是受了这种 Sinologist 或支那学的刺激而发的。②

　　照上述胡适的学术观念,胡适自己,以及 1922 年成立的北京大学研究所国学门(亦简称北大国学研究所),作为中国最高学府的学者,本应该义无反顾地在国学研究方面奋起努力,并推动国学研究的深入展开,以追赶世界中国学研究为目标,作出让世界瞩目的研究成果。胡适也确实表达了这样的愿望,这是学术家的胡适。1923年至1924年,胡适也确有一段时间对投身整理国故比较积极。

四、

　　然而,作为思想启蒙者的胡适,由于其文化观带有反传统的色彩,而且其反传统的音调在 1920 年代后半期愈发强化,使得其学术发展的观念,其对国学的态度,受到了激进启蒙意识的严重束缚。
　　1918 年 11 月,在新文化运动的高潮中,北大学生傅斯年、罗家

---

① 《治学的方法与材料》,《全集》3 卷,143 页。
② 《国立北京大学中国文学系课程指导书》,1932 年。

伦等创办《新潮》杂志，力求"唤起国人对于本国学术之自觉心"，请胡适担任顾问。《新潮》与《新青年》一致，都是以文化启蒙和文化批判为其主旨。而傅斯年的同班同学张煊、罗常培等，则"慨然于国学沦夷欲发起学报以图挽救"，遂于 1919 年 1 月成立《国故》月刊社，标明"以昌明中国固有之学术为宗旨"，主张的是文化保守主义的路向。

《国故》与《新潮》的文化观不同，对国学的态度便不同，由是在发刊之初，二者便发生了观念的冲撞。二者之争，起于 1919 年 5 月，毛子水在《新潮》发表了《国故和科学的精神》一文，对《国故》的办刊旨趣提出了尖锐批评，傅斯年还为此撰写了一段编者附识。当月，《国故》社编辑张煊也随即写了《驳〈新潮〉〈国故和科学的精神〉篇》，回应毛子水的批评。10 月，毛子水在《新潮》上又发表了《〈驳'新潮''国故和科学的精神'篇〉订误》一文，并同时附录了胡适 8 月 16 日致毛子水的《论国故学》一函。

毛子水的文化观其实在相当程度上代表了胡适的文化观。1919 年 8 月 16 日，胡适就整理国故问题作答毛子水函，他虽然大体赞成毛的意见，但也提出一些批评，他说：

> 你的主张也有一点太偏了的地方，如说"我们把国故整理起来，世界的学术界亦许得着一点益处，不过一定是没有多大的。……世界所有的学术，比国故更有用的有许多，比国故更要紧的亦有许多。"
>
> 我以为我们做学问不当先存这个狭义的功利观念。做学问的人当看自己性之所近，拣定所要做的学问，拣定之后，当存一个"为真理而求真理"的态度。研究学术史的人更当用"为真理而求真理"的标准去批评各家的学术。学问是平等的。发现一个字的古义，与发现一颗恒星，都是一大功绩。

况且现在整理国故的必要，实在很多。我们应该尽力指导"国故家"用科学的研究法去做国故的研究，不当先存一个"有用无用"的成见，致生出许多无谓的意见。①

应当说，毛子水的观点代表着新文化运动主流启蒙派的意见，批判传统，主张欧化，从这样的思想立场来看，国学的研究当然没有什么意义。胡适信里表达的批评毛的意见，恰恰不是在文化观上强调新文化运动的主流派意见，不是启蒙主义的思想立场，而是在学术观上立论，秉承学术平等的观念，不赞成贬低国学研究的价值，主张推动科学的国学研究。这正是反映了胡适作为人文学者从事学术研究的意见，表明这时他的学术认知没有完全屈从于其启蒙思想。应该说，胡适的这种反对功利主义的学术观是正确的。胡适此信影响颇广，特别是"发现一个字的古义，与发现一颗恒星，都是一大功绩"的说法，在后来更受传扬。

但是，胡适对整理国故的认识与心理含有内在的紧张。同年12月胡适发表了《新思潮的意义》，肯定了"整理国故"的提法：

现在要问："新思潮的运动对于中国旧有的学术思想，持什么态度呢？"

我的答案是："也是评判的态度。"

分开来说，我们对于旧有的学术思想有三种态度。第一，反对盲从；第二，反对调和；第三，主张整理国故。

……

---

① 胡适：《论国故学——答毛子水》(1919 年 8 月 16 日)，《胡适文存》卷二，亚东图书馆，1930 年，286—287 页。又载《全集》1 卷，418 页。

我们对于旧有的学术思想，积极的只有一个主张，——就是"整理国故"。整理就是从乱七八糟里面寻出一个条理脉络来；从无头无脑里面寻出一个前因后果来；从胡说谬解里面寻出一个真意义来；从武断迷信里面寻出一个真价值来。为什么要整理呢？因为古代的学术思想向来没有条理，没有头绪，没有系统，故第一步是条理系统的整理。因为前人研究古书，很少有历史进化的眼光的，故从来不讲究一种学术的渊源、一种思想的前因后果，所以第二步是要寻出每种学术思想怎样发生，发生之后有什么影响效果。因为前人读古书，除极少数学者以外，大都是以讹传讹的谬说，——如太极图、爻辰、先天图、卦气，……之类，——故第三步是要用科学的方法，作精确的考证，把古人的意义弄得明白清楚。因为前人对于古代的学术思想，有种种武断的成见，有种种可笑的迷信，——如骂杨朱、墨翟为禽兽，却尊孔丘为德配天地、道冠古今！——故第四步是综合前三步的研究，各家都还他一个本来真面目，各家都还他一个真价值。①

照这里的讲法，中国文化的学术思想即国学，是乱七八糟、胡说谬解、武断迷信，但仍然需要进行研究，以还其本来的真面目，因为其真面目在过去千百年已经被埋没了。这里所说的反对调和，与其在美国时的主张调和已经很不相同了。可见，从 1919 年起，胡适对国学的态度就是充满了内在的紧张，一方面认为中国文化没有什么价值，一方面又认为整理国故的必要实在很多。固然，一个学者研究中国文化，不必预先肯定中国文化的价值，但若认为中国文化根本没有价值，便很难支撑学者长期深入的研究动力。

---

① 原载《新青年》第 7 卷第 1 号，1919 年 12 月 1 日。见《全集》1 卷，697—699 页。

此后,在蔡元培主持下,北大国学研究所成立,整理国故的工作逐渐展开。受此影响,社会上对国学的认知有所变化,整理国故渐成为一流行的口号。当然,在胡适内心的比重里,他对传统文化的态度主要是批判的,但在这个时期,这种批判的态度并没有使他完全贬斥国学的研究。

在这种时代气氛变化的冲击下,陈独秀等人提高了对"整理国故"的警惕。1923年7月1日,陈独秀发表文章说:"现在中国社会思想上堆满了粪秽,急需香水来解除臭气,我们只须赶快制造香水要紧,可是胡适之、曹聚仁这几位先生,妙想天开,要在粪秽里寻找香水,即令费尽牛力寻出少量香水,其质量最好也不过和别的香水一样,并不特别神奇,而且出力寻找时自身多少恐要染点臭气。"[1]陈独秀批评胡适倡导对乱七八糟的胡说谬解进行研究,认为这是在大粪里找香水。其实,胡适并不是要到在他看来是乱七八糟的国学里找精华,他是主张用历史的方法把这些乱七八糟的来龙去脉整理清楚;但陈独秀把国学看成粪秽的文化观,和胡适是基本一致的。所以,可以这样说,陈独秀是在提醒胡适,应该把他们共同推动新文化运动的文化观贯彻到底,特别是贯彻到对待国故的态度上。

五、

应当说"启蒙"与"学术"是两种不同的立场,新文化运动,或新文学运动,其主旨是打倒传统,呼吁欧化,来一场文化的革命;在这样的立场来看,国学被视为垃圾,是必须破除的旧文化。而从学

---

① 独秀:《寸铁·国学》,《前锋》第1期,1923年7月1日。

术立场来看，国学至少含有丰富的资料，用新的方法整理国故，形成新的国学，是中国的学术可以立身于世界的最可行的路径，国学的研究将成为中国近代学术的直接增长点。这两种看法本来不一定冲突，如胡适提倡整理国故，跟他倡导新文学运动本来并不矛盾，但在当时新文化运动思潮的影响下，新派的人把两者对立起来，好像整理国故就是反对德先生和赛先生。说到底，新文学的文化观倾向于排斥一切和国故有关的事物，成为彻底的反传统的文化派。

傅斯年本来是对此有分析的："国故的研究是学术上的事，不是文学上的事。国故是材料，不是主义。若是本着大国故主义行下去，——一切以古义为断——，在社会上有非常的危险。"[①] 就是说，就本来的界限说，学术研究是学术研究，文学运动是文学运动，整理国故作为学术研究，并不是要把国学变成一个文化运动。但傅斯年显然也表示警惕，警惕整理国故变为文化运动，妨碍了新文学运动。对整理国故的这种紧张，是新派学人相当普遍的思维方式。其实，当时的整理国故并不是要把国故当作思想的资源，取代新文学运动，而是以整理国故本身为一学术活动，发展现代的中国学术，但这仍不能见容于新派学者。于是在整理国故运动中内在地出现了不合理的紧张，即启蒙思想和国学学术之间的紧张。

因此，新文学运动的学者们，认为整理国故是新文学运动的反动，而加以批评和阻遏。[②] 王伯祥说："现在研究文学的人，往往把整理国故和新文学运动看作两件绝不相涉的事情，并且甚至于看作不能并立的仇敌。其实这是绝大的冤屈！其实他们俩在实际上还是各有各的位置，各有各的真价，尽有相互取证、相互助益的

---

① 傅斯年：《毛子水〈国故和科学的精神〉附识》，《新潮》1 卷 5 号，又载《傅斯年全集》第一卷，262—263 页。
② 罗志田：《国家与学术》，316 页。

地方。"①

1925 年,胡适回应陈独秀说:"挤香水的话是仲甫的误解,我们说整理国故,并不存挤香水之念,挤香水即是保存国粹了。我们整理国故只是要还他一个本来面目,只是直叙事实而已。粪土与香土皆是事实,皆在被整理之列。"② 胡适说的的确是事实,他本来不是要保存国粹,只是要整理事实,但整理国故口号的被批评,使得胡适感到不小的压力,特别是,批评者和他自己所持的启蒙文化观本来是一致的,而他并没有背叛自己的文化观。

因此,他必须重申和强调自己的文化立场。1926 年胡适在北大国学门恳亲会上表示"深深忏悔关于研究国故",认为自己对此事"大约总得负一点点责任,所以不得不忏悔"。他说:"我们所提倡的整理国故,重在整理两个字。国故是过去的文物,是历史,是文化史。整理是用无成见的态度、精密的科学方法,去寻求那以往的文化变迁沿革的条例线索,去组成局部的或全部的中国文化史。不论国粹国渣,都是国故,我们不存什么卫道的态度,也不想从国故里求得什么天经地义来供我们安身立命。北大研究所的态度可以代表这副精神,决不会是误解成保存国粹、发扬国光。"③

自然,研究国学并不一定要以从国学中求得天经地义为前提,但一味的反传统精神显然是不能支持国学研究的。如陈平原所指出,这正是强调反叛传统的"五四"新文化人的尴尬之处:为了与复古派划清界限,不便理直气壮地发掘并表彰中国传统文化的精

---

① 王伯祥:《国故的地位》,《小说月报》1923 年 14 卷 1 号。
②《胡适书信集》上,北京大学出版社,1995 年,360 页。
③《研究所国学门第四次恳亲会纪事》,北京大学研究所《国学门月刊》1 卷 1 号,1926 年 10 月。

华。①

在这次恳亲会上，胡适甚至说：

> 我们应该了解两点，第一，国学是条死路，治国故只是整理往史陈迹，且莫以为这中间有无限瑰宝。第二，这种死路，要从生路走起。那不能在生路上走的人决不能来走，也不配来走。生路就是一切科学，尤其是科学的方法。②

虽然胡适并没有否定整理国故，但以国故为"死路"，这种说法已很难支持整理国故的继续开展，这里所显现的胡适，不再是学术家的胡适，而是启蒙家的胡适了。

到了1927年，清华国学院的国学研究方兴未艾之时，胡适却写了《整理国故与打鬼》，其中说：

> 清醒白醒的胡适之却为什么要钻到烂纸堆里去"白费劲儿"？……
> ……只为了我十分相信"烂纸堆"里有无数无数的老鬼，能吃人，能迷人，……只为了我自己自信，虽然不能杀菌，却颇能"捉妖""打鬼"。③

这最明显地显示出胡适的学术观已完全屈从于其文化观，整理国故的正当性，不再是追求学术研究的高端成就，不是谋求为真理而真理，不是整理事实，而成了"捉妖"和"打鬼"，整理国故是为了抓出

---

① 陈平原：《中国现代学术之建立》，北京大学出版社，1998年，11页。
② 《国学门月刊》1卷1号，1926年10月。
③ 《全集》3卷，146页。

中国文化的毛病，甚至于，整理中国文化，是为了打倒中国文化。在这样的文化观的引导之下，国人的国学研究如何能奋起追求中国学术的兴盛？

1930年胡适仍宣称："我们如果还想把这个国家整顿起来，如果还希望这个民族在世界上占一个地位，——只有一条生路，就是我们自己要认错。我们必须承认我们自己百事不如人，不但物质机械上不如人，不但政治制度不如人，并且道德不如人，知识不如人，文学不如人，音乐不如人，艺术不如人，身体不如人。"[1] 到了1930年代中期，胡适进一步说："我们的固有文化实在是很贫乏的。……我们要指出：我们的民族信心必须站在"反省"的惟一基础之上。反省就是要闭门思过，要诚心诚意的想，我们祖宗的罪孽深重，我们自己的罪孽深重；要认清了罪孽所在，然后我们可以用全副精力去消灾灭罪。"[2] 此时的胡适不仅已经放弃了从前他批评毛子水时主张的意见，而且在他眼中的中国文化和中国人只有落后和罪孽，他对固有的历史文化已经没有任何信心了。

在胡适的身上，存在着"启蒙"与"学术"的内在分裂，而最终是启蒙压倒了学术。李泽厚曾以"启蒙与救亡的双重变奏"为题指出，五四运动前后的发展，最后"救亡压倒启蒙"。[3] 借用这个表达，在整理国故运动中的胡适的观念里，启蒙与学术交叠变奏，最后"启蒙压倒学术"，这从国学最后被胡适定性为"死路"这一点，可以看得十分清楚。整理国故运动在全国虽然引出了不少好的试验、好的结果，但整理国故运动的倡导人胡适，却终于受限于其启蒙的文化观，而归结到对整理国故的忏悔，这不仅使得他自己在国学研究

---

① 胡适：《介绍我自己的思想》，《全集》4卷，667页。
② 胡适：《信心与反省》，《全集》4卷，503页。
③ 李泽厚：《中国现代思想史论》，人民出版社，1987年，25页。

方面无法展开拳脚、提高境界，也连带影响到北大国学所的国学研究未能达致理想的境界。①

与之相比，清华国学研究院的创办，可以说也是整理国故运动的产物，但清华国学院的王国维、梁启超、陈寅恪、吴宓在文化观上与胡适不同。他们在精神上没有那种启蒙与学术的内在分裂、内在紧张，没有任何文化心理的羁绊，而可以义无反顾地追求国学研究的卓越境界。更广一点看，1920年代国故研究最高水平的学者，包括罗振玉、柯劭忞、陈垣，他们的文化观都不是激进的启蒙文化观，而多属文化保守主义，他们的文化观不仅没有导致他们对西方文化的排拒，更没有影响他们对新的国学研究方法的采用，而正是他们的学术研究工作得到了当时世界汉学大师的高度评价。② 这是我们今天重温这段历史应该特别注意的地方。

20世纪中国的政治革命、思想革命、文化革命运动都与"启蒙运动"的遗产结下了不解之缘（而近三十年来的中国改革，则是以告别革命、斗争为基调，致力经济发展，重建社会和谐）。因此，今天的中国不仅要重新思考"什么是启蒙"，也需要对启蒙进行反思，以建立起"继续启蒙"和"反思启蒙"的平衡。

特别值得指出的是，德国启蒙运动的发起针对的是宗教压制自由思想和自由批评。1780年代的德国，门德尔松和康德先后回答了"什么是启蒙"的问题，康德的论文针对宗教和检查制度，强调理性的公共使用应当不受限制，力求把思想从神学和教会的监察下解放出来，要求的是"思想上的自由"。而20世纪中国的文化启蒙

① 李孝悌论胡适与整理国故亦指出其限制，参看其文《胡适与整理国故：兼论胡适对中国传统的态度》，(台北)《时货月刊(复刊)》1985年，15卷5—6期。52—80页。
② 参看桑兵：《国学与汉学》，浙江人民出版社，1999年，136—142页。

运动,以针对儒家的道德传统为特色,"五四"新文化运动在反对君主专制之外,强烈批判中国儒家的道德传统,突出的是"道德上的自由",并形成了文化的"反传统"思潮。中国启蒙运动对道德权威的破坏,使人们不再珍惜传统,忽视了社会价值体系、文化认同、道德风俗和社会凝聚力对共同体的作用,这使得在欧洲启蒙运动中被推崇为以自然理性为基础的儒家道德体系在中国近代启蒙中却被视为封建礼教,儒学的道德体系由欧洲启蒙的助缘变而为启蒙的对象,中国文化陷入了由启蒙带来的严重危机。今天,迎接中华文化的伟大复兴,重建中国社会的伦理和道德体系,重新认识儒学的道德传统,需要对一元化的启蒙思维作出检讨。

2011 年国家博物馆北门的孔子塑像在矗立百日之后被撤移,典型地体现出启蒙思维的偏差所带来的反传统心态的影响,这种影响结合了老的"五四"情结、"文革"思维和新的"愤青"心态,干扰了国家正常的文化秩序。这种心态认为在现代的中国,革命价值仍然是第一位的,可以完全抛弃传统文化与传统价值,全然不顾当代中国重建道德秩序的需要,把传统和现代断然对立。这一事件充分显示出,在一个革命斗争传统曾长久流行、而正在转向和谐社会建设的现代国家,启蒙反思具有不可忽视的重要性。

熊十力论中国哲学与中国哲学史

　　谈到 20 世纪中国哲学史学科的建立，一般都以"中国哲学史"为名的大学教科书为主要依据，这是符合学科发展历史的。具体说来，多以胡适的《中国哲学史大纲》上卷、冯友兰的《中国哲学史》上下卷为代表。特别是，冯友兰的《中国哲学史》取代了胡适的书的地位之后，成为学界公认的中国哲学史学科成熟的标志。1950年代至 1970 年代任继愈主编的《中国哲学史》四册，北京大学哲学系中国哲学史教研室 1970 年代编写的《中国哲学史》上下，成为新指导思想下的学科体系及话语代表。这一时期海外学者劳思光著《新编中国哲学史》三册也在冯友兰的《中国哲学史》教科书基础上谋求进一步的发展，以成为学科的新的典范。1980 年代以后，不仅冯友兰完成了其晚年之作《中国哲学史新编》，重写了中国哲学史，从教育部组织的部颁教材，到各大学哲学系自编的教材，中国哲学史的通史教材陆续编出不断。

　　如果以冯友兰的《中国哲学史》为典型，可以看到，中国哲学史教科书不仅包含了历代中国主要哲学家的主要思想观念，描述了中国哲学的基本发展阶段和历程，还确定了代表人物和基本派别，提出对主要哲学家思想的学术论断和哲学分析；不仅如此，还要在总体上力图指出中国哲学的特点、方法、趋向。1930 年代后期张岱年先生完成了其《中国哲学大纲》,《大纲》一书也可以说是另一种中国哲学史的写作,但更突出古代哲学的问题形式,重视中国哲学的特点。

不过,事实上,在20世纪前半期,学界中也有另一种努力,即虽然不是撰写中国哲学史教科书,但在其文章、语录中大量论及中国哲学的体系、特征,中国哲学史的发展,中国哲学思想的智慧,以及中国哲学家们的思想宗旨。其中最有代表性的就是熊十力。他在《十力语要》、《读经示要》等书中广泛谈及中国哲学和中国哲学史,他的这些论述,无论在深度上和广度上,都不比同时期中国哲学史教科书的论述逊色。这其实是很有意义的,因为胡适在写《中国哲学史大纲》上卷时及以后,都不是一个哲学家;冯友兰写两卷本《中国哲学史》时还没有建立起哲学的体系——其哲学体系建立于抗战期间。而熊十力的《新唯识论》文言本出版于1932年,已显现其大哲学家的风范。所以他后来在《十力语要》等书中对中国哲学的论述,处处显现出大哲学家的洞见。因此,尽管他并没有写作中国哲学史、详细列举历史上各哲学家的思想资料,但这些论述对学科的发展有着重要的意义。

事实上,他早期也曾有这方面的写作计划:"先生欲俟《新唯识论》成书后,次为书评判佛学。……次为书论述中国哲学思想,大抵以问题为经,家派为纬。问题则随时代而有初民先发及后来继续进展,抑或向不经意而后应境创发,皆一一穷其所以焉。则此土哲学之根柢与其进展之序,大端可睹矣。"① 只是后来未得实现。而张岱年先生的《大纲》正是以问题为经的著作,而张先生此书所说的中国哲学的特点,颇受到熊十力的影响,也是十分明显的。从《十

---

① 《十力语要》卷四《高赞非记语》,《熊十力全集》,湖北教育出版社,2001年,第四卷,500—501页。

力语要》来看，不仅张岱年，当时有不少学者与他有书信往来，受到他的影响。当然，他与当时学者的交流不限于书札，其中颇有影响的例子是1934年冯友兰先生把自己的《中国哲学史》下卷送给熊十力时，二人当面进行的有关良知的对话（台湾新儒家后来对此尤为关注）。

另外，所谓对学科发展的意义，也不能狭隘地去理解，不应该仅仅指在大学哲学系的教学科研，或为社会提供相关领域的专业文化知识，重要的是培养了解中国哲学、有志于研究或传承中国哲学的人。从这方面来说，熊十力不仅以中国哲学学者的身份与当时著名的哲学学者如张申府、张东荪等进行密切的学术交往，对张岱年、任继愈影响较大，他的中国哲学观念更培养了唐君毅、牟宗三、徐复观这些后来在海外卓有成就的中国哲学领域的重要学者。当然，熊十力论中国哲学和中国哲学史多是从他的哲学体系出发的，但也不能因此而抹杀其意义，如黑格尔的《哲学史讲演录》也是从他自己的哲学出发分析哲学史上的体系的，而他所提供的启发性是公认的。事实上，熊十力论中国哲学与中国哲学史有一个自己的体系，只是这一体系并未集中地呈现出来，而是散见于其著作之中，需要加以整理和研究。

可见，熊十力在20世纪三四十年代的中国哲学论述，对于中国哲学史学科的发展而言，具有和同时期通史著作同等重要的意义。因此，总结20世纪以来的中国哲学史总体研究，不仅要关注各部《中国哲学史》的撰写及经验，也要关注熊十力这样的哲学家对中国哲学史的理解，开辟中国哲学史总体理解和论述分析的多样化把握。

一、总论中国哲学

1. 哲学观

熊十力在与梁漱溟讨论时提出:"中国的学问思想虽久绝,而儒道诸家侥存者,不可谓其非哲学。以其非宗教、非艺术故,以其不遗理智思辨故。但其造诣却不限于理智思辨,此当为**哲学正宗**。"①这是说,中国古来的学问中当然有哲学,不仅有哲学,而且中国哲学是哲学的正宗。因为在他看来,只讲理智思辨虽然是哲学,但还不是哲学的正宗,仅限于理智思辨是不够的。中国哲学有理智思辨,但不限于理智思辨,还有超越理智思辨的部分,所以是哲学的正宗。这里就体现了熊十力的哲学观。他又说:

> 哲学大别有两个路向:一个是知识的,一个是超知识的。超知识的路向之中也有二派:一极端反知的,如此土道家是;一不极端反知的,如此土晚周儒家及程朱阳明诸儒是。西洋哲学大概属前者,中国与印度哲学大概属后者。前者从科学出发,他所发见的真实,只是物理世界底真实,而本体世界底真实他毕竟无从证会或体认得到。后者寻着哲学本身底出发点而努力,他于科学知识亦自有相当的基础,如此土先哲于物理人事亦有相当甄验。而他所以证会或体认到本体世界底真实,是直接本诸他底明智之灯。易言之,这个是自明理,这个理是自明的,故曰自明理。不倚感官的经验而得,亦不由推论而得,所以是超知识的。又复应知,属于后一路向底哲学家,有用逻辑做他底护符。如佛家大乘空有两宗都如此。更有一意深造自得而不事辨论,竟用不着逻辑的。

---

① 《与梁漱溟》,《熊十力全集》,第八卷,649 页。

中国哲学全是如此。①

他认为，那种只讲理智思辨的哲学，是一种知识路向的哲学（路向的概念受到梁漱溟的影响），以西方哲学为代表。他认为还有一种哲学以超知识为路向，以中国哲学和印度哲学为代表（他说的印度哲学主要指佛教）。在他看来，知识路向的哲学从科学出发，只追求物理世界的真实；而超知识路向的哲学追求本体世界的真实。这个说法当然并不周密，西方哲学也有哲学家追求本体世界的真实。熊十力真正要说的是，寻求本体世界的真实不是依赖感官经验，也不由逻辑推论，而是依据证会所得。这种超知识的哲学才是哲学的正宗。

2. 中国哲学之组成

关于中西哲学的体系结构，熊十力有自己的看法。他说：

> 哲学中分类略如下：
> 一、本体论，……。
> 二、宇宙论，……。
> 三、人生论，……。
> 四、知识论。
> 如上四类，在西洋哲学中或不免分截太甚，而在中国哲学上向无此等分立之名目。但就哲学家用力言，实应依上述四类分别去参究。吾人今日依四类以探索中国哲学，即见其包含此四类而毫无遗漏。四类中唯本体论是万理之所从出，一切学术之归宿处，一切知识之根源。②

①《十力语要》卷四《高赞非记语》，《熊十力全集》，第四卷，487 页。
②《为诸生授新唯识论开讲词》，《熊十力全集》，第五卷，537 页。

这里所说的哲学的分类,即哲学所包含的内容,四类分是西方哲学近代以来的共识。熊十力认为古代的中国哲学虽然没有如此的分类,但实际上也是依此四类去进行研究的,今天研究中国哲学也应该依从这四类分区研究。同时,他也指出,这四个部分,在西洋哲学中分别得太过太死,这是不可取的。

> 中国哲学之内蕴,虽可依四类分求之,然向不立四类之名目,此固由吾先哲默契真理,不喜向理论方面发展,其著述大抵随笔为之,少有系统,因此名词简单,但先哲确有最高境界,吾侪不容忽视。①

至于中国哲学何以不立四种分类,他认为是由于中国哲学强调默认体会,不注重理论的发展,不求有系统的思想体系,所以也就不求理论上的分类,概念较为简单,形式多用随笔。

但他同时指出,中国哲学虽然形式的体系不发达,但确实提出了最高境界,不仅是提出了最高境界,而且达到了最高境界。故他又说:

> 中国哲学亦可以《庄子》书中"自本自根"四字概括。因此,中国人用不着宗教。宗教是依他,是向外追求。哲学家虽不建立大神,而往往趣向有最上的无穷无限的终极理境。或亦云理念。②

中国哲学的最高境界不是宗教式的大神,而是"最上的无穷无

---

① 《为诸生授新唯识论开讲词》,《熊十力全集》,第五卷,537—538 页。
② 《十力语要》卷二《答林同济》,《熊十力全集》,第四卷,353 页。

限的终极理境",这个最高理境不是向外追求得来的,而是向内追求得来的。

他特别指出:

> 哲学上之宇宙论、人生论、知识论,在西洋虽如此区分,而在中国哲学似不合斠画太死。吾心之本体即是天地万物之本体,宇宙、人生,宁可析为二片以求之耶?致知之极,以反求默识为归,斯与西洋知识论,又不可同年而语矣。①

相对于西方哲学内部分类明晰,他提出在运用四类法研究中国哲学时,不能分别过死,这不仅是因为中国古代没有做此分类,而且因为中国哲学内部各部是相通的,如天地万物的本体即是吾人心之本体,吾人心之本体即是天地万物的本体,故本体论和人生论不能截然分别为不同类。

3. 辩唯物唯心

1949 年以后,新哲学受到苏联理论界的影响,刻意强调唯物唯心的对立,对此,熊十力提出了自己的意见,特别是在与郭沫若的信中,系统表达了他对这个问题的见解。先看他给刘述周的信:

> 自西学东来,吾国学子类别中国哲学,亦援用唯心、唯物诸名词,其实中国唯心论确与西洋唯心之论绝不同,此意余当于《原儒》下卷发之。孔子六经与西洋唯心论毕竟不可一例视为反动思想。惟吕秦以降,将三千年所谓汉、宋群儒,当别论耳。此义详在《原儒》。②

①《十力语要》卷一《答谢石麟》,《熊十力全集》,第四卷,101—102 页。
②《致刘述周》,《熊十力全集》,第八卷,720 页。

他认为,东西方哲学都有唯物论唯心论,但中国的唯心论与西方的唯心论大不相同,因此也就不能把中国历史上的唯心论一律视为反动的思想。

来看他与郭沫若书:

> 灵是气之灵,理是气之理,天非别于气而另为空洞之境,更非有拟人之神可名天。船山之唯气论,实涵有泛神论之意义者也。此自西洋唯物论家视之,当不承认其为同派;而自中国哲学言之,彼立气为元,不谓之唯物论不得也。近人谈横渠、船山,犹未穷其真相。余欲辨之而未暇也。[①]

他以王船山为例指出,船山的唯气论是一种唯物论,但涵有泛神论的意义,所以西方哲学的唯物论不会承认王船山的气学是唯物论。由此可见中国哲学和西方哲学的唯物论是不同的。

> 亦复当知,中国哲学思想虽不妨分别唯心唯物二派,而格以西洋之学,则中国唯心论穷至根源处,毕竟与西洋唯心家言不似,中国唯物论穷至根源处,毕竟与西洋唯物家言殊趣。此其所以之故,甚难究了。粗略而谈,则中国人确不曾以解剖术去劈裂宇宙,不好为一往之论。惟务体察于宇宙之浑全,合神质、精神、物质,本不可分,而人或分之,故不得已而言合耳。彻始终、由终究始,始复为终。又更有始,终始递迁,相续而流。彻乎此者,不得谓后起者傥然而来。通全分、全不碍分,分不碍全。通于此者,故不执分以失全。合内外、内外,假立之名耳。遗彼是,是犹言此。彼此以相待而形

---

① 《与郭沫若》,《熊十力全集》,第八卷,692 页。

耳。遗之则不滞于一方矣。上达于圆融无碍之境。故中国虽有唯心之论，要未尝以为唯独有心而无物。西洋学人，有以物质为感觉之综合。①

他承认，中国哲学可以分为唯物唯心两派，但中国的唯心论最根本的世界观与西方哲学的唯心论不同；中国哲学的唯物论其最根本的世界观与西方哲学的唯物论也不相同。中国的唯物论和唯心论，最终都追求精神物质不可分的境界，不求二者之分，而求二者之合。他特别指出，中国的唯心论是追求一种心物圆融无碍的境界，与贝克莱式的唯心论大有不同。

> 中国哲学史上谈到万化根源，犹云宇宙根源。从来无唯心唯物之争，决非智不及此，亦决不是偶然之事。中国人于此盖自有一种见地。其长其短，尽可任人批判，而此一大公案，要不可忽而不究。②

在他看来，中国哲学中对于宇宙根源的看法，没有唯心的主张和唯物的斗争冲突。他还指出，这是因为中国哲学对唯或惟的理解不同：

> 中国哲学不妨以惟心、惟物分派，而惟字是殊特义、非惟独义。此万不可不辨明者。若西学惟心惟物之分，直将心物割裂，如一刀两断，不可融通，在中国哲学界中，确无是事。中国

① 《与郭沫若》，《熊十力全集》，第八卷，692—693 页。
② 同上，693 页。

人发明辩证法最早，而毕竟归本圆融。此处大可注意。辩证法本不为偏端之执也。①

他提出，在中国哲学中，惟不是唯独，而是殊特，西方哲学的唯是唯独，故西方哲学的唯物唯心把心物割裂，两者完全排斥，不可融通，而中国哲学的唯心唯物，虽是两派，却可以圆融合一，他认为这是因为中国哲学的思维注重辩证的思维，而不是偏端的思维。偏端的思维就是形而上学割裂事物为两个极端而不能相通的思维。

> 哲学研究所如成立，对于中国哲学思想，自当彻底研究一番。古学还他古学，不可乱他真相。若变乱之，是使思想界长陷于浑沌。此有百害而无一利也。至于中学之为长为短，则中外学者皆可本其所见，以作批判。惟批判之业，必待中学真相大明之后，方可下手耳。②

所以，他认为，如果生搬硬套西方哲学的唯物唯心之分，用之研究中国古代哲学，就会乱了真相，无法真正了解中国哲学的真相。

> 先圣贤强于实事求是，而不肯任天，帝尧已有"天工，人其代之"之说，盖继伏羲而起也。中国哲学界始终无有否认物之存在者，其注重实事之精神，与不迷于宗教之明解实相关。③

没有否认物的存在者，就是没有真正的否认物之存在的唯心论。

---

① 《与郭沫若》，《熊十力全集》，第八卷，697 页。
② 同上。
③ 《原儒·原内圣第四》，《熊十力全集》，第六卷，616 页。

> 动物未出现以前，心神只是隐而未显，不可谓之无，故自伏羲发明《易》道而后，中国哲学界不唯无一元的唯心论，已说如前。亦无一元的唯物论，此事良不偶然。①

他认为，自伏羲发明阴阳以后，中国不仅没有一元的唯心论，也没有一元的唯物论，心物总是交融的。

> 是故以西学唯心、唯物分裂之情形，而考核中国哲学则显然可见者，自伏羲始开学术思想之源，下逮晚周，诸子百家发展极盛，而哲学界始终无有如西学以唯心、唯物分裂宇宙之异论，此中国古学特殊处也。②

他认为像西方哲学历史上唯物唯心分裂斗争的情形，在中国哲学史上是不存在的，所以1950年代用唯物唯心两军对战的模式分析哲学史是不适用的。在1950年代"左"的教条主义笼罩一切哲学研究的情势下，他对当时流行的所谓马克思主义哲学史方法论提出直接的意见，这些意见虽然不是见诸报刊（也不可能见诸报刊），但通过自印著作，尤其是对哲学社会科学界领导者郭沫若直陈己见，是非常难得的。

二、中国哲学的特点

熊十力较多地谈到中国哲学的特点，以下分几点来陈述。

---

① 《原儒·原内圣第四》，《熊十力全集》，第六卷，619—620页。
② 同上，630页。

1. 重体认

中国哲学有一特别精神，即其为学也，根本注重体认的方法。体认者，能觉入所觉，浑然一体而不可分，所谓内外、物我、一异，种种差别相都不可得。唯其如此，故在中国哲学中；无有像西洋形而上学以宇宙实体当作外界存在的物事而推穷之者。"无有像"三字，一气贯下读。西洋哲学之方法犹是析物的方法，如所谓一元、二元、多元等论，则是数量的分析；唯心唯物与非心非物等论，则是性质的分析。①

一般认为体认是一种直觉主义的方法，但熊十力所说的体认并不是心对于物的简单直觉，这里提供了一个完整的界定："体认者，能觉入所觉，浑然一体而不可分，所谓内外、物我、一异，种种差别相都不可得。"一般以心为能觉、物为所觉，而他定义的体认是能觉入于所觉，而且是一种无差别相的境界。可见他所说的体认既是方法，也是境界。

中国哲学，归极证会，证会则知不外驰，外驰，即妄计有客观独存的物事，何能自证？情无僻执，僻执，即起倒见，支离滋甚，无由反己。要须涵养积渐而至，此与西人用力不必同，而所成就亦各异。②

体认他也称为证会，而证会不是向外的直觉，而是向内的自证；证

---

① 《十力语要》卷二《答马格里尼》，《熊十力全集》，第四卷，198—199 页。
② 《十力语要初读·答某生》，《熊十力全集》，第五卷，60 页。

会是要反己的,所以需要涵养。

> 中国哲学以重体认之故,不事逻辑,其见之著述者亦无系
> 统。虽各哲学家之思想莫不博大精深,自成体系,然不肯以其
> 胸中之所蕴发而为文字,即偶有笔札流传,亦皆不务组织,但随
> 机应物,而托之文言,绝非有意为著述事也。①

重体认的结果是,不重逻辑推演,不追求系统著述,也不有意著述,
即不把著述看成重要的事情。

> 由科学之宇宙观而说人生,即宇宙为客观独存。吾人在
> 宇宙中之地位,渺如沧海一粟。由中国哲学证会之境地而说
> 宇宙,则天地万物本吾一体。孟子发大《易》之蕴曰:"万物皆
> 备于我。"曰:"上下与天地同流。"程子曰:"仁者浑然与物同
> 体。"则基于日常实践中修养工夫深纯,达到人欲尽净,天理流
> 行,直融天地万物为一己;无内外、无古今、无物我、无彼此,动
> 静一原,体用不二,庄生所谓"游于无待,振于无竟"者,即此境
> 地。②

他认为,中国哲学所重视的体认、证会,都是把宇宙视为万物一体,
这是一种境地即境界。不过照他所说,这种境界无内外、无古今,与
道家的境界没有差别,表示在他的了解中,中国哲学的境界对三教
是一致的。这一点恐怕还是要做进一步的分析才是。

---

① 《十力语要》卷二《答马格里尼》,《熊十力全集》,第四卷,201 页。
② 《十力语要初续·讲词》,《熊十力全集》,第四卷,565 页。

2. 尚实践

> 余尝言：中国哲学，于实践中体现真理，故不尚思辨。西洋哲学，唯任理智思维，而能本之征验，避免空幻。但其探求本体，则亦以向外找东西的态度去穷索，乃自远于真理而终不悟也。①

这是说中国哲学不尚理智的思辨，而注重实践，在实践中体认本体，因为本体是内在的，不是外在的。实践就是指内向的体认，而不是向外的寻找。

> 须知哲学所究者为真理，而真理必须躬行实践而始显，非可以真理为心外之物，而恃吾人之知解以知之也。质言之，吾人必须有内心的修养，真至明觉澄然，即是真理呈显，如此方见得明觉与真理非二。中国哲学之所昭示者唯此。然此等学术之传授，恒在精神观感之际，而文字记述盖其末也。夫科学所研究者，为客观的事理。易言之，即为事物互相关系间之法则。故科学是知识的学问，此意容当别论。②

这是说中国哲学主张躬行实践，以为只有躬行实践，真理才能显现于心中，而不是以真理为外物以心求之。他认为心是明觉，但人须有内心的修养，这就是躬行实践，有了这种躬行实践，心就能达到明觉澄然；而明觉澄然时即真理呈现，此时明觉即是真理，真理即是明觉，这才是实践。所以他说：

---

① 《读经示要》卷二，《熊十力全集》，第三卷，798 页。
② 《十力语要》卷二《答马格里尼》，《熊十力全集》，第四卷，202 页。

> 中国哲学，由道德实践，而证得真体。①

只有通过道德实践，即内心修养，才能证得真理。

> 中国哲学上穷理尽性至命之诣，西洋人或不免忽视。则以其向外追求之功多，而反己体认之功或较少。然若谓中国人只于精神界，有其孤往之伟大成绩，却不务发展理智与知识，即于大自然，无有知明处当之要求，此则谬妄已甚。②

他认为，中国哲学讲的穷理尽性至命，不是向外追求，而是反己体认，但中国哲学也不是不用理智、不求知识、对大自然没有求知的要求。

> 吾侪治西洋科学和哲学，尽管用科学的方法，如质测乃至解析等等；西洋哲学从大体说来，是与科学同一路子的，虽亦有反知的哲学，较以东方，仍自不类。治中国哲学必须用修养的方法，如诚敬乃至思维等等。孔孟恒言敬、言诚。程子《识仁篇》云"以诚敬存之"。朱子所谓"涵养"，即诚敬也。③

他认为西方的科学和哲学，方法都是主知的分析，而中国哲学则强调诚敬的思维和涵养。看他在这里表示的，中国哲学所用的方法，除了前面所说的体认外，还特别提出诚敬，只是诚敬和体认的关系他并没有在这里清楚说明。

---

① 《读经示要》卷一，《熊十力全集》，第三卷，666 页。
② 《读经示要》卷二，《熊十力全集》，第三卷，750 页。
③ 《十力语要》卷一《答张东荪》，《熊十力全集》，第四卷，110 页。

中国哲学若三玄，可谓致广大，尽精微矣，然其言无不约之于人事。即程朱陆王诸大师，其思理亦莫不广渊深邃，盖亦博涉物理事变而后超然神解，未可忽视。然而彼等绝不发抒理论，只有极少数深心人可由其零散语录理会其系统脉络及其精微之蕴而已。盖彼等不惟不作理论文字，即其语录亦只肯说伦理上底实践工夫，此等精神固甚好，然未免过轻知识，则有流于偏枯之弊。①

这是说程朱陆王思维广泛涉及物理事变，但不发展理论体系，主要强调伦理的实践工夫。同时批评程朱陆王只讲伦理实践，轻视知识，会引起流于偏枯的毛病。在这一点上，熊十力有时强调儒家重视伦理而不轻知识，有时则指出儒家重伦理而轻视知识，并不始终一致。

3. 辨体用

但西洋哲学谈实体似与现象界分离，即计现象之背后有其本质，说为实体。而中国哲学上则无持此等见解者，即如老子所谓道，决不是超脱现象界之外而别有物，乃谓现象界中一切万有皆道之显现。②

熊十力始终坚持，认为西方哲学以实体与现象分离，而中国哲学的本体绝不超脱现象之外，中国哲学主张一切现象皆为本体的显现。

①《十力语要》卷四《高赞非记语》，《熊十力全集》，第四卷，502 页。
②《十力语要》卷二《答马格里尼》，《熊十力全集》，第四卷，203 页。

或虽计有本体,而不免误将本体说为超脱乎现象界之上或隐于现象界之后,致有二重世界之嫌。其于体用之本不二而究有分、虽分而仍不二者,从来哲学家于此终无正解。①

……现象与本体,名言自不能不析,而实际则决不可分成二界。哲学家于此,总说得欠妥,由其见地模糊故耳。②

伏羲首辨体用,孔子承之,而改正上古以天帝当作宇宙本体之失,体用不二之义始明。真理昭昭,庶几白日,至老氏混成言体,虽有见道未真之嫌,而体用不得无分,则犹承《大易》。以视西学知有用而不知有体,则犹未塞求真之途也。中国哲学之宇宙论,明辨体用,自伏羲创说,儒道两大学派相继绍述,后之学者无可易已。③

……中国哲学自伏羲提出法天之用,不法天之体,体用之分实导源于此。至孔子始废除天帝,发明体用不二,而经传遭秦火,其详不可得闻。④

他认为中国哲学辨明体用的传统可溯至伏羲时代,中国哲学的辨体用,不是体用二分,不是体用为二重世界,而是体用分而不二。

三、中国哲学的论断分析

关于熊十力对中国哲学家及其体系的分析论断,我们以下举一

---

① 《十力语要》卷一《答某君》,《熊十力全集》,第四卷,77—78 页。
② 《十力语要》卷一《答敖均生》,《熊十力全集》,第四卷,35 页。
③ 《原儒·原内圣第四》,《熊十力全集》,第六卷,618 页。
④ 同上,744 页。

些例子来加说明。

1. 论老庄

> 总之，老子开宗，直下显体，庄子得老氏之旨而衍之，便从用上形容。《老》、《庄》二书合而观之，始尽其妙，师资相承，源流不二，嵇中散何能窥二氏底蕴？其所说特文人揣摩形似之词耳。老氏致虚守静，其言体但寡欲以返真，所谓"为道日损"，损只是寡欲，寡得尽，真体便显，其旨如此。儒家主张成能，详《易系传》。尽人之能，以实现其所固有之天真，欲皆理而人即天也，此老氏所不喻也。老氏谈体，遗却人能而言，故庄周言用，亦只形容个虚莽旷荡，全没有理会得天行健的意义，儒道见地根本异处在此，然此中意义深微，昔儒罕见及此。所以儒家说他不知人。其实庄子错处都从老子来，皆不免滞虚之病。然老子清净，及其流，则以机用世；庄周逍遥，及其流，则入颓放一路。二氏影响又自不同。学老子之清净而无其真知实践，其深沉可以趋机智；学庄周之逍遥而无其真知实践，其不敬，必归于颓放。魏晋玄家皆学庄子而失之者也。庄子言治术，本之《春秋》太平义，而亦深合老氏无为之旨，盖主自由，尚平等，任物各自适，而归于无政府。来问疑其与老氏有异，非是。[1]

问者以为老子守玄抱一，庄子齐物放逸，二者不同。熊十力认为，庄子讲道通为一，即是老子抱一之义，并非不同。他认为老子明体，庄子达用，二者相承不二。他也指出了老庄的弱点，认为老子谈体但遗忘了人的能动性，庄子形容了用但不懂得天行健的道理，所以儒

---

[1]《十力语要》卷一《答王维诚》，《熊十力全集》，第四卷，101 页。

家批评道家言天不知人。他还指出嵇康的《卜疑》只是温柔揣摩之词，未能真正了解老庄的精义。熊十力也指出了老庄之学的流弊，特别是他指出魏晋玄学主要是学庄子而失之者，颇有所见。

2. 论自然

冯友兰先生的《中国哲学史》中对天的概念意义分析为五种，熊十力经过唯识学的训练，故论述中亦多这种分析，其后期著作且不论，《语要》中对自然概念的分析就值得注意：

> 来函谓"草木禽兽悉任自然"。迂拙每谓"自然"一词，谈者多不求的解。窃谓言自然者，略有数义：（一）在宇宙论上，大抵以无所待而然者谓之自然。但此一词又各从其学说底全体之内容而得一定之涵义，如此土老庄之言自然，固即无所待而然之义，印度自然外道亦何常不是无所待而然之义。如云鸟自然黑，鹄自然白，即不待造物主或他因而然也。但老庄学说与印度自然外道，实际判若天壤。唐以来释子每混视为一致，极可叹。因之，其无所待而然之涵义，宜视两家学说底全体之内容而定。（二）在社会观上，大抵以淳朴而不尚诈伪技巧等等者谓之自然。（三）在人生论上，大抵以纯任天真谓之自然。……自来文学的哲学家，大抵赞美野蛮人之天真。然野蛮人虽有羞恶、恻隐、是非、辞让等等良知发现，可谓天真，而其识别事物之知识尚未发达，良知与知识确不是一事，此义别详。即其良知不得扩充。如野蛮人之习惯、信条等等，自文明人视之，多不能认为合乎道德，此固其知识不发达之咎，而即于此等处见其良知之未能推致也。至于开化之群，尤其有高尚文化者。其人知识特别发达，长处在遇事物有精审之识别，短处却在诈伪奸巧滋多，哲人多怀想太古者以此。是其知识发达而固有虚灵不昧之良知反被

凿而亡失。故此土哲学家，如老庄则欲屏知而反之天明，天明即谓良知。儒者乃不反知，但重涵养以全其诚明之本体。诚明亦即良知。大本既立，大本，谓诚明之本体。却非守其孤明，必致其知于事事物物而得其理，乃知明而处当，于是而识别事物之知识，亦莫非诚明之用。此则良知扩充而可谓全其天真者矣。此与野蛮人之天真，奚止天壤之别？故重天真者，不当回向野蛮人之天真。从来自然论派之哲人，罕有见及此者，是亦不思之过。今吾子更赞扬草木禽兽，何故作此怪迂？ ①

这里提出自然有三义，第一"以无所待而然者谓之自然"，这是宇宙论的说法。第二以淳朴而不尚诈伪技巧等等者谓之自然，这是社会观的说法。第三以纯任天真谓之自然，这是人生论的说法。他指出，自然的三种意义不能混淆，自然的每一种意义，都要和学说的全体联系起来看，不能孤立地去比论。

此外，熊十力还有对气的分析：

> 气者，阴阳二气之总称。析言之，便说阴气和阳气。实则气者，只是一种气体的物。气体与液体、固体同是物，本无奇特，而初民独把气神化起来。何休说气是天地之始，正是根据初民的思想。②

这里对气和阴阳二气做了解说，明确肯定气是一种气体之物，并认为把气加以神话，是原始思维的特点。

---

①《十力语要》卷一《答某君》，《熊十力全集》，第四卷，68—70 页。
②《乾坤衍》第二，《熊十力全集》，第七卷，514 页。

3. 论向郭

冯友兰先生晚年《中国哲学史新编》论及郭象时提出,郭象不是贵无论,而是无无论,这也就意味着在以无为本体的玄学中,郭象并不以无为本体,甚至是否定本体的存在。这一问题熊十力在《十力语要》中曾予讨论:

前见某文,言中国哲学以"一"字或"本根"、"本原"等词,为本体之代语。此皆有据,但于此等字,似尚欠训释。"一"者,绝对义,显无分别相。"本根"等者,则克就现象而推原其实相之词。实相,犹云本体。此等处,大是困于言说,却须善会。若错解时,便将现象本体打成二片,便成死症。从来哲学家谈本体者,都于"体"字不求正解,而与原因意义相混。须却言因,则以彼为此因;言体,则斥指此物之体,无所谓彼也。故体非原因之谓,即是现象之本体,固非立于现象背后而为其原因也。自来谈本体者,多与原因意义混淆,实足使人迷惑也。中国儒道诸书极难读,须会通其整个的意思乃得之。至云向郭是无体论,亦未谛。彼所谓"独化",特遮遣造物主耳,非遂谓无体也。无体即无用,何化之云? 物各独化于玄冥,有味哉斯语也! 用则万殊,故谓物各独化也。玄冥者无物也,无物而非空无,只是不同于情见所执为实物之有耳。物各独化于玄冥,不是无中生有,实乃大用流行,历然众象,而实泊尔皆寂,故谓玄冥也,若果无体,如何杜撰得有来? 魏晋人言老庄,大抵主从无肇有。原彼所谓无,亦不为本体空无,大概计宇宙元始有个万物都无的时候,故谓之无;其后万象滋生, 乃谓之有。此等意见,由其根本执着现实界,故有这般推论。若真见体者,则了一真现起万变,宛然有物。万变皆即一真,本无实物。于此说有说无，只是戏论，而况可云从无肇有乎？但如在科学上说，则假定宇宙万象为实有，而寻其发生，如由无生物以至生物，似亦可逆而推求，最初有一个无物时，即无生物亦未形成之时，而可谓之无矣。然世间知见可作此量度，玄学家却要超过这般见地，未知吾贤以为如何？①

熊十力认为，本体与原因不同，本体不是原因，本体不是现象的原因，不是立于现象的背后，否定了原因不等于对本体的否定。他认为郭象的独化只是排除造物主，并不是认为无体，因为在他看来，无体则无用，则无化可言了。他认为本体论是一种思维。以为宇宙有个虚无的开始，后来才有万物，这不是本体论的思维，这种有无论不过是戏论。真正的玄学主张一真现起万变，万变皆即一真，体用不二，无所谓彼此。现象是本体的显现，本体不是现象的原因。熊十力的评论虽然是基于他自己的体用论体系，但对于认识本体论和宇宙论的分别是有意义的。

4. 论朱子

朱子讲理在气先，从这个观点来看，把朱子学的道器观概括为"道在器先"是有理由的。对此熊十力给以分析：

> 又来稿云："器未有时，已有其器之理在。"余以为"理"字看如何说法。若克就本体而名之以真理，则此理乃绝待，是为器之所由成，王辅嗣《老子注》云：道者，万物所由之而成。道犹言理也。万物之本体，名为理，亦名为道，故曰"物由之以成"。备众理而不穷。所谓一为无量，一理含无量理，即无量器之所资始，其妙如是。一

①《十力语要》卷一《与张君》，《熊十力全集》，第四卷，33—34 页。

理谓本体。无量为一,无量理统于一理,无量器资始于一理。其妙有如此者。若克就本体之流行而言理,于此当云"理者器之理",不可离理与气而疑其有无不相俱也。于一真实流之过程中有众相现,谓之器;相者,流行所现之迹象。相万殊故,曰众相。如燃香楮,猛力旅转,有火轮相现。由此譬喻,可悟宇宙间众相皆非实物,元是流行不住。器即众相之称。器有其则,谓之理。俗所见为每一器之现,只是一真实流之过程中之一种节序,而甲乙等等节序,相互间莫不有则。盖所谓流行,元非乱冲而无则者。无则即无以成其流行。易言之,无则即无以成为众相或器。《诗》云"有物有则",其义深远极矣!则亦名为理。一真之体,含蕴无量理,含蕴无量器之可能。此处吃紧。谓器未有而理先在,是离理与器而使之可不相属也。其实器未形时,即其理俱隐;器之已形,而其理俱显。然则器只有未形已形之分,不可云先无后有。器之理随其器之未形已形而为隐显,故不可析理与器为二,谓理先在而其器尚无也。无量理与无量器之可能,皆为一真之全体内所含蕴而无或亏。器未形时,有将形之可能性在,不得曰先本无是器但其理固在也。"不得曰"三字,一气贯下。须知克就流行言,器之理与是器本不可离。即此真实流,现似众相,则曰器;众相有则而不可乱,斯曰理。理与器安可离之,使或不相属乎? ①

熊十力把这个问题分为两方面,一个是仅就本体而言,理是器之所由以成,器之成资始于理,理是本。一个是仅就流行而言,理是器之理,二者不可分,无先后,二者总是相俱的。熊十力未必仔细研究过朱子哲学,但他的分析符合朱子思想论本源和论禀赋的不同分别,

①《十力语要》卷一《答刘生》,《熊十力全集》,第四卷,39—40 页。

是完全可以成立的。特别是，他强调，对理学的理器关系而言，不需要讲理在先，不管是时间上在先，还是逻辑上在先。关键是要明确肯定理是体，是本体，是器之所由成。这个所由成的观念来自魏晋玄学的王弼，但对理学，亦有意味。同时，他借用了佛教一含无量，无量为一的说法，以无量器资始于一理，以此种"妙"而含蓄地把在先的问题包含其中，不得不说也是高明的一种处理。如何从佛学之理诠解朱子哲学，很少有现代学者关注，熊十力对此作了提示。

5. 论阳明

晚近瑞士现象学家耿宁在多年研究王阳明哲学后提出以唯识学"自证分"解释"良知"的主张和理解，引起阳明学者的注意和评论。其实熊十力早在《十力语要》中讨论过这个问题：

> 来书举章太炎先生与吴生论宋明道学书数端。一云："阳明所谓良知者，以为知是知非也，此即自证分。八识皆有自证。知是知非，则意识之自证分也。"此说甚谬。旧唯识师四分义，其无当于理，吾于《新论》及《破破论》略明之，此姑不辨。彼所谓四分者，就眼识言，色即相分；了色之了，即见分；相见二分所依之体，即自证分；此能证知自见分故，名自证；依自证体上而别起用，是能证知自证者，名证自证分。眼识如是，耳识乃至第八赖耶，亦各各有四分云。至其所谓四分者，又有内缘外缘之不同。见分缘外，不缘内心；自证缘见，见即内心；证自证与自证二分互相缘，此皆内缘自心，不缘外相。又就意识言，见分缘相，容通三量；自证缘见，及与第四互缘，唯是现量，不起筹度分别。义见论疏，非吾臆说。今章氏乃指良知为自证分，则是良知不得外缘。吾人于应接事物时，对于是非之分辨作用，应只是见分，决定不是自证分。易言之，即应不是良知。

何以故？良知即自证分，是乃内缘见及第四，不得外缘事物故。又唯是现量无有筹度分别故。如何说它知是知非？章氏既不解四分，又不了何谓良知，是真章实斋所谓"横通"者。①

近代唯识学颇为学者关注，但熊十力自认为对唯识曾下专门工夫，又得南京内学院熏习，故批评章太炎不了解唯识四分义。章太炎认为良知是八识中意识的自证分，熊十力反对，认为总论四分，见分缘外，自证分缘内心；若就意识而论，见分缘相，自证分缘心。如果良知是自证分，就只是缘内心，不能对外事知是知非。前此讨论耿宁阳明学研究时，学者在评论气得失时皆未指出熊十力论章太炎的这一点，事实上熊十力对良知讨论甚多，可惜当今学者对此研究不够。

　　二云："罗达夫称，当极静时，觉吾此心，中虚无物，旁通无穷云云。此亦窥见藏识之明征。其所谓'主宰即流行，流行即主宰'者，王学诸儒，大抵称之。而流行即恒转如暴流，主宰即人我法我。其执为生生之几者，亦是物也"等语。此一段话，章氏平生笔语盖亦屡见。章氏根本迷谬在此，殆无望其能悟，但后生不可为其所惑耳。赖耶恒转如暴流，只是习气流转，以此拟之吾儒所谓流行，其过不止认贼作子，其罪实当堕入泥犁。儒者所谓流行，是生生不息真机，若视此为赖耶染法而为应断且可断者，则堕断见与空见。《系传》盖云：易不可见，乾坤几乎熄。圣人之忧愚妄可谓切矣！至云"主宰即人我法我"，就有漏妄执一方面言，执之异名为我，我即主宰义，章氏之说，固亦有当。然佛家破我后，复成立有我，义在《涅槃》，章氏岂未

①《十力语要》卷一《答谢石麟》，《熊十力全集》，第四卷，89页。

读耶？《涅槃》所说之我，是何义趣？岂可与二执之我混作一谈耶？儒家于流行中识主宰，即于流行之健而有则处见主宰义。运而不息者其健也，遍为万物实体而物各如其所如者，乃见其有则而不可乱也。验之吾心，流行不息，应感万端，而莫不当理，无有狂惑者，即此识得主宰，非别有物为之主宰也。此乃廓然无执，而后识主宰，云何以彼之所谓执而拟此之所谓主宰耶？即主宰即流行，即流行即主宰，此为无上甚深了义，须深玩《大易》而实体之于心。老庄为《周易》之别派，亦多可参玩者，吾当别论。做过苦参实践工夫方有几分相应，此非猜度所及也。佛家《涅槃》谈主宰而不说即主宰即流行，西洋哲学亦有谈流行而不悟即流行即主宰。通变易流行。与不易主宰。而一之者，是乃吾先哲之极诣。此固非章氏境界，而实余之所欲无言者也。①

这说明，章太炎确曾以唯识说论及阳明后学，以主宰流行论良知，本始于刘师泉，章太炎以唯识学论之，为熊十力所反对。他认为王学所说的流行不是习气流转，而是生生不息的真机，儒学所说的主宰则是吾心，并非我执，他从其即体即用的本体论立场，为即主宰即流行作论证。表明他对阳明后学的了解，至少在义理上也是达到了相当的深度。

> 三云："意有意识意根之异。诸儒未能辨也。独王一庵知意非心之所发。自心虚灵之中确然有主者，名之曰意，此为知意根矣。而保此意根，是不舍我见，此一庵所未喻也。"章氏此段话，直是无可救药，大乘意根即第七末那识，此其所由建立，

---

① 《十力语要》卷一《答谢石麟》，《熊十力全集》，第四卷，89—91页。

固自成系统。其根本主张则八识为各各独立之体,以各从自称生故。第七恒执第八见分为我,是谓染污。王一庵不曾分析此心为七个八个也,其所谓意与心之名,乃依义理分剂,而多为之名耳。实则心意非有二体也,于心之有主宰义,而别立意名。主宰于何见?吾常令学者玩颜子四勿,曰"非礼勿视,非礼勿听,非礼勿言,非礼勿动"。就在此四勿上识主宰也。依此主宰义而名之为意,是一庵真实见地,而章氏奈何以染污末那拟之耶? ①

熊十力又批评了章太炎对泰州学派王一庵的评论,也是很有深度的。章太炎认为王一庵区别了意念和意根,有似于佛教,因阿赖耶识自己无作用,有了意根才能起作用。熊十力不赞成,认为唯识学中意根为第七识,执见分为我,属于染污,与儒家的心之主宰完全不同。熊十力的分析显然比章太炎为深入。

6. 论船山

熊十力早年即读船山书,关注并推崇船山之学,他对船山学术精神的把握对后来学者多有影响:

> ……濂洛关闽诸大师迭起,为学贵创获而不以墨守传注为贤,务实践而亟以驰逞虚玄为戒。故其治《易》也,一方面超脱汉师,一方面排斥辅嗣,其精神气魄,不可不谓之伟大。唯然,故人自成说,家各为学,如周濂溪、邵尧夫、张横渠、程伊川、朱汉上、朱晦翁皆精思力践,各有独到。夫汉世诸师,无弗杂阴阳家言者,迹其繁琐名相之排比与穿凿,于《十翼》本旨可谓无

---

① 《十力语要》卷一《答谢石麟》,《熊十力全集》,第四卷,91 页。

关。但间存古义,斯足珍贵。宋之诸师,其言皆根于践履,虽复不无拘碍,要其大较,归本穷理尽性至命之旨,而体天地神化于人生日用之中,则《十翼》嫡嗣也。自宋迄明,言《易》者大概无出周程诸贤之轨范,而《易》家自是有汉学宋学之分。晚明有王船山作《易内外传》,宗主横渠,而和会于濂溪、伊川、朱子之间,独不满于邵氏。其学尊生以箴寂灭,明有以反空无,主动以起颓废,率性以一情欲,论益恢宏,浸与西洋思想接近矣。然其骨子里自是宋学精神,非明者不辨也。其于汉师固一切排斥,不遗余力也。当有明季世,诸大儒并出,悲愤填膺,为学期活泼有用,而亟惩王学末流空疏之弊,浸以上及两宋。清儒继起,本无晚明诸老精神,而徒以抨击宋学为帜志,用汉学高自标榜,则诸老所不及料也。于是治《易》者,上稽汉籍,俯视宋明诸师,以谓非诬则陋耳。濂溪与邵氏之图尤受攻诋。盖自清以来,学者尊汉抑宋之积习牢不可破,不独于《易》学为然,其治群经皆然。①

熊十力对易学发展史的前后转折深有所见,此文即简论易学史的发展变化。他特别表扬宋学大师学贵创获,气魄伟大,根于践履,归本穷理尽性。认为王船山宗主张载,和会于周程朱子,学问尊生、明有、主动、率性,既反对佛老,又反对纵情,是接续宋学精神的。他甚至认为船山的议论已经接近西洋近代思想。他的分析虽不见得都能与船山之说丝丝入扣,但其把握之大体,实有所见,与研究船山的诸家有所不同。至于说船山思想渐与西洋思想接近,则可能受到当时研究者的一定影响,要之亦是推崇气学之意。

---

① 《十力语要》卷一《重印周易变通解序》,《熊十力全集》,第四卷,139—140 页。

7. 论戴震

熊十力不仅对明代的阳明、船山思想的论断具有洞见,其对清代学术尤其是戴震的评析,尤可见其与众不同之处。

> ……唯问"欲不可全屏,如何处置始免泛滥为患",贤者于《新论》,尚未免在文字上转,故有此一重大障碍。若细玩文字,精熟条理,得其会通,而因以自反诸心,则必无疑于此矣。按《新论·功能》章分别性习,《明心》章分别心、心所,盖心即性,而心所则习也。自识本心,即是见性,便能顺其良知良能而起净习,故欲皆从理矣。如戴震之说,则欲当即为理。其所以为邪说者,正以不识性,即不识本心故耳。夫不见本心,则欲便从物,阳明所谓"随顺躯壳起念"是也。唯本心沦没,即一身无有主宰,遂纵任小己之私,乘形气之动,而成乎私欲,私欲如何得当? 如何为理耶? 若见性,即本心恒自昭明,而私欲萌时,自然瞒昧不得,即此瞒昧不得时,便一念向上,顺从昭明之本心,而后所欲皆当。如"非礼勿视",即克去其非礼之私欲,非绝吾目视色之欲也;视而无非礼焉,欲即理也。"非礼勿听",即克去其非礼之私欲,非绝吾耳闻声之欲也;听而无非礼焉,欲即理也。乃至"非礼勿动",即克去其非礼之私欲,非绝吾心动应万变之欲也;动而无非礼焉,欲即理也。准此,则欲之所可当,而不至流于私者,由其一准乎礼故也。《记》曰:"礼者理也。"以其发见而有条理,故谓之理或礼;以其为吾一身之主,则谓之心;以其为吾所以生之理,则谓之性。故《论语》言"克己复礼",其所谓礼者,非就仪制度数言,乃即礼之本质而言。"本质"二字或不必妥,然难得下一恰好之词,读者须善会。礼之本质,即心也,此谓本心,非心理学上所谓心,亦即性也,是吾所固有,故于

此而言复也。若以仪制度数为礼，则礼是后起，是末节，如何言复耶？夫唯本质即心即性。具备万善之条理，所谓固有。本此以为主宰，而后万变不恒之物感，凡足以起吾之欲者，一切不能眩乱此主宰，而所欲皆循其天则。天则即固有之条理。夫如是，始云欲当即为理也。《新论》所谓净习亦此旨也。戴震既不识性，不识心，则主宰既失，欲动而无节，如何能去私而皆当耶？故学在识本心。非欲之可患，迷其本心而后有私欲泛滥为患也。①

与近代以来梁启超、章太炎、胡适从张扬近代性的角度对戴震哲学思想的推崇不同，熊十力并不是不了解西洋近代思想，观其论船山之学可见，但他主要是站在儒学传统内来看待戴震思想的，亦可见他并不以欲望的张扬为近代思想。熊十力认为，戴震"欲当即为理"的主张是不对的，欲当是有前提的，这就是明心见性和从理顺理，没有这一前提则欲只是私欲，不可能得当。然后他指出，孔子所谓克己复礼，不是要求绝欲，而是要去除私欲，视听言动皆准乎礼，欲才能当理。而且，在他看来，"礼即理也"的礼即是心、即是性；克己复礼的礼即是本心，复礼即是复其本心。可见他是用心学的主张来解释先秦儒学中的礼。他批评戴震，不讲本心主宰，就不能去除私欲，欲就不能合理。不讲本心主宰，只讲欲当即为理，这是邪说。应当承认，熊十力的分析不仅出于心学立场，从思想上来说，也是基本合乎儒学的理欲观和价值传统的。

熊十力认为，自西学输入以来，中国人对中国哲学往往不求了解：

---

① 《十力语要》卷二《答刘树鹏》，《熊十力全集》，第四卷，228—229 页。

但自西洋科学思想输入中国以后,中国人皆倾向科学,一切信赖客观的方法,只知向外求理,而不知吾生与天地万物所本具之理元来无外。中国哲学究极的意思,今日之中国人已完全忽视而不求了解。如前所说,在吾国今日欧化之学者闻之,殆无不诮为虚玄与糊涂。①

中西学术,各有特色,凡中国哲学上特别独至之理境,或为西洋哲学家一向所忽视者,往往而有。②

他在这里提出,近代以来,国人以西方哲学为标准,以科学方法看哲学,已经完全忽视了中国哲学的"究极意思"和"独至理境",对中国哲学的终极智慧和境界已不了解,也不求了解,这一点必须加以根本改变。熊十力对中国哲学史的诸论述,称得上是体大思精,不仅在中国哲学史学史上有重要意义,对中国哲学终极智慧的理解也有重要的价值,值得作全面的梳理研究。

---

① 《十力语要》卷二《答马格里尼》,《熊十力全集》,第四卷,202 页。
② 同上,227 页。

熊十力哲学的见体论

如果谈到 20 世纪新儒家的精神性哲学，不能不论及熊十力的"见体"论。盖熊十力所谓"见体"之义可分为二，一指认识宇宙论的实体，二指体认心的本体，虽然二者并非截然无关。一般来说，熊十力很强调第一种意义（即"体用不二论"意义上）的见体，这是人们熟知的，但在一定意义上说，见体的第二种意义比第一种意义更重要。

一、即用见体

我们先来看以认识宇宙论实体为内涵的见体说。熊十力说：

> 夫奘师讥孔子不见体，而独以证见真如归高释宗者，此非故意维持门户。奘师本承印度佛家之学，只以空寂言真如性体，决不许说即空寂即生化、即生化即空寂。……孔子系《易》，曰"易有太极"，太极，即本体之名。六十四卦明万有不齐，皆太极之散著。谓《易》不见体，可乎？《春秋》本元以明化，董子《繁露·重政》云"元犹原也"，此与《易》义相会。《易》曰"大哉乾元，万物资始"，《春秋》建元即本斯旨。一家之学，宗要无

殊,宗要者,宗谓主旨,要谓理要。谓《春秋》不见体,可乎? ①

照这里所说,《易大传》讲易有太极就是见体之言,《春秋》建元,也是见体之言,这里的见体都是指对宇宙论意义上的本体的证见。他认为佛教主张证见真如,却不了解孔子的《系辞》也是见体。熊十力承汉儒之说,以《系辞》为孔子作,这是可以理解的。

> 魏晋人言老庄,大抵主从无肇有。原彼所谓无,亦不为本体空无,大概计宇宙元始有个万物都无的时候,故谓之无;其后万象滋生,乃谓之有。此等意见,由其根本执着现实界,故有这般推论。若真见体者,则了一真现起万变,宛然有物。万变皆即一真。本无实物。于此说有说无,只是戏论,而况可云从无肇有乎? ②

这里所谓"真见体者,则了一真现起万变"讲的就是由体起用的宇宙论,其所谓见体也是指对宇宙实体的理解。

> 用依体起,犹如波依水起。而非异体有别实物,犹如波非异水而有别自体也。故说即用即体。易言之,此翕辟相,即是生灭相,即是变动相,正复于中,证见实性。何以故? 用无自体故。实性者,本体之代语。翕辟相,即生灭相,即变动相,此是依体所起之用。然用非异于体而有别用之自体,故乃即用见体。③

① 《新唯识论》语体文删定本第五章《功能上》,《熊十力全集》,第六卷,湖北教育出版社,2001 年,121 页。
② 《十力语要》卷一《与张君》,《熊十力全集》,第四卷,34 页。
③ 《十力语要》卷一《答某君》,《熊十力全集》,第四卷,62—63 页。

在变动中证见实体,就是即用见体。用是依赖于体而起的,但不是离开体另有自体,用是生灭相、翕辟相、变动相,在用中见体,亦即证见实性。这里所说的见体也是证见宇宙论意义上的实体。

> 如今盛行之解析派,只是一种逻辑的学问,此固为哲学者所必资,然要不是哲学底正宗。时贤鄙弃本体论,弟终以此为穷极万化之原,乃学问之归墟。学不至是,则瞢而不通,拘而不化,非智者所安也。见体则莫切于东方之学,斯不佞所以皈心。①

熊十力批评分析派不是哲学的正宗,正宗的哲学必重视本体论,本体即穷究万化根源的学问,其要即在见体。这里所说的见体,也是就本体论而言的。

> 来教云:"以其返本,才起自足于己之心,便已毕生陷其惰性。"吾以为讲返本之学,而不免陷身堕性者,此必其未能证得本体者也。《新论》讲本体,原是举体成用,即用见体,故体用不二。此根本义,须先识得。②

这里讲的证得本体和即用见体,与前引《答某君》所说之意相同。都强调《新唯识论》的体用论主要就是要在宇宙论上即用见体。

> 来函谓"科学之真理如何可汇归或依附于玄学真理"。余

---

① 《十力语要》卷一《答张东荪》,《熊十力全集》,第四卷,113—114页。
② 《复吕澂》,《熊十力全集》,第八卷,441页。

以为就宇宙论言，善谈本体者，一方面须扫相以证体，相者谓现象界。若执取现象界为实在者，即不能见体，故非扫相不可。然另一方面却必须施设现象界，否则吾人所日常生活之宇宙，即经验界，不得成立。因之吾人知识无安足处所，即科学为不可能。佛家说五蕴皆空，五蕴谓现象界。似偏于扫相一方面。《新论》说本体之流行，即依翕辟与生灭故；翕辟、生灭，皆谓流行。现象界得成立，亦复依翕辟与生灭故。说现象界无实自体，易言之，便于现象界而不取其相，即于此而见为真体之呈显，是即扫相证体。①

这里所说的"扫相证体"是指宇宙论而言，相是现象，体是本体，证体即见体，善谈宇宙本体者，需要超越现象，要知道现象界是本体的呈现，由此认识本体。

先生又曰：宜黄大师尝言佛家谈体，孔氏谈用。吾窃未安。须知体用可分，而毕竟非二。孔子只是即用显体，不是只滞于用而不见体。若只谈用，则孔子便与俗学一般见解，岂其然乎？至佛家谈体，是不生不灭不动不变，不免有将体与用截成二片之嫌。无着世亲之学显然有此失，何可与吾孔氏《大易》比论。②

这里所说和前引《新唯识论·功能》章所说一样，认为俗学是滞于用而不能见体，孔子是即用显体、即用见体，佛家不能讲即体即用、

①《十力语要》卷二《答唐君毅》，《熊十力全集》，第四卷，185 页。
②《十力语要》卷二《韩裕文记》，《熊十力全集》，第四卷，287—288 页。

即用见体，只是体用截成二片。佛家与孔子《大易》的宇宙论不能相比。

> 阳明言"天地鬼神的主宰，也即是我的灵明"，以本体不二故。《新论·唯识》章阐明心境不离，亦是于现象上识体。若不能于现象上见体者，则心物便分内外而对立起来，须深思。①

即用见体就是在现象上识体，主宰即是灵明，灵明即是主宰，这就是体用不二，可见这里也说的是宇宙论的体用论。见体就是要在现象上见本体。

> 由此应知体用不二。迷者用外索体，智者则知即用即体。然由即用即体故，一存用相，则万有繁然。若欲趣真，趣真谓见体。则必扫除用相，而后冥应玄同。不知此意，难读《新论》。**夫哲学要归证体**，不独洗涤常识中种种意义，即于世智所有辨物析理之一切意义，世智如科学等知识，亦妙能留舍。②

体用不二，是指没有用外之体，也没有离体之用；所谓见体，就是超越用相，与体为一。见体亦称证体，证体是哲学的归结和总要。这里的见体也是指一般体用论意义上的见体。这些对见体的讨论，都是指一种扫相证体的本体论智慧，并不与心体之说发生联系。

见体亦多称证体，以下论之。

> 来函谓"科学之真理如何可汇归或依附于玄学真理"。余

①《十力语要》卷二《答任继愈》，《熊十力全集》，第四卷，291 页。
②《十力语要》卷二《附录勉仁通讯·熊先生哲学释疑》，《熊十力全集》，第四卷，317 页。

以为就宇宙论言,善谈本体者,一方面须扫相以证体,相者谓现象界。若执取现象界为实在者,即不能见体,故非扫相不可。然另一方面却必须施设现象界,否则吾人所日常生活之宇宙,即经验界,不得成立。①

扫相证体即前面所说的破相见体,扫相是针对执取现象为实在而言,以求见体;但另一方面玄学真理要与日常生活结合,则需要肯定(施设)现象界经验界,否则人的生活无法成立。他接着说:

> 其次,儒家底孔子,尤为吾所归心。孔子固不排斥理智与知识,而亦不尚解析,此其异于印度佛家之点,然归趣证会则大概与佛家同。孔子自谓"默而识之"。默即止,而识即观也。止观的工夫到极深时,便是证会境地。《论语》记子曰:"天何言哉?四时行焉,百物生焉。天何言哉?"非证见实相,何能说得如此微妙? 实相即实体异名,亦即真理之异名。孔佛同一证体,然亦有不似处。佛氏专以寂静言体,至于四时行百物生的意义,彼似不作此理会。缘他出世主义,所以不免差失。本体是寂静的,孔子若不亲证到此,便不会有"天何言哉"之叹。唯其湛寂,无为无作,故以无言形容之。然大用流行,德健化神,四时行而百物生,以此见天理之不容逆,夫子其至矣乎! 然孔子下手工夫与佛家又各有不同,当别为论。②

证会即证体,熊十力总是认为儒家与佛家都是追求证会、证体、证

① 《十力语要》卷二《答唐君毅》,《熊十力全集》,第四卷,185页。
② 同上,190页。

见,证见实相就是见体、证体,从他所说的"证会境地"来看,见体、证体实为一种境界。所不同的是佛家以本体是寂静的,由此引向出世主义。而儒家既看到本体静的一面,又见到大用流行生生不息的一面。他还说:

> ……始终脱不开看静物的方法,所以在科学上无法体会流行的真际。就令谈变动,总要做一件物理的现象来解释,而流行的真际除非证体时才可得到。友人马一浮《新论序》曰:"穷变化之道者,其唯尽性之功乎。"此意从来几人会得。我常说,科学上安立了物,而玄学上虽一方面随顺科学,予他安立物界的基地,但其根本态度和方法却要把一切物层层剥落,乃至剥落净尽,才识得科学真理的基地之真相。[①]

大用流行是用,其真际是体,只有证体才能得到真际。他认为马一浮为他的《新唯识论》所写的序中,强调尽性才能穷变化之道,就是证体而求真际。变化、流行都是用,流行的真际、变化之道才是体。

> 即用显体,譬如,于众沤不作众沤看,而直见其是大海水呈现。易言之,即只见为大海水而已。即用显体,义亦如是。即于一切用相或宇宙万有而皆见为真如,真者真实。如者言其德性恒常,无改变故。真如乃本体之名,本佛典。宗门古德有云:信手所扪,莫非真如。此义深远至极。譬如当前桌子,世俗见为一种器具,而自证体之哲人观之,此即真如妙体呈现耳。此中义味无穷,《新论》转变、功能诸章,多明此义。故

---

① 《十力语要》卷二《答唐君毅》,《熊十力全集》,第四卷,194—195 页。

假立真谛。①

即用显体的意义，包含着如何看、见的指示，即对一切万有，不当作现象来看，而是见其为真实实体的呈现。如果真能见一切用相为真如实体的呈现，这就是证体、见体了。这也是宇宙论意义上的见体。

> 科学尚析观，析观亦云解析。得宇宙之分殊，而一切如量，即名其所得为科学之真理。于一切法，称实而知，是名如量。玄学尚证会，得宇宙之浑全，而一切如理，即名其所得为玄学之真理。于一切法，不取其相，冥证理体，而无虚妄分别，是名如理。实则就真理本身言，元无所谓科学的与玄学的这般名字，唯依学者穷究之方便故，则学问不限一途，而或得其全，或得其分，由此假说有科学之真理与玄学之真理，于义无妨。②

他认为科学尚分析，哲学尚证会；科学得到的是对现象的认识，是对宇宙之部分的认识；而哲学是对宇宙整全的理解，不停留于现象，而直接体证本体。不取其相、冥证理体，与前面所说的在宇宙论上扫相证体是一致的。在他看来，哲学就是要认识真理，真理就是实体，而认识真理的方法就是体认、证会，就是见体。

> 西洋哲学大概属前者，中国与印度哲学大概属后者。前者从科学出发，他所发见的真实，只是物理世界底真实，而本体世界底真实他毕竟无从证会或体认得到。后者寻着哲学本身底出发点而努力，他于科学知识亦自有相当的基础，如此土先哲

① 《十力语要》卷二《附录勉仁通讯·熊先生哲学释疑》，《熊十力全集》，第四卷，301页。
② 《十力语要》卷二《答唐君毅》，《熊十力全集》，第四卷，184—185页。

于物理人事亦有相当甄验。而他所以证会或体认到本体世界底真实，是直接本诸他底明智之灯。[1]

科学从现象的真实入手，追求物理世界的真实，而哲学以物理的真实为基础，更求本体世界的真实，而本体世界的真实只能得自证会。证会的根本则是人的自己的"昭明之智"。这里所说的本体世界的真实与下节所说的见心是不同的。

> 由体认而得到真理，所以没有析别数量性质等等戏论。由此而中国哲人即于万象而一一皆见为真理显现。易言之，即于万象而见为浑全。所以有天地万物一体的境界，而无以物累心之患，无向外追求之苦。但亦有所短者，即此等哲学，其理境极广远幽深，而以不重析物的方法故，即不易发展科学，若老庄派之哲学即有反科学之倾向。[2]

体认工夫的本体论预设是万物皆为真理实体的显现，真理本体是浑全的，所以体认者于万象上所见的本体也是浑全的，由是而有万物一体的境界，不会有物累其心之患。

二、见心即见体

其次，我们来看体认心体的见体义。

---

[1] 《十力语要》卷四《高赞非记语》，《熊十力全集》，第四卷，487 页。
[2] 《十力语要》卷二《答马格里尼》，《熊十力全集》，第四卷，199—200 页。

先来看《新唯识论》所论见体：

> 真见体者，反诸内心。自他无间，征物我之同源。内心之内，非对外之词，假说为内耳。此中心者，即上所言自性。盖心之一名，有指本体言者，有依作用言者，切不可混，学者宜随文抉择。语曰："一人向隅，满座为之不乐。"此何以故？盖满座之人之心，即是一人之心，元无自他间隔故耳。足知此心即是物我同源处，乃所谓实体也。[1]

此处直接说明，见体即反心所见。此时的所见显然是一种体验和体证。反诸己心，能见自我与他人为一体，物我同一根源，没有隔阂，这就是真见体。"一人向隅，满座为之不乐"这个例子他多次使用，用来说明满座人之心即是一人之心。[2]

> 是故体万物而不遗者，即唯此心，见心乃云见体。体万物者，言即此心遍为万物实体，而无有一物得遗之以成其为物者，故云尔。然此中直指心为体，却是权说，参考《明心》章。[3]

这更明确地说见心就是见体，换言之见体就是指见心。具体地说，见心要此心"体万物而不遗"，熊十力解释说，"体万物而不遗"本是

---

[1]《新唯识论》文言文本《明宗》，《熊十力全集》，第二卷，10—11页。
[2]《十力语要》卷三《王准记语》："宇宙之心非超脱于众生或万物之上，乃即物物各具之心便是宇宙之心。何以征之？如一人向隅，满座为之不欢，此何故耶？唯人人同此心体，乃有此感耳。彼此之分，乃习气使然，非性分本然也。孟子言'心所同然'，庄子言'自其同者观之，则万物皆一'，皆见性之谈。如'乍见孺子将入于井，皆有怵惕恻隐之心'，此时之心，将孺子与一己毫无分别，乃天机自动而不容自己者，随感显发，莫非此心也，中国学术之神髓在此"。
[3]《新唯识论》文言文本《明宗》，《熊十力全集》，第二卷，11页。

《中庸》和《易传》的说法,在这里是指以此心遍在万物为其实体,"遍在"就是不遗漏任何一物,而成为每一物的体。

> 吾人常能保任此智而勿失之,故乃自己认识自己,而无一毫锢蔽焉。云何自己认识自己? 以此认识离能所、内外、同异等分别相,而实昭昭明明,内自识故,故非空洞无物,亦非混沌。故假说言自己认识自己。自己亦是假设之词。由斯义故,得言见心,亦云见体。①

因为见体即是见心,他进一步说明,见心是指这样一种意识状态,它离开能所相、内外相、同异相等分别相;这是一体而无分别的意识状态,但并非空无,也不是混沌,而是昭明自识的,故又说见体是自己认识自己。这就是见体。可见见体是一种自识的意识状态,其特征是一体无分别而昭明。强调昭明,这是"见心"状态的一个基本特征。

> 而不悟此理唯在反求,反诸本心,昭然不容瞒昧。直是一毫为己之私不许藏匿,此心恻然知其不可,故知此心至真至实,浑然与天地万物同体。而所谓己私,原属形气上后起之妄,自与本体上了不相干。故反诸本心,即已见体矣。只堪自识。自识者,即前云自己认识自己,所谓内证离言是也。遂乃构画扡量,虚妄安立,如一元、二元及多元等论。以是驰逞戏论,至于没齿而不知反。宇宙既等空无,思议所构的实体世界,同于揑目生华故。人生杳无根据,不见体,则人生亦是泡影。不亦大可哀耶! 然则明慧用之有限,故似除知;慧只行于物理世

---

① 《新唯识论》文言文本《明宗》,《熊十力全集》,第二卷,11 页。

界,其效用有限,而不可以见体。①……

见体作为工夫即是反求,反诸内心。见体作为境界就是此心恻然、
浑然与天地万物同体,同时此心昭然不昧,无一毫为己之私。这才
是自识,才是自己认识自己。这一恻然、浑然的说法与王阳明晚年
对良知的理解类似。其浑然与物同体的境地亦类似理学的悟境。
其反诸本心、即己心见体的思想明显属于心学的立场。

熊十力在《答谢幼伟书》中说:

> 夫见体云者,即本体呈露时自明自见而已,非以此见彼也。
> 量智推度时,则以本体为所度之境,如度外在的物事然。故量
> 智起时,本体不得呈露,而何有见体可言? 前信云纯恃性智者,
> 意正在此。此中义蕴渊微至极,孔子所云默识,从来注家均是
> 肤解,虽朱子亦未得臻斯旨也。寂默者,本体也。识者,即此本体之
> 昭然自识也。……西哲毕竟不离知解窠臼,吾故不许其见体也。
> 难言哉,斯义也。②

此段所论很重要。这里首先强调,所谓见体,就是本体呈露时自见
自明,并不是见到另一个对象;本体呈露即是本心呈露,本心昭然
自识,即是见体。其次,熊十力用佛教的概念来格义,认为佛教的词
汇中,性智是对本体的智慧,量智是对现象的认识,所以他认为量智
是对流行的现象的认识,即使是对现象之本原的推度也只是理性对
外在事物的思维,不是本体的自我呈露。因此见体与量智无关,只
是性智的事。在他看来,西方哲学都是以量智求知解,故不能见体。

---

① 《新唯识论》文言文本《明宗》,《熊十力全集》,第二卷,12—13 页。
② 《十力语要》卷三《答谢幼伟》,《熊十力全集》,第四卷,337 页。

中国哲学思想，归于《易》所云穷理尽性至命。理者，至极本原之理。即此理之在人而言，则曰性；即此理之为万化之大原，是为流行不息，则曰命。穷者，反躬而自识之谓；尽者，实现之而无所亏欠之谓；至者，与之为一之谓。《新论》所谈本体，即此理也，性也，命也，名三而实一也。穷也，尽也，至也，则《新论》所云见体或证体之谓也。①

《易》之说卦传言"穷理尽性以至于命"，照熊十力的说法，理、性、命是万化大源的实体及其流行，而穷、尽、至则是见体，因为穷是自识，尽是实现，至是浑然一体。这里所说应当是指作为结果（而不是工夫过程）的穷理尽性至命。

《新论》确是儒家骨髓。孔孟所言天，既不是宗教家之天，更不是理想中构画一崇高无上之一种理念，或一种超越感。彼乃反诸自身，识得有个与天地万物同体的真宰炯然在中，《新论》所云性智是也。吾人实证到此，便无物我、内外可分，此乃即物而超物，即人而天。②

按他的理解，孔孟所说的天，是指本心主宰，此心与天地万物为一体，见体就是识得此心，此境界无物我、无内外，即物超物，即人而天。炯然即此心昭然。

思诚者，诚谓绝对的真理；思者，体认之谓，非通途所云思想之思。

---

① 《十力语要》卷三《答林同济》，《熊十力全集》，第四卷，353 页。
② 同上，353 页。

思诚,谓真理唯可体认而得也。反身而诚者,谓真理不远于人,若以知解推求,必不能实见真理,唯反躬体认,即灼然自识。深造自得者,所谓真理必由实践之功,而后实有诸己。由儒家之见地,则真理唯可以由体认而实证,非可用知识推求,但吾人在日常生活的宇宙中,不能不假定一切事物为实有,从而加以析别,故又不可排斥知识。宇宙间的道理本是多方面的,本是无穷无尽的,若执一端之见、一偏之论,必贼道而违理。儒家于形而上学主体认,于经验界仍注重知识。有体认之功,以主乎知识,则知识不限于琐碎,而有以洞澈事物之本真;有知识,以辅体认之功,则体认不蹈于空虚,而有以遍观真理之散著。万事万物皆真理之所显。故真理者,从其为事物之本真而言,即说为绝对;从其显现为万事万物而言,即绝对便涵相对。由此而说事物之理即真理之散著,故知识不可排斥,为其遍观事物,而真理之散著可征也。然则儒家其至矣乎! ①

他把思诚解释为体认真理实体,把反身而诚解释为反躬体认、灼然自识,认为这体现了儒家形而上学重视体认的立场。同时他也强调儒家不否认经验界,也注重知识,因为事物之理是真理的散殊。

《新论》鉴观西洋,无蹈其失,始乎辨析,而终于反己。反己即体认。所以体神居灵,而万有之藏与生生化化之妙,的然无可外求矣。得此无尽藏,发之为道德,推之为政治,渊渊不竭,有本者如是。此自尧舜迄尼山相传之绪,非余独得之秘。惜哉!不可喻于今之人也。船山尚有隔在。拟吾于衡阳,实不似也。秋凉能一过,是所至望。②

①《十力语要》卷二《答马格里尼》,《熊十力全集》,第四卷,200—201 页。
②《十力语要》卷三《答胡生》,《熊十力全集》,第四卷,361 页。

反己即反躬体认,得此无尽藏,就是见体,见体之后可发为道德,推之政治。他说这种以见体为大本的学问,船山尚隔一层,所以他认为船山与他并不相似。值得注意的是,他写成《新唯识论》是参考了西洋哲学,尽力于观念的辨析,但不止于辨析,而是以反躬体认为归结。

> 实践实证,实有诸己之谓。博者徒务多知,纵上究乎玄,而仍不离知见也。约则极玄,而体之日用践履之间,心与理冥为一,不只是一个空洞的知见。①

如前所说,实有诸己就是反躬体认,反己实证。见体既可指体认的工夫,也可指体认到本体的结果。

> 然儒者在其形而上学方面,仍是用体认工夫,孔子所谓"默识",即体认之谓。默者,冥然不起析别、不作推想也;识者,灼然自明自了之谓。此言真理唯是自明的,不待析别与推求,而反之本心,恒自明自了。孟子所谓"思诚",所谓"反身而诚",所谓"深造自得",亦皆体认也。②

熊十力认为,中国哲学的特别精神就在于,其形上学也是用体认方法。但在我们看来,反躬见体应该首先是自明心体的工夫,而熊十力的体用不二的宇宙论应该不是反躬的结果,而是一种得自读《船山遗书》而悟的本体的智慧。③ 但在明言的层面,他自己声称,本心

---

①《十力语要》卷二《答君毅》,《熊十力全集》,第四卷,179 页。
②《十力语要》卷二《答马格里尼》,《熊十力全集》,第四卷,200 页。
③ 郭齐勇:《天地间一个读书人:熊十力传》,上海文艺出版社,1994 年,18 页。

心体与宇宙实体都是反诸本心得来的。熊十力认为宇宙实体与本心实体都属于形而上学。

> 虽世有主张哲学是综合各科学的原理进而为实体之探讨，故亦是知识的云云，然而为此说者不辨哲学科学之异趣，却把实体看作外界物事，用知识去推寻，如何能证会得实体？极其能事，不过窃取各科学底材料，以意穿凿，而组成一个系统，自圆其说，著之文字，号为一家之学而已。①

这是主张，证会实体，决不能把实体看作外在事物，用知识的方法去寻求，换言之，只有用证会的方法才能得实体的认知，而证会不可离开吾心而寻求。

> 吾心之本体，即是宇宙之本体，非有二也，故不可外吾心而求道。吾心与宇宙之本体，即道是也。本体元无内外可分，故不可于吾心外而求道。吾心发用处，即是道之发用。故善体道者，体者体认。下同。体之自心而得矣，岂外求哉？②
>
> 此心无有内外，恒时自明自了，自识自证。吾人对于道之体用，或宇宙实体之认知，唯在此心呈现时乃得期诸此心之直接自证。若人心或习心用事，而障碍其道心，令不现起，则体认工夫乃万不可能。晚世哲家有言盲目的意志者，有言生之冲动者，此皆内观习心而见为如是，其去东土哲人体认之功，奚啻万里。③

---

①《十力语要》卷四《高赞非记语》，《熊十力全集》，第四卷，484—485 页。
②《十力语要》卷二《答马格里尼》，《熊十力全集》，第四卷，207 页。
③同上，211 页。

这里他再次申明,心之本体就是宇宙本体,宇宙本体就是心之本体,所以应该说本体不可能只是主观的内在的。但如我们上面说的,因为熊十力要强调穷理工夫的途径是反诸本心,故强调此理的内在性,强调不可外心以求理。其工夫境界的结论,则不仅强调见体时是心的自明自了、自识自证,而且申明对宇宙实体的认知唯在此心呈现之时。我们在本文一开始时说,见体有二义,一是见宇宙本体,一是见自心本体,但按熊十力这里的说法,见体虽然可以方便说有二义,但方法只是一个,不仅见心之本体的方法是反心,见宇宙实体的方法也是反心。人对宇宙实体之认识,当且仅当此心呈现之时。这与熊十力在前面讨论的扫相证体的本体论智慧并不是相同的。

三、见体境地

前面我们引用的材料中显示,熊十力多用境地表示见体的境界,如所谓"证会境地"。

> 因此有极精微之明解力,即徒有缘事智,能了解万事万物之理则者,谓之缘事,即以此智,名缘事智。而不能证会一切物之本体,以外缘故,有所知相故。外缘者,谓以所知事理视为外境,而了知之。所知相正由有所得心故起。证体则泯内外,无能所,斯乃至人超越理智之境,非学者事。又前谓其于人生之了解,仅较高于庸俗者,彼之所了解,只是其一种知见。若证体者,即涤除玄览此中玄览谓知见,盖借用老子语。而一任真性流行矣。[①]

---

① 《十力语要》卷三《答诸生》,《熊十力全集》,第四卷,387页。

这也指出证体的境界是泯除内外的分别，没有能所的分别，是超越理智的境界，不是一般学者所能达到的。这意味着只有大师大德才能达到证体的境界。他还指出，见体的境界对于知见来说，是涤除一切知见，达到本体真性的任运流行。

证体作为工夫亦称体认，熊十力常常强调体认的重要性：

> 须知真理非他，即是吾人所以生之理，亦即是宇宙所以形成之理。故就真理言，吾人生命与大自然即宇宙是互相融入而不能分开，同为此真理之显现故。但真理虽显现为万象，而不可执定万象，以为真理即如其所显现之物事。此中意义难言。真理虽非超越万象之外而别有物，但真理自身并不即是万象。真理毕竟无方所，无形体，所以不能用知识去推度，不能将真理当作外在的物事看待。哲学家如欲实证真理，只有返诸自家固有的明觉，亦名为智。即此明觉之自明自了，浑然内外一如而无能所可分时，方是真理实现在前，方名实证，前所谓体认者即是此意。[1]

这应当是熊十力最正式地对外国人解释见体的论述。首先，宇宙的实体即宇宙真理，宇宙的用相即万象万物；人的生命之理即是宇宙之理，因为人的生命与宇宙互相融合不能分开，人和大自然都是宇宙真理的显现。其次，宇宙的真理不能用知识的方法去推测想象，因为知识的方法是对外在事物求知的方法，而真理不是纯外在的事物，是吾人生命的真理。最后，要实证真理，必须返回自己固有的明觉，所谓见体之境就是此明觉自明自了、浑然一体、内外不分、能所

---

① 《十力语要》卷二《答马格里尼》，《熊十力全集》，第四卷，199 页。

不分,真理显现在当下眼前。

> 中国哲学有一特别精神,即其为学也,根本注重体认的方法。体认者,能觉入所觉,浑然一体而不可分,所谓内外、物我、一异,种种差别相都不可得。唯其如此,故在中国哲学中,无有像西洋形而上学以宇宙实体当作外界存在的物事而推穷之者。①

他认为,哲学追求真理,而真理只能去体认,体认则必须反己。就关系而言,体认是见体的工夫(方法),见体是体认的结果。但这并不是绝对的,从工夫到结果是一过程,见体一词既可作工夫用,也可以作为结果用。这里他对体认实体的状态境界作了概括:体认的状态是能觉入于所觉,体认的境界是浑然一体而不可分。能觉入于所觉这个提法虽不多见,但出现在《答马格里尼书》中,还是重要的表述。它表达出,体认表示能觉对于所觉的识见,但这不是主体和对象的对待关系,而是能觉与所觉合二为一,化对待为融合。

后来他也说:

> 科学站在经验的范围内,把一切事物看作客观独存的,用理智去摹准他,率循他底定律法则等等而甄明之,犹如摹绘准确不妄。剖析他,所以是纯粹知识的。哲学所有事者,要在剥削经验界的一切杂染而证会实体,证会者,盖吾之良知即是实体。良知炯然自知,便云证会。此知无分别相,不于实体作外想故,所知能知是一事而不

---

① 《十力语要》卷二《答马格里尼》,《熊十力全集》,第四卷,198—199 页。

可分故,故阳明指良知为实体,此体是自明的故。①

这里所说的"能知所知是一事"即是上面说的"能觉入于所觉浑然一体",他说良知的特色就是所知无分别相,不把宇宙实体看作外物。同时他也不忘强调,良知是自明自了的。

　　夫吾人所以生之理与宇宙所以形成之理本非有二,故此理非客观的,非外在的。如欲穷究此理之实际,自非有内心的涵养工夫不可。唯内心的涵养工夫深纯之候,方得此理透露而达于自明自了自证之境地。前所谓体认者即此。故哲学不是知识的学问,而是自明自觉的一种学问。但此种意义极深广微奥,而难为不知者言。须知哲学与科学,其所穷究之对象不同,领域不同,即其为学之精神与方法等等亦不能不异。②

一般人认为,说人生之理与宇宙之理并非不同的二者,如果就理的内涵而言,是可以理解的,即人生之理与宇宙之理一致;但如果说此理完全是主观的、内在的,那就和"宇宙之理"这个概念是自身矛盾的,而应该说既是主观的,又是客观的。熊十力不管他人觉得其矛盾不矛盾,坚持认为,由于此理是非外在的,所以要穷此理必须用内心的涵养工夫,涵养工夫到极致,就可达到自明自证的境地,即见体。这样看来,说此理不是外在的,主要是就穷究此理的方式而言的。

　　儒者体认一词,有时可与证会一词同解,有时又似泛言之。

① 《十力语要》卷四《高赞非记语》,《熊十力全集》,第四卷,484 页。
② 《十力语要》卷二《答马格里尼》,《熊十力全集》,第四卷,202 页。

朱子常有亲切体认之语,即读书穷理之际时时寻绎玩索之谓。此固切要,然与吾所举证会一词殊不相似。今云证会者,谓本体之自明自了是也。佛氏谓之证量,亦云现量。阳明《咏良知》诗"无声无臭独知时",此无声无臭而独知者,正是吾之本体即本心炯然自知也,斯即证会之谓。①

他也承认,古代儒者所用的"体认"二字,与他有所不同,多只是一般的读书时的思考,而他自己所说的体认即是证会,是指本体的自明自了,是指本心炯然自知。

> 夫证会者,一切放下,不杂记忆,不起分别,此时无能所、无内外,唯是真体现前,默然自喻,而万里齐彰者也。思辨则于不自觉中设定有外在世界,而向外寻求,测于一曲,遗其大全,滞于化迹,昧其真相,此证会与思辨不同也。②

这里也记述了证会见体时的状态境界,即放下一切念想,心中不起分别相,没有能所、内外的分别,此时真体呈现,自明自喻。这是与思辨根本不同的状态境界。

> 至程子云"天理二字却是自家体认得来",此体认一词如作证量解,似亦可通。但程子本意,似是于日常践履中,用涵养察识等工夫体认得天理流行之妙,此似在发用处说,而与证量似微有不同。证量则真体独立,冥然自证,乃于泯绝外缘时见

---

① 《十力语要》卷三《王淮记语》,《熊十力全集》,第四卷,436 页。
② 同上,437 页。

之耳。此意难言。①

他还指出,理学家如二程所说的体认多在发用处说,而他所说的证体证量是指真实本体的自证,是在泯除一切外缘时的见体。

> ……通内外、物我、动静、古今,浑然为一,湛寂圆明,这个才是真理显现,才是得到大菩提。佛家学问,除其出世主义为吾人所不必赞同外,而其在玄学上本其证会的真实见地而说法,因破尽一切迷执,确给予人类以无限光明,无论如何不容否认。②

真理显现就是见体证体,其状态为内外为一、物我为一、动静为一、古今为一,所有这些对立面都不再有分别,都成为浑然一体的境界,而这一状态又是湛然、寂然、圆通的明觉,是大菩提的正觉境界。这说明熊十力提出见体论应该与佛教有一定的关系。

> 证体则泯内外,无能所,斯乃至人超越理智之境,非学者事。③

泯内外之别,无能所之分,超越理智所能达到的境地,这才是证体,而证体并非一般学者所能达到的。

> 冥极实体者,谓若证会实体时,即已荡然离一切相,无内无

---

① 《十力语要》卷三《王淮记语》,《熊十力全集》,第四卷,436 页。
② 《十力语要》卷二《答唐君毅》,《熊十力全集》,第四卷,189—190 页。
③ 《十力语要》卷三《答诸生》,《熊十力全集》,第四卷,387 页。

外,无我无物。盖通物我内外,冥会一源,至极无待,故言冥极。①

熊十力所说的冥应、冥入、冥证、冥会、冥极,都是"证体"的不同表达。冥在这里亦无分别地之意。

四、修行与见体

他特别指出,证会和修行相关,不仅是智的事,也是行的事。

> 须知佛家唯一的归趣在证会。而其所以臻于证会之境地,在行的方面,有极严密的层级,如十信等等乃至十地。许多专门名词今略而不谈。在知的方面则任理智而精解析……②

这就指出,证会必须有修行的配合,而修行有很多层级,要一步一步地修行。

> 又云:破相中是否见得体?恐有些子人信不及。此义看如何说法。就知见上言,构画泯绝,真理方显,不曰破相以见体,而又何云?然此要是说法初机。必也激厉躬行,使行解合一,驯至涤除虚妄知见,冥入真实知见,即已无相可破,只是真体呈露,毕竟见字亦着不得也。③

---

① 《十力语要》卷四《高赞非记语》,《熊十力全集》,第四卷,484页。
② 《十力语要》卷二《答唐君毅》,《熊十力全集》,第四卷,188页。
③ 《十力语要》卷三《答沈有鼎》,《熊十力全集》,第四卷,351页。

本体呈露是自现自明，所以严格地说，见体的见字在这时都用不着了，因为这时不是对象性的见，而是涌现而出的一种境界。至于破相见体，只是说要见体就不能停留在现象的知见上，只有泯除一切对现象的知见，才可能达到见体。而破除虚妄的知见，只是第一步，还要躬行与解悟合一。

> 随顺入法空观，为趣入证会境地之一种开导。但是知行须合一并进，如果只务解析而缺乏修行或涵养，决定无从达到证会的境地，所以证会是很不容易谈的。[1]

修行有多种，如思维观是一种观法，此种观法可以引导进入证体境界。他指出只有知行合一并进，而不是只讲知而没有修行涵养，才可能达到证会境界。而修行不是容易深入的，因此顿悟是很难达到的。

> 后来宗门喜言顿悟，不独大小乘、空有二派罕言之。即就《阿含》考察释迦氏的思想，便可见他注意解析与修养的工夫，哪可轻言顿悟？如果要说顿，除非一顿以前经过许多渐悟，譬如春雷，轰然一声，阳气之积以渐故也。佛家确是由理智的而走到一个超理智的境地，即所谓证会。到了证会时，便是理智或理性转成正智，离一切虚妄分别相，直接与实体冥为一如，所谓正智缘如。此时即智即如，非有能所，后来唯识师说正智以真如为相分，便非了义。……[2]

---

① 《十力语要》卷二《答唐君毅》，《熊十力全集》，第四卷，189 页。
② 同上，189 页。

不可轻言顿悟,所谓顿悟一定要经过许多的渐悟积累,才有可能。因此证会是由理智而达到超理智的境地,证会时是理智(理性)转成为正智,故能离一切分别相,与实体合而为一。

> 儒者的然实证本体,而不务论议,专在人生日用间提撕人,令其身体力行,而自至于知性知天。知性知天即证体之异语。故儒家之学,自表面观之,似只是伦理学,而不必谓之玄学,实则儒家伦理悉根据其玄学,非真实了解儒家之宇宙观与本体论,则于儒家伦理观念必隔膜而难通。①

不仅《易传》的穷理尽性至命是见体,孟子的知性知天也是见体证体,当然见体证体要以日用间的身体力行为基础。他还认为,儒家的伦理学是以其玄学真理即宇宙观和本体论为基础的。

> 若于佛经有深彻了解,又必自己有一番静功,方可于此理有悟。不然,谈见体总不能无误会也。西哲毕竟不离知解窠臼,吾故不许其见体也。难言哉,斯义也。②

这里说的静功亦是修养之功,也是修养之功说得最明白的地方。

> 证会的一种知,名为证量,此乃修养功深,至于惑染克去尽净,而真体呈露。尔时真体之自明自了,谓之证量,此非理智推度之境不待言。吾尝云超知之诣,正谓此。③

----

① 《十力语要》卷二《再答张东荪》,《熊十力全集》,第四卷,172页。
② 《十力语要》卷三《答谢幼伟》,《熊十力全集》,第四卷,337页。
③ 《十力语要》卷三《答牟宗三》,《熊十力全集》,第四卷,359页。

这里也说明，证会是修养很深后，在感染都被彻底克去后，真体呈露的境界。而所谓真体呈露即证体自明自了，此即超理智的境界。

> 先生答张东荪有云：弟《新论》本为融贯华梵之形而上学思想而自成一体系，又实欲以东方玄学思想对治西洋科学思想。略言之，科学无论如何进步，即如近世物理学，可谓已打破物质的观念，然总承认有外在世界。他们毕竟不能证会本体，毕竟不能通内外、物我，浑然为一。他们所长的还是符号推理，还是图摹宇宙的表层，不能融宇宙人生为一，而于生活中体会宇宙的底蕴。不能二字一气贯至句末。新物理学无法证会本体，旁的科学亦然。继今以往，各科学虽当进步，然其无法证会本体，当一如今日，科学的方法与其领域终有所限故也。西洋哲学从其科学思想出发，与东方根本精神究不相同，纵理论有相通处，而底源要自别。①

这里也强调证会是"通内外、物我，浑然为一"的境界，这种境界不仅能证会本体，亦可以在生活中体会宇宙的底蕴。这里虽然没有直接谈及修养涵养，但指出在生活中体会宇宙底蕴、把宇宙和认识融为一体，超出了单纯描述内外浑然的境界。

> ……故此理非客观的，非外在的。如欲穷究此理之实际，自非有内心的涵养工夫不可。唯内心的涵养工夫深纯之候，方得此理透露而达于自明自了自证之境地。②

----

① 《十力语要》卷二《答韩裕文记》，《熊十力全集》，第四卷，294—295 页。
② 《十力语要》卷二《答马格里尼》，《熊十力全集》，第四卷，202 页。

只说证会和修行，容易把这种思想与宗教直接联系，但讲内心涵养，则可见熊十力见体思想和宋明理学相通，故他多说是东方哲学。他强调证会不能离开涵养而单独实现，必须有深厚的内心涵养，才能达到真体呈露自明自证的境界。

五、入手与究竟

从工夫来讲，可分为入手和究竟。他说：

> 古哲证体之学究不可忽而不究。不见体，则万化无源，人生昧其真性。此中有千言万语难说得，高明如吾兄，慎无以此为迂谈也。
>
> 证体之学，吾意此只是为学入手工夫，不可以此为究竟。古哲失处，大都以此为究竟。佛氏出世法，自必以此为究竟；道家曰主一，曰抱一，曰致虚极、守静笃，皆以此为究竟。是以遗物、反知、厌世、离群，其弊不胜穷也。宋、明理学之含养性地，皆有以证体为究竟之失。吾谓学者须先见体，既了大本，却须透悟现实世界，即是一诚。孟子曰："诚者天之道也。"诚为本体之名，其义甚深。自有成己成物与裁成天地、曲成万物、化育参赞、富有日新等等盛德大业，以完成其本体之发展。[①]

见体即证见本体，故见体亦称证体。这里熊十力强调，见体之学很重要，但并不是为学究竟，究竟指目标和终极境界，他认为古代佛家

---

① 《与梁漱溟》，《熊十力全集》，第八卷，658—659 页。

道家都是以见体为究竟，但儒学在见体成已之后必须曲成万物，化育参赞，改造现实世界，这才算是完成了本体发展。在这个意义上说，见体之说为学入手的工夫，还不是最终完成。

熊十力在《答谢幼伟书》中说：

> 吾前信云：见体以后，必依性智而起量智，即昔儒所谓不废格物穷理之功是也。此但为耽虚溺寂者防其流弊。如阳明后学盛谈本体，而于综事辨物之知则忽焉而不求，此可戒也。夫量智者，缘物而起也。一切物皆本体之流行也。于流行或万象而推度其本，本谓体。终止于推度之域，非本体呈露也。

> 但见体虽纯恃性智，而量智并非可屏而不用。万物既皆本体之流行，则即物穷理之功，又恶可已哉？所患者，逐物而亡其本耳。有智者，悟量智之效用有限，而反诸性智，以立大本，则智周万物而不为逐物。一皆性真流行，岂谓量智可屏弃哉？学问须本末兼赅，求本而遗末，不免蹈空之病，非吾所谓学也。自《量论》言之，"量论"一词，见《新论》上卷《绪言》中。见体之见，佛家谓之真现量，言真者，简别五识等现量。亦云证量。若于经验界或现象界求其理则，依据实测而为种种推度，证验毕具而后许为极成，佛家说之为比量。证量属性智，比量属量智，二者不可偏废。此中千言万语说不尽，冀有机缘，得与吾子面论。第三点，西哲见体与否？不妨且置。此等问题非凭知见可以判决，须放下知见，别有一番工夫，才可辨其得失。[1]

"见体"用佛教的话就是真现量、证量；在现象界求其规律，这是比

---

[1]《十力语要》卷三《答谢幼伟》，《熊十力全集》，第四卷，337—338 页。

量,属于量智。另一方面,熊十力也强调,见体以后必须不废格物穷理的功夫,只谈本体,忽略事物,这是阳明学后学的弊病。因此,见体不是终点,见体以后还必须发起格物穷理的工夫。

> 由儒家之见地,则真理唯可以由体认而实证,非可用知识推求,但吾人在日常生活的宇宙中,不能不假定一切事物为实有,从而加以析别,故又不可排斥知识。宇宙间的道理本是多方面的,本是无穷无尽的,若执一端之见、一偏之论,必贼道而违理。儒家于形而上学主体认,于经验界仍注重知识。有体认之功,以主乎知识,则知识不限于琐碎,而有以洞澈事物之本真;有知识,以辅体认之功,则体认不蹈于空虚,而有以遍观真理之散著。万事万物皆真理之所显。故真理者,从其为事物之本真而言,即说为绝对;从其显现为万事万物而言,即绝对便涵相对。由此而说事物之理即真理之散著,故知识不可排斥,为其遍观事物,而真理之散著可征也。然则儒家其至矣乎! ①

真理的获得只能用体认,而不可用知识。但经验界的各种事物的认识,仍需知识,而知识的形成又须设定事物为实有。但体认与知识二者不是平列的,体认为主,知识为辅。真理是绝对,作为真理显现的事物是相对,绝对涵相对。

> 学不究体,自人生论言之,无有归宿。区区有限之形,沧海一粟。迷离颠倒,成何意义? 若能见体,即于有限而自识无限。官天地,府万物,富有日新,自性元无亏欠。本来无待,如何

---

① 《十力语要》卷二《答马格里尼》,《熊十力全集》,第四卷,200—201 页。

不乐？①

这一条是讲见体在人生论的意义。人能见体，就能在有限中认识无限，证见本性圆满自足，达到乐的境界。

> 又"当下合理"一词，若深究其涵义便甚难言。其所以为当下合理者，以是本体呈显故耳。若不见体，又何当下合理可言？夫子"七十从心所欲不逾矩"，才是当下合理之极致。佛位亦不过如此。凡夫本有此种境地，但习染所蔽，不克发现，不自证得耳。吾兄以求见本体归之佛，而谓儒者为体合道德之法则，似谓当下合理即缘体合道德法则之效果，此弟所未能印可者。须知若不见体，则所谓道德法则便纯由外铄而无内在的权度，此告子义外之论，所以见斥于孟子也。唯见体故，斯有道德之法则可言。孟子所谓居安资深，取之左右逢源者，乃无往不是天则，无时无在而非当下合理。宋儒诗所谓"等闲识得东风面，此喻见体。万紫千红总是春"，可谓善于形容。②

本体呈现为合理，本体呈现为道德法则，体是根本，见体是根本。这里讲的是道德法则必有其体，体即是内在的根源。这也是就人生论而言。熊十力还认为，见体即本体呈现，佛位可达见体，儒者也可见体，不能因为儒者是凡夫之位便认为儒者不能见体，只是说凡夫有习染所蒙蔽，不容易达到见体的境地。

---

① 《与友论新唯识论》，《熊十力全集》，第八卷，334 页。
② 《十力语要》卷二《再答张东荪》，《熊十力全集》，第四卷，172 页。

> 问：人生设有轮回，似亦足慰。先生曰：吾学在见体。人能安住于实体，超越个体的生存，即没有为达个体生存之目的而起之利害计较，易言之，即不为生存而生存，如此，无恐怖，无挂碍，何待有轮回为之安慰？轮回观念却是要求个体恒存的观念。宰平先生昨又说，这便是要求自我生存的不断，即所谓计常之见。吾亦曰：佛家言无我，其实大有我在。[1]

这里又涉及到人生论，熊十力认为佛教的轮回说其实是要求个体永恒的观念，根本上还是求自我的恒久实存，其实还是"有我"的立场。而他所理解的儒学是见体之学，见体的生命实践是指向安住于实体，宇宙人生合二为一，不为个体生存而生存。至于如何安住于实体，则没有具体说明，但他提出的"安住"显然是指精神的安居之所，安身立命的归宿，所以见体是识见实体，而识见实体是为了安住于实体，与"大用流行，德健化神"为一体。

余论

由前面所论可见，见体既是哲学的目标、又是哲学认识的方法，更是哲学的境界，见体论可谓是熊十力哲学中具有根本性的一个问题。现在我们要问，熊十力所说的见体，是不是"悟"及悟境，和宗教学的神秘体验是同是异？由我们前面的分析来看，第一种意义上的见体，即宇宙论意义上的见体更多的是一种哲学的智慧，应该不是神秘体验。至于第二种意义的见体，则需要做一些辨析。

---

[1]《十力语要》卷四《高赞非记语》，《熊十力全集》，第四卷，459—460 页。

熊十力晚年回忆他青年时读陈白沙的经验："忽起无限兴奋，恍如身跃虚空，神游八极。其惊喜若狂，无可言拟，顿悟血气之躯非我也，只此心此理方是真我。"[1] 这明显是神秘体验，是属于外向的神秘体验。1908 年 23 岁时，他读《列子》启发了对王阳明良知和《大学》明德的理解："忽而触悟天地万物本吾一体，须向天地万物同体处认识本心。"这里说的忽而触悟，像是神秘体验，但叙述得并不清楚。[2] 1913 年在武昌，一日正午，熊十力坐人力车过大街，天无片云，白日清朗，无思无虑，忽见街道石板如幻如化。[3] 这里所说尚嫌简单，但也有似于得到了神秘体验。

可见熊十力青年时曾有过神秘体验，但主要是外向的神秘体验，而不是对本心的内向的神秘体验。他的学问思想成熟之后，在他的大量的关于见体体验的论述中，见体的内涵与神秘体验的内容"合一性"相近，但是他从来没有提及"见体"会伴随神秘体验常常有的强烈的快乐、兴奋、愉悦等典型特征，也不用悟的说法。所以，熊十力所说的见体，应该承认，虽然包含有本心的体验、体悟，但熊十力更强调这是一种意识状态、一种境界。

最后，关于儒学"见体"的问题，从儒学的角度来说，见体是向里的工夫，又是心学工夫的极境。在儒学的历史上，宋儒只讲体道、见道，不讲见体，明儒始有见体之说。道家讲见独，但明代以来的儒者讲见体从未联系于见独之说。20 世纪新心学中，不仅熊十力强调见体，梁漱溟也谈到见体，并且承认熊十力曾经见体，这应当是因为二人有长时间的密切交流之故。而梁漱溟认为证体来自佛教，这是与熊十力有所不同的。二人之外，徐梵澄对"见道"体验做过阐

---

① 郭齐勇：《天地间一个读书人：熊十力传》，4 页。
② 同上，12 页。
③ 同上，13 页。

发,强调这乃是精神哲学的核心。本文开始所说的"在一定意义上说,见体的第二种意义比第一种意义更重要",也是在精神性哲学的意义上讲的。这些都可以与熊十力的见体说相互对照,而使之得到更全面的理解。

梁漱溟论"见体"与"一体"

在《熊十力哲学的见体论》一文中,我们细致地讨论了熊十力关于"见体"的思想,并在结尾的部分提到"梁漱溟也谈到见体,并且承认熊十力曾经见体"。本文即讨论梁漱溟关于见体的看法及见体与其哲学的关系。

十几年前,我曾发表过对梁漱溟与密宗关系研究的论文,揭表梁漱溟在 1940 年代后期修习密宗心法的经过,我在该文中提到:1947 年初,熊先生由五通桥到重庆北碚梁漱溟先生办的勉仁书院小住,看望这位从政治激流中退出的老友,期待梁漱溟从事功转归学问。熊十力以精神性课题为终极关怀的态度,使刚从政治事务中抽身出来的梁漱溟得到了某种警醒。[1]

照梁漱溟的日记,1947 年 2 月:

> 十力先生自五通桥来勉仁,小住匝月。某次谈话,先生语我云:"发愿"与"见体"是吾人一生最要紧的事。愚当下甚有警省。吾人一生若于此二者皆无有,则只有下堕,一生不如一生。因而时时念及之,不能忘。[2]

---

[1]《梁漱溟与密宗》,《河北学刊》,2009 年 6 期。
[2]《梁漱溟全集》第八卷,山东人民出版社,1993 年,420 页。

熊十力说人一生有两件事最重要，第一是"发愿"，你要立下一个大的志愿，当然，这是一个佛教的讲法；第二就是"见体"，这是心性哲学的一个讲法，就是你要对本体有所见。但这个见恐怕不是一个知性的见，而是一个实践的见，就是要真正有证悟。梁漱溟听了熊十力的话，当时"甚有警醒"，此后"因而时时念及之不能忘"。可见，见体成为此后梁漱溟心目中念念不忘的重大的人生课题，而梁漱溟当时对密宗习静法的关注，可能就包含有对见体的寻求之意。

见体的问题是由熊十力带给梁漱溟、成为两人共同关注的一个重要问题。因此，梁漱溟对见体问题的集中讨论，主要见于他对熊十力的全面评论，即1961年11月所写的《读熊著各书书后》长文，特别是其中的《我对熊先生的评价及其他》一节。以下我们就主要依据此文，对其见体论进行讨论。

一、见体

《读熊著各书书后》一文收在《勉仁斋读书录》，第九节《我对熊先生的评价及其他》即此文的总结。《我对熊先生的评价及其他》可分为三部分，我们先来看第二部分，因为这一部分集中论见体之学。

> 然而在其早先所出各书中，熊先生于此两家共同处，却未尝不言之正确。例如他说"见体则莫切于东方之学，斯不佞所以皈心"（《十力语要》卷一与张东荪书）。又说：
>> 须知儒佛二家之学，推其根极，要归于见性而已。诚见自本性，则日用间恒有主宰，不随境转，此则儒佛所大

同,不能或异者也。(《十力语要》卷二韩裕文记语)

这话何等明白而切实。①

两家指儒佛,梁漱溟承认熊十力在《十力语要》等书中对儒佛两家共同处的认识是正确的,特别提出熊十力把见体作为儒佛两家的共同处,把见体作为两家治学的根本,是明白切实的。可见梁漱溟对熊十力的见体论给予了充分肯定。此外也可看出,在熊十力的思想中见体和见性是可以互换的,梁漱溟也抱同样的态度。

> 我在上文曾承认熊先生于儒学自是有所窥的。昔人有"觌体承当"一语,正可引来说熊先生。这既没有说得过高,却也没有低估他的价值。读者莫从上面"儒家为学恒必造端乎'默而识之'乃得"那句话,就以为这只是其粗浅阶段。②

这里的"觌体"即是见体,"觌体承当"出自刘宗周。这是说在他看来,熊十力对于儒学是"觌体承当",即一方面是见体的,另一方面由见体而毅然担当起儒学的使命。而且梁漱溟还认为这四个字是对熊十力最恰当的评价,切勿以为见体只是粗浅阶段。

> 熊先生和我同样以见体许儒家,但他只笼统表示他不同意佛家旧说:
>
> > 今云证会者,谓本体之自明自了是也。佛氏谓之证量,亦云现量。阳明咏良知诗"无声无臭独知时",此无声

---

① 《梁漱溟全集》第七卷,776 页。
② 同上。

无臭而独知者正是吾人之本体即本心,炯然自知也。斯即证会之谓。(中略)但佛氏视此为神圣之极,非凡夫所能有。果尔,则是谓凡夫无圣种矣。实则(中略)人人皆有自明自了之体,一念息染,当下便是也。然佛氏不许凡夫有证量者,盖以为凡夫只是妄识,而其真体不曾呈现。其说亦自谨严。(中略)今如灵曜当空,云翳悉尽,此可以喻真体发见。然阴雨之天仍不无照物之明者,云翳虽起而太阳固在,只未完全显现耳。若以其未曾尽显,即视为全不得显,则失之远矣。言凡夫绝无真体呈露,纯是妄识者,何异谓阴雨中绝无阳光耶? 无著世亲唯识之学根本错误。(见《十力语要》卷三第 71 页)

原文经删略后犹存如许颇嫌空洞的话,而且在他先后所出各书中检寻,亦不能于此外见有任何新鲜道理说出来。[1]

这里又说,梁漱溟与熊十力都以见体之学称许儒家,但熊十力不太同意佛家见体旧说。梁漱溟引用了《十力语要》中论证会的一段,在其中熊十力说见体就是证会,就是本心自明自知,人人都有本心,若能一念息染,当下即能见体。但佛家主张凡夫不能见体,见体的境界神圣之极,不是凡夫能呈现的,熊十力特别指出这是大乘有宗无著、世亲的唯识学的错误主张。这就是说,有宗是反对凡夫能见体的,也就是反对儒者能够见体。另外值得注意的是熊十力对见体的解释,即见体不是有一个外在的实体,人心去看见或认识它。见体是说真体呈现、真体发见、真体呈露,是本心(本体)自明自知的内心状态。

---

[1]《梁漱溟全集》第七卷,777 页。

虽然如此,他却持之历久弥坚,正为他有其自信自肯者在。明白地说,他自己确曾见体也。就在以上引录的一段话之后,有这样的话:

> 夫证会者,一切放下,不杂记忆,不起分别;此时无能所,无内外,唯是真体现前,默然自喻。(下略)(同见前书第71页处)

这话非曾见体者不能道得。更取一事例以为左证:

> 余少时读严又陵《天演论》。又陵按语,解释佛家不可思议一词,有云:智者则知由无常以入长存,断烦恼而趣极乐,正如渴马奔泉,久客思返。真人之慕诚非凡夫所及知也。当时不知何谓长存。岂谓修善功深,庶几灵魂永存欤?然殊难置信。又陵长存一词究作何解,想彼只是作文章也。后读阳明咏良知诗(无声无臭独知时,此是乾坤万有基云云),始憬然有省,却不管又陵意如何,佛氏本旨如何,而吾自悟当下便是长存。此意极不易言,系乎见性与否。凡夫迷执躯壳,只堕溺无常之生死海中;至人超越形气,直得本体,则时空内外等见,无自而起。夫无常乃相对也。见性则即于相对而见绝对,固非于相对之外,别求绝对。(下略)(见《十力语要》卷三第69页)

这里"吾自悟当下便是长存"一语,正是说的见体。此事只可亲证,讲解是讲不出的。曾亲证者自然相喻无言,否则,无从相喻,无从相信。

可以证明熊先生于儒家自是有所窥的,尚不止此。但不一一备举于此,将别为《熊著选粹》,录存之。①

---

① 《梁漱溟全集》第七卷,778页。

这几段话很重要。梁漱溟明确肯定并相信熊十力曾经见体，认为此种见体经历使熊产生甚强的自信，而且历久弥坚。梁漱溟几次指出，熊十力讲的一些话不是一般人随便讲得出的，这些话只有"曾见体者"才能讲出来。哪些话是属于见体者之言呢？梁漱溟指的是那些叙述见体经验的话。在梁漱溟看来，熊十力所说的见体境界的那些话，都是基于他自己曾有过此种体验经验。所谓见体的经验指以下内容："一切放下，不杂记忆，不起分别，此时无能所，无内外，唯是真体现前，默然自喻。""自悟当下便是长存，……超越形气，直得本体，则时空内外等见，无自而起。夫无常乃相对也。见性则即于相对而见绝对，固非于相对之外，别求绝对。"可见，梁漱溟所理解的见体的经验就是"无能所、无内外、无时空、不起分别"。梁漱溟所认定是体现熊十力见体经验的话，与熊十力自己对见体的描述是一致的，[①] 由此可见梁漱溟和熊十力在这个问题上的认识是基本一致的。至于梁漱溟是否曾经见体，他根据什么确信熊十力曾经见体，我们就无从得知了。

梁漱溟承认，如熊十力所说，从某些佛教流派的立场上看，凡夫不能见体，如果儒家能够见体，那怎么针对佛教说明这一点呢？

> 见体之体，在儒在佛自不容有二。然依佛法而谈，儒者犹在凡夫位上，生活于二执二取，怎得见体？设非提出极有力的新见地、新论据，在理论上将无论如何不可通。……[②]

这是说儒家与佛家的见体应当是一样的，但若依照佛家来看，儒者

---

① 参看拙作《熊十力哲学的见体论》。
② 《梁漱溟全集》第七卷，776—777 页。

是凡夫,不是佛圣人,生活于二执二取之中,而不是根本根除了二执二取,所以是无法见体的。若儒家如熊十力先生能够见体,那就必须对此给出理论上有力的解说。梁漱溟认为他自己可以给出这样的解说。其实,熊十力也给出过说明,认为"人人皆有自明自了之体,一念息染,当下便是也",在梁漱溟看来,还须要更有力的新的解说。

> 儒者在凡夫位上见体,是可能的,却不是容易的。因为此心自生物进化过程中发展出来,原不为旁的,只为了营生活。那还不是本乎俱生我执不断地向外取足那一套?则唯是染而已矣,何有乎净?纵然在生活过程中,有时显发情同一体,大公无私种种美德,亦只是从体发用,不为证体,是所谓善,而非所谓净。从来儒者躬行实践,品德无失,而毕生不见性体者多矣!见体夫岂易言。①

梁漱溟明确肯定,一般儒者虽然在凡夫位上,不是圣人位,但儒者见体是可能的。但是这种可能要成为现实是很不容易的,在他看来,历史上儒者躬行实践、品德无失的人不少,能在生活中显发情同一体、大公无私种种美德者亦不少,但多属于从体发用,在用的层次上,并没有见体证体,而且毕生都未能见体。这里提一句,见体他也表达为"见性体",他前面引用熊十力《十力语要》的话也说见体即见性、见自本性,可见梁漱溟、熊十力都常把"见体"表达为"见性",这应当不仅是受到佛教的影响,也因为他们讲的见体就是本心性体的呈现。

---

① 《梁漱溟全集》第七卷,779 页。

见体之难，就难在必须能见所见非二。因为不脱离能所，何有所谓一体者。然而有生之物从乎俱生我执向外取足，以至对外防卫应付一切环境，总是面向外看的。又如何离得了内外能所？人虽说能自反而内省，却总没有脱掉能所，那仍不外一种变相隐晦了的面向外。人一生下来本能地只会向外看，加以后天总是习惯于此，今要你一旦忽尔无内外，无能所，如何不难？你尽可不相信有此事，却不能说为一容易事。这是事实问题，谁都可试验试验。

　　假如你不能到得此一境，不能如熊先生所云"吾自悟当下便是长存"者，那就知道熊先生自有其价值，不容低估。

　　独可惜熊先生一度——或不止一度——见体，而未加——或缺乏——保任，又失误在耽求思想理论而追摹想象中。①

能见所见非二，就是前面所说的见体经验"不起分别，此时无能所，无内外"，脱离能所分别，就是一体的境界，下面我们就来讨论一体的问题。

二、一体

在明确肯定儒者见体是可能的之后，梁漱溟接着指出：

　　现在可以说明我所有的认识：为何儒家在凡夫位上能以见体。简捷的说，此其理早透露在上文了。上文不是说过吗，

----

① 《梁漱溟全集》第七卷，779 页。

人类由于发达了理智,大大冲淡削弱了本能,就在其与生俱来的局限性上打开了缺口,相当地恢复了一体性。现在要指明:一体性之从本能掩蔽下透露出来的,就是人心。人心就在那缺口上,就在局限所不及处。在上文曾从俗把人与生俱来的局限性(俱生我执及本能)说为"先天"性的染污。打开局限即脱掉染污。染污本不应说什么先天。脱掉染污而透出的一体性方真的是先天,亦就是净。人心是净的。人之所以能不顾生死利害而公正无私者在此。孟子说:"仁,人心也。"人之仁,仁在此心;人之通,通在此心。熊先生总告戒人,宇宙本体不可外求,要在自反,而直以此心炯然自明、默然自喻为见体,那都是不错的。只惜他没有指出这其中道理而已。①

前面一节中梁漱溟只是肯定儒者在凡夫位见体是可能的,这里便具体解释了其中的道理所在。这个道理就在于,见体是人心恢复其先天的一体性的表现。这表示,一体性是本体、本来面目,一体性被本能所蒙蔽,而冲淡了本能就透露、恢复一体性。一体性这个根本概念就联系到梁漱溟的人心论,其中最关键的是"我执"问题。

现在来看《我对熊先生的评价及其他》此文的第一部分对此的论述。

……因而接触到我执问题,但话没有说完。同时于熊先生学问价值之所在,至今也还没有指出。这些均将在这一段中完结之。

前曾云"恶起于人之自为局限,有所隔阂不通",这是说的:

---

① 《梁漱溟全集》第七卷,778—779页。

人们在其"俱生我执"上又妄起"分别我执"。"俱生我执"可以从俗说为"先天"性的,只不过是染污,尚不成其为恶。"分别我执"起于后天,往往局限于一身或接近其身者,则是自私为恶之肇端了。一般动物只从其俱生我执依靠本能生活,行乎其所不得不行,止乎其所不得不止,所以说不上什么善恶问题。而善恶问题唯在人类有之者,盖唯独人类在生物进化过程中发达了理智,乃不因循本能生活之路,却以后天意识分别为主。意识既可以作这样分别,又可以作那样的分别,亦且可以少所分别,或不作分别,甚或反转来破除自己的种种分别。人之自为局限,情分内外,视乎其如何分别而局量大小不同。局量愈大者,其自私为恶愈以差降而接近乎善。假如他少所分别(局限),或不作分别(局限),以至破除自己的种种分别(局限),便可能达于情同一体,通而不隔之境,那便进于善而没有恶了。

总结一句话,恶起于局,善本乎通。人之有恶为后天之事,人之有善,却本乎先天。[①]

佛教思想中,"我执"即是执着以自我为中心的一切,认为执着是一切痛苦的根源;小乘又把我执分为两种,"俱生我执"和"分别我执"。梁漱溟也主张,"俱生我执"是"先天"性的,只不过是染污,尚不成其为恶;"分别我执"起于后天,会导致恶的发生。"俱生我执"是指本能,"分别我执"则是指理智。"俱生我执"和"分别我执"都是产生自私的根源,梁漱溟称之为局限。若局限能被破除,就达到了通。"通",是通为一体,没有分别。梁漱溟也解释为"情同一体"。他还认为,局限都被破除脱掉,就恢复了宇宙本体的一

---

① 《梁漱溟全集》第七卷,773—774 页。

体性。见体应该就是达到了通的证验,只是这里梁漱溟没有明确说明。

　　盖人之自为局限者固出于意识分别,而情同一体之通却非因后天分别乃有之。——后天分别是产生不出通来的。通的可能性先天存在,只须你不妄起分别,其性自显。关于此问题,须请看我《人心与人生》各书,这里只能简略说明两句。

　　要知道,从最基本的俱生我执那里,就是妄起内外分别,从而失去其一体性的(失去通而陷于局)。本能不外是向外取足的方法或工具,本能生活即是向外取足的过程。众生就这样沉重地有着自己的局限性。但此局限性既不曾当真隔断了生物及其环境(虚妄分别岂能当真隔断出内外),而生物和环境本为一体的本性不安于这分隔,更从而时时力反此局限性。这就成为生物进化的演变进程,而终于出现了人类。人类之出现可算一奇迹:从一面看,他不能免于俱生我执的局限性,而从另一面看,他(对一般动物而说)又大大超脱了此局限性。这就是说:他不像其他动物那样被局限住,而在他躯壳上竟寓有着超躯壳、反躯壳的倾向。此一结果缘何取得的呢? 这就为他发达了理智。理智非它,恰便是一种反本能的倾向;就在本能大大冲淡削弱中,而使人类生命得到解放,大大透了一口气,通了风。换言之,其一体性相当地有所恢复。

　　我们所以说"通的可能性先天存在,只须你不妄起分别,其性自显",正为人类是在与其俱来的局限性上打开了缺口相当地恢复了一体性的。①

————————

① 《梁漱溟全集》第七卷,774—775 页。

"俱生我执"是先天的局限性,而梁漱溟认为情同一体之通也有先天的根据或可能性,即宇宙本为一体的本性,众生与万物本为一体的本性。这种本性通过理智时时反对局限性。动物只有"俱生我执",受本能支配,人在进化中则产生了理智,理智虽然有"分别我执"的一面,但理智可以作分别,也可以不作分别,破除分别。所以理智也具有反本能的倾向,大大冲淡本能,使一体性有所恢复。儒者在凡夫位上见体,就是本乎先天的一体性,由理智冲淡本能,少所分别,或不作分别,以至破除自己的种种分别,而成为可能的。这种一体性的哲学观念是梁漱溟哲学自有的,他的上述论述显然是要把熊十力说的"见体"置放在这个框架中。

> 我所为《熊著选粹》,选录其所谈儒学十数则,皆甚正确,时或有胜前贤(朱子),盖无不根于其亲觌性体而来。据熊著自述其觌体缘由,实受阳明咏良知诗句——无声无臭独知时,此是乾坤万有基——之启发,十数则语意一贯,略无出入之差。……恰巧我于其书中检出他自己说过的话:
>> 良知即本体,不用更为他觅源头。若更觅,却是头上安头。此话要说便长,明翁咏良知诗"此是乾坤万有基"甚可玩。(见《十力语要》卷一第57页,系答友人书"第屡说兄只是未见本体"一句下的注语,此友人实即伍庸伯先生。)①

> ……其早年未尝不有实悟,如前所举"却不管又陵意如何,佛氏本旨如何,而吾自悟当下便是长存"者,固已见到性体

---

① 《梁漱溟全集》第七卷,780页。

之非生灭。①

可见,梁漱溟对熊十力思想学术的肯定,特别强调熊十力曾有实悟,曾见到性体,亲觌性体。梁漱溟不仅对熊十力的见体论给予充分肯定,而且根据自己对人心与人生的理解,对见体之所以可能加以理论的解说,把见体和梁漱溟自己的宇宙本体论结合起来。但是,这种结合多语焉未详,未给出细致说明。

三、儒佛

《我对熊先生的评价及其他》此文第三部分谈到儒佛两家"见体"和"一体性"的异同。他说:

> 说到此处,可以顺便指点出儒佛两家的异同。
> 儒家常说"仁者,人也",正不妨作转注而说"人者,仁也"。仁即通之意,通是人类在动物界中突出的一大特征所在。"情同一体是为通"这句话(见前),也可换云"情同一体是为仁"。昔人不是有"仁者浑然与物同体"一句话吗?那正是此意。儒家只是讲作人之道,即所谓"践形尽性"之学。孔门弟子总在问仁。孔子从不轻以仁许人,也不敢以自居。因为造次必于是,颠沛必于是,无终食之间之有违,恒期造乎其充实、透达、圆满境地,自必有无穷尽功夫要作的。——这圆满,是圆满了人所具有的可能性,始终都在情同一体上而止。假若最后亦进而

---

① 《梁漱溟全集》第七卷,783 页。

圆复乎一体性,那便所谓成佛了,应当不属儒家所有事。①

这就是说"情同一体"和"圆复一体"是不同的,儒家所有的功夫要达到的是情同一体,而圆复一体乃是成佛的境界。按照一般儒学的理解,情是作用的层面,体是本体的层面。按照这种分析,情同一体就是在意识作用的层面达到一体,但这还不是回归到本体的一体,二者有体用的不同;情同一体在用上,圆复一体在体上,后者是在更深的层次上圆满地复归于一体。

　　情同一体与当真圆复乎一体,依通常逻辑理路而言,自属两回事。情同一体是人性情之所可能的,应当要实践,所以儒者致力于践形尽性。当真圆复乎一体,却是出世了,必二执二取彻底消掉才行,而那亦就是成佛。一为世间,一为出世间,此言两家之异。然而事实上两家从初入手到最后又非常接近:

　　第一、儒家在解决善恶问题,佛家在解决染净问题,虽层次不同,而恶起于局,染同样起于局,所以其反局求通则一。从初入手就必确定其致力的方向,两家同趋向乎一体,要无二致。浅显易见的,两家同为反躬向内作求通的功夫。

　　第二、两家功夫非止同趋向乎一体而已,抑且同以见体为其必要条件。不过佛家"根本智证真如"是其行持修证之果,而儒家为学却恒必造端乎"默而认之"乃得,是其异也。

　　第三、儒家下学而上达,念念在尽伦,其所谓修、齐、治、平概属世间事,自不待言。而佛家则弃绝人伦,志在出世,似乎相反之极。然菩萨不住涅槃,不舍众生,仍必回到世间来,践其大

①《梁漱溟全集》第七卷,775页。

悲宏愿。盖不如是又何有所谓一体者？所以事实上两家最后还是非常接近。①

梁漱溟认为，情同一体的境界还是在世间，圆复一体的境界则是出世间。也就是说，世间是讲情的，出世间连情都取消了，更为彻底地在根本上化除了我执。在世间的情同一体还不能根本化除我执，只有出世修行，才能圆复一体。但儒佛两家相同相近处更多，两家入手都是反局求通，都是以见体为必要条件，都趋向于一体。所以，这样说来，儒佛两家的见体基本相同，但儒佛两家的达到的一体性层次不同。

　　若问，为什么彼此相反的两家又会这样接近呢？我们回答：此无他，一体是真，执取皆妄而已。一体是真，你总离它不得，所以虽取径不同，终不难会归一处。执取皆妄，则一切分别歧异就不会是最后的。

　　世间出世间，说隔则其隔何止如万重山；说不隔，则一层纸也不隔。问题关键只在迷悟上。②

"从入手到最后"儒佛非常接近，其原因在于一体性是本体、真实，一切分别、我执都是离开真实的妄。梁漱溟虽然是儒佛两家都以见体为必要条件，但未能提出证明和分析。

　　为了了解梁漱溟在这一问题上的见解，我们还需要参证梁漱溟1966年所写的《儒佛异同论之二》。

_____

① 《梁漱溟全集》第七卷，775—776 页。
② 同上。

是盖两家虽同以人生为其学术对象,而人生却有两面之不同,亦且可说有两极之不同。

何言两面不同?首先从自然事物来看,人类生命原从物类生命演进而来,既有其类近一般动物之一面,又有其远高于任何动物之一面。

复次,由于客观事实具此两面,在人们生活表现上,从乎主观评价即见有两极。一者高极;盖在其远高于动物之一面,开出了无可限量的发展可能性,可以表现极为崇高伟大之人生。它在生活上是光明俊伟,上下与天地同流,乐在其中的。一者低极;此既指人们现实生活中类近于动物者而言,更指其下流、顽劣、奸险、凶恶远非动物之所有者而言。它在生活上是暗淡龌龊的,又是苦海沉沦莫得自拔的。

……

后一面与前一极为儒家之学所自出,而从前一面与后一极就产生了佛家之学。以下分别叙述两家为学大旨,其相通而不可无辨之处随亦点出。[①]

梁漱溟认为,人生有两面和两极,人类生命的两面就是近于动物的一面和高于动物的一面;人类生活两极就是类近于动物的一极和远高于动物的一极。从这里出发,梁漱溟认为儒家是基于高于动物的一面和高于动物的一极而产生,而佛教的基于近于动物的一面和一极而产生。

儒家之为学也,要在亲切体认人类生命此极高可能性而精

---

①《梁漱溟全集》第七卷,155 页。

思力践之，以求"践形尽性"，无负天（自然）之所予我者。说它"乐在其中"，意谓其乐有非世俗不学之人所及知也。如我夙昔之所论断，此学盖为人类未来文化在古代中国之早熟品。它原应当出现于方来之社会主义社会中。出现过早，社会环境不适于其普及发展。历来受其教益，能自振拔者非无其人，亦殊不多矣。①

儒家是要体认人的生命的极高可能性，无限开发人的高于动物的发展可能性，在道德上表现极高的境界，寻求伟大的人生，因此儒家从"乐"肯定人生。

> 世间一切云何虚妄无实？世间万象要依众生生命（人的生命及其他生命）以显现，而佛家则彻见众生皆以惑妄而有其生命也。试看生命活动岂有他哉，不断贪取于外以自益而已。凡众生所赖以生活者胥在此焉。分析言之，则于内执我而向外取物；所取、能取是谓二取，我执、法执是谓二执。凡此皆一时而俱者，生命实寄于此而兴起。佛教目为根本惑（根本无明），谓由此而蕃衍滋蔓其他种种惑妄于无穷也。②

在佛家看来，生命就是贪取外物满足自己，生命的活动就是基于二取二执，这是人生的根本惑，由此产生无穷妄恶。因此佛家从"苦"否定人生。

在佛家看来，执着是苦的根源：

---

① 《梁漱溟全集》第七卷，155页。
② 《梁漱溟全集》第七卷，156—157页。

一切苦皆从有所执着来。执着轻者其苦轻,执着重者其苦重。苦之轻重深浅,随其执着之轻重深浅而种种不等。世有"知足常乐"之语,盖亦从不甚执着则不甚觉苦之经验而来。俗云"饮食男女人之大欲";此盖从一切生物之所共具的个体存活、种类蕃殖两大问题而来。前谓人之生也与缺乏相伴俱来者,亦即指此。众生于此执着最深最重,其苦亦深亦重。人类于此虽亦执着深重,其为苦之深重或且非物类所得相比。然以人类生命具有(自主)变化之无限可能性,故终不足以厄制乎人也。

　　人心执着之轻重深浅,因人而异。且不唯各个生命习气有所不同,在社会文化发展各阶段上亦复不相等同。譬如远古蒙昧未开化之人群,心地淳朴,头脑简单,一般说来其分别、计较、弯曲、诡诈较少,其执着即较浅,其为苦也不甚。同时,其于乐趣之理会殆亦不深。然在二千五百年前的中国社会和印度社会,其文化程度却已甚高,其人心思开发殆不后于今人,则表现在生活上高极者低极者当备有之。设非有此前提条件则儒佛两家之学亦将无从产生也。①

二取二执中最关键的是我执,根除我执又主要是"俱生我执":

　　我执有深浅二层:其与生俱来者曰"俱生我执",主要在第七识(末那识)恒转不舍;其见于意识分别者曰"分别我执",则存于第六识(意识)上而有间断。自非俱生我执得除,厄制不可得解。色、受、想、行、识五蕴(总括着身心)实即生命之所

---

① 《梁漱溟全集》第七卷,158 页。

在;它既从我执上以形成,而在众生亦即依凭之以执有我。必"行深般若波罗密多","照见五蕴皆空",乃"度一切苦厄"者,正言其必在我执之根除也。我执根除必在行深般若波罗密多时,亦即诸佛所由之以成佛者;若是,则我执根除之匪易也,可知矣! ①

"俱生我执"的根除必须行深般若波罗密多,这种深度的修行要求很高:

> 如前论所云,两家同为在人类生命上自己向内用功进修提高的一种学问。然在修养实践上,儒家则笃于人伦,以孝弟慈和为教,尽力于世间一切事务而不息;佛徒却必一力静修,弃绝人伦,屏除百事焉。问其缘何不同若此? 此以佛家必须从事甚深瑜伽功夫(行深般若波罗密多),乃得根本破除二执,从现有生命中解放出来,而其事固非一力静修、弃绝人伦、屏除百事不可也。②

佛家认为只有弃绝人伦、屏除百事、一力静修,才能深度修行,以便根本破除我执。

> 佛家之学要在破二执、断二取,从现有生命中解放出来。在一方面,世间万象即为之一空;在另一方面则实证乎通宇宙为一体而无二。——自性圆满,无所不足,成佛之云指此。所

---

①《梁漱溟全集》第七卷,157—158 页。
②《梁漱溟全集》第七卷,159 页。

谓出世间者,其理如是如是。①

梁漱溟认为破二执断二取实际上是从现有生命中解放出来,这种说法就不完全是佛教的而是儒家的观念,他认为这种解放也是一种证实,证实宇宙通为一体,证实自己与宇宙通为一体,这就更是儒家思想了,只是梁漱溟自己未有这种自觉。

> 孔门毋意、毋必、毋固、毋我之训,有合于佛家破我法二执之教义,固可无疑;然其间之有辨别亦复昭然不掩。②

> ……儒家所谓"四毋"既无俱生执、分别执之深浅两层,似只在其分别意识上不落执着,或少所执着而已。在生活上儒者一如常人,所取、能取宛然现前,不改其故。盖于俱生我执固任其自然而不破也。

> 不破俱生我执而俱生我执却不为碍者,正为有以超越其上,此心不为形役也。物类生命锢于其形体机能;形体机能掩盖了其心。人类生命所远高于动物者,即在心为形主,以形从心。人从乎形体不免有彼此之分,而此心则浑然与物同体,宇宙虽广大可以相通而无隔焉。唯其然也,故能先人后己,先公后私,以至大公无私,舍己而为人,或临危可以不惧,或临财可以不贪,或担当社会革命世界革命若分内事,乃至慷慨捐生、从容就义而无难焉。俱生我执于此,只见其有为生命活动一基础条件之用,而曾不为碍也,岂不明白矣乎?

---

① 《梁漱溟全集》第七卷,157 页。
② 同上,159 页。

佛家期于"成佛"，而儒家期于"成己"，亦曰"成己、成物"，亦即后世俗语所云"作人"。作人只求有以卓然超于俱生我执，而不必破除俱生我执。此即儒家根本不同于佛家之所在。世之谈学术者，其必于此分辨之，庶几可得其要领。①

这都是说，儒家之学要在破除佛教所谓分别我执，在意识上不分别不执着，但不求破除佛教所谓的俱生我执，即先天本能。那么儒家如何对待俱生我执呢？儒家是任形体之自然的同时，求超越形体，以心主导形体、超越形体。

　　　然而作人未易言也，形体机能之机械性势力至强，吾人苟不自振拔以向上，即陷于俱生我执、分别我执重重障蔽中，而光明广大之心不可见，将终日为役于形体而不自觉，几何其不为禽兽之归耶？
　　　是故儒家修学不在屏除人事，而要紧功夫正在日常人事生活中求得锻炼。只有刻刻慎于当前，不离开现实生活一步，从"践形"中求所以"尽性"，惟下学乃可以上达。②

人不是要破除父子夫妇的自然情感和生活，但人心可以超越形体的束缚，与天为一，与物同体，先人后己，舍己为人。
　　　最后，回到见体的问题。

　　　前不云乎，生灭托于不生灭，世间托于出世间。所谓"生

---

①《梁漱溟全集》第七卷，159 页。
② 同上，160 页。

灭法、世间法"者非他,要即谓众生生命,而人类生命实居其主要。其"不生灭法或出世间"云者,则正指宇宙本体也。儒佛两家同以人类生命为其学问对象,自非彻达此本源、在本源上得其着落,无以成其学问。所不同者:佛家旨在从现有生命解放出来,实证乎宇宙本体,如其所云"远离颠倒梦想,究竟涅槃"(《般若心经》文)者是。儒家反之,勉于就现有生命体现人类生命之最高可能,彻达宇宙生命之一体性,有如《孟子》所云"尽心、养性、修身"以至"事天、立命"者,《中庸》所云"尽其性"以至"赞天地之化育"、"与天地参"者是。①

他说佛家旨在从现有生命解放出来,实证乎宇宙本体,儒家反之,勉于就现有生命体现人类生命之最高可能,彻达宇宙生命之一体性。"儒家反之",反在什么地方呢?反就反在儒家不是从现有生命解放出来,而是就现有生命的最高可能去加以发展。这是其一。佛家求实证宇宙本体,儒家不求实证宇宙本体,这是其二。可是,儒家求"彻达宇宙生命之一体性"与前面他所说佛家"实证乎通宇宙为一体而无二"有何差别呢?又如何是"儒家反之"呢?还有:

> 然而菩萨"不舍众生、不住涅槃";此与儒家之尽力世间者在形迹上既相近似,抑且在道理上亦非有二也。儒家固不求证本体矣,但若于本源上无所认识、徒枝枝节节黾勉于人事行谊之间,则何所谓"吾道一以贯之"乎?故"默而识之"是其首要一着,或必不可少者。"默识"之云,盖直透本源,不落能取所取也。必体认及此,而后乃有"戒慎乎其所不睹,恐惧乎其所

①《梁漱溟全集》第七卷,160页。

不闻"（见《中庸》）之可言。其曰"不睹、不闻"正点出原不属睹闻中事也。后儒阳明王子尝言"戒慎恐惧是本体，不睹不闻是功夫"，是明告学者以功夫不离本体。衡以体用不二之义，功夫必当如是乎。①

如果说儒家不求证本体，那不等于否定了儒家见体之论吗？梁漱溟1961年说"熊先生和我同样以见体许儒家"，这里岂不与梁漱溟1961年论见体的思想相矛盾吗？而且就这篇文章本身也是前后不一致的，因为前面说儒佛两家都要求彻达宇宙本体本源而得其着落，这不就是证体吗？这里也说要直透本源、不落二取，"默而识之"是首要一着，这不就是见体吗？

梁漱溟多次提及"默而识之"和儒家见体：

> 儒家见体既非粗浅阶段，何以我却说儒家为学恒必造端乎见体乃得？这个话今不及谈。②

> 读者莫从上面"儒家为学恒必造端乎'默而识之'乃得"那句话，就以为这只是其粗浅阶段。③

> 两家功夫非止同趋向乎一体而已，抑且同以见体为其必要条件。不过佛家"根本智证真如"是其行持修证之果，而儒家为学却恒必造端乎"默而认之"乃得，是其异也。④

---

① 《梁漱溟全集》第七卷，161页。
② 同上，779页。
③ 同上，776页。
④ 同上，775页。

这是说，儒家为学以造端乎"见体"乃得，必造端乎"默而认之"乃得，故默而识之就是见体。儒学以"见体"为必要条件，而且是以见体为造端开端。"恒必造端乎见体乃得"，说明见体不仅具有工夫开端的意义，亦是心学工夫的所谓体见端倪，是儒家恒常需要掌握的心法要领。所以梁漱溟这里所说的"儒家固不求证本体"，不能在字面上去理解，因为梁漱溟紧跟着说要在本源上认识、一以贯之、默而识之、直透本源，这些都属于见体的范围，只是与佛家的实证本体有所不同罢了。

晚期的梁漱溟不再使用见体的观念，但其晚年完成的《人心与人生》一书中坚持"通为一体"，主张"亲切体认到一体性"，主张由"寂默无为的自觉""通于无对"，其实还包含着见体的思想，只是他此时所谓"体"是宇宙大生命，与熊十力哲学有所不同。①

① 参看陈来：《现代中国哲学的追寻》，生活·读书·新知三联书店，2010 年，229—231 页。

精神哲学与知觉性理论
——徐梵澄心学思想述论

在西洋,有黑格尔的精神哲学,关注于绝对理念在人的体现。而在东方,则有儒释道的精神哲学,关注在心的自觉与转化。按照精神哲学家徐梵澄先生的理解,精神哲学应是精神人文主义的基础,他对精神哲学的要义做了诸多阐明,特别是其晚年著作《陆王学述》。1994 年完成的这部著作是他的归宿之作,他把自己多年浸润其中的印度"圣哲"室利·阿罗频多(印度近代三圣之一)的精神方向与儒家心学思想加以融汇,最终形成了自己独特的精神哲学形态。因此,如果谈到精神人文主义的理论建构,徐氏的精神哲学应该是值得参考的重要资源之一。

一、精神与哲学

1. 宋儒精神与人文主义

徐梵澄认为宋明理学即是宋明精神哲学,儒学自《易经》、孔子以来即是精神哲学。同时他认为宋儒之学为人文主义:

> 宋儒自诩为"内圣外王"之学,功夫是内外交修,先内圣然

后外王,有其本末、次第。

　　此一圣学,近人以其内涵有多处与欧洲人文主义相合,又指为中国的人文主义。欧洲的人文主义,是越过千余年,要摆脱中世纪的愚昧和对上帝的信仰以及附着滋生的迷信的种种束缚,而恢复到古希腊的理智时代。此则有同于宋儒之复古。然宋明儒者,取材于"观乎人文以化成天下",其志度之高大与广远,远非欧洲人文主义者所可及。然过度着重了"人",忽略了物,只助成伦理学的建立,而阻碍了自然科学的发展。其御物的态度,王船山曾说得很明白:"圣人只做得人分上事。人分上事便是己分上事也。《中庸》言'尽物之性',也只是物之与人相干涉者,索与他知明处当。使其有可效于人者无不效,而其不可乱夫人者无或乱也。若天际孤鸿,江干小草,既不效于人,而亦不能相乱。须一刀割断,立个大界限,毋使彼侵此陵,失其人纪。"又谓:"所谓'天地之间'者,只是有人物的去处。上而碧落,下而黄泉,原不在君子分内。"这可作为人文主义的辩护;然今人或可斥其为"人类中心主义"(anthropocentrism)。专事寻求上帝者,必不谓然。要之,王氏之解释,仍有可讨论之余地。[①]

这明确肯定,宋儒之学为中国的人文主义。此人文主义以"化成天下"为基本特征,虽然与欧洲的人文主义同有复兴古典之义,但态度的高大广远,又非欧洲人文主义所及。他同时也指出,古代宋明儒学的人文主义有人类中心主义的局限,重伦理研究,轻自然研究。其实,宋明儒学内部包含多样性的主张,而其主流虽然不是重视自然科学,但也不是单一的人类中心主义,而重视天人合一的宇宙人

---

① 徐梵澄:《陆王学述》,《徐梵澄文集》第一卷,上海三联书店、华东师范大学出版社,2006年,第410—411页。

文主义。现代的精神哲学则在这一点上有了更大的改变,把人类中心的人文主义转变为宇宙视野的人文主义。但无论如何,徐氏肯定宋儒之学为高远的人文主义,他又认为宋儒之学是精神哲学,由此可知,在其整体理解之中,精神哲学是宋儒的高远的人文主义的核心和基础。

2. 精神与精神哲学

他特别强调精神哲学的重要性,提出:

> 何谓精神?
>
> 精神哲学一名,在现代常见,在宗教范围中,然与"神学"大异其趣。只有在印度室利阿罗频多(Śri Aurobindo)的瑜伽学或"大全瑜伽",多与相合。将其统摄入宗教是世俗误解,它与宗教有天渊之别。东西古今之文化主要只有三大系统:古希腊、罗马一系;印度一系;中国一系。近代西方哲学,皆从希、罗一系衍出。三者以印度一系宗教色彩极浓,希、罗次之,中国又次之。此一中国哲学,臻极也归到信仰,与宗教同,但没有宗教之迷信及甚虚伪、妄诞;然不是没有对宇宙人生最高真理之探索。当然,说到"神",是从人之为圣人而再上推去的,曰:"圣而不可知之谓神。"而此神不是希伯莱的创造天地的上帝。最高真理曰道,所以也称道学。《大易》"观"卦中说:"圣人以神道设教而天下服矣。"这句中的"神道"一名词。以及《系传》中所谓"神而明之存乎其人","神而化之","显道、神德行",此诸"神"字,在文法上皆是动词,不是名词,不是庙、堂、寺、观中人所敬拜的人格化之神或为其代表之偶像。[1]

---

[1] 徐梵澄:《陆王学述》,《徐梵澄文集》第一卷,第412—413 页。

他强调，精神哲学与"神学"大异其趣，与宗教有天渊之别。它不是宗教迷信，而是对宇宙人生最高真理"道"的探求。东西方文化历史上都有精神哲学。"用现代眼光看，一位道学家决不是一宗教家或原教旨主义者，而精神哲学（spiritual philosophy）也不是唯灵论（spiritism 或 spiritualism）。这是治西学者所易忽略的。"[①] 注重与宗教和神学的区别，是徐氏精神哲学的重要特征。

他特别指出：

> 而人，在生命之外，还有思想，即思维心，还有情感，即情感心，或情命体。基本还有凡此所附丽的身体。但在最内中深处，还有一核心，通常称之曰心灵或性灵。是这些，哲学上乃统称之曰"精神"。但这还是就人生而说，它虽觉似是抽象，然是一真实体，在形而上学中，应当说精神是超乎宇宙为至上、为不可思议、又在宇宙内为最基本而可证会的一存在。研究这主题之学，方称精神哲学。[②]

何谓精神？他认为，就人而言，思维心、情感心都是精神，但精神不限于思维心、情感心，对人来说，精神最重要的是作为身心最深处的心灵或性灵。若不仅就人而言，精神乃是"一真实体"，即一形上实体，此一实体既超乎宇宙存在，又在宇宙内存在。换言之，精神作为实体既是超越的，又是内在的。而且很重要的一点，这一实体是可证会的，这与现代新儒家的主张是接近的。总之，作为实体的精神，既是主观的精神，也是客观的精神。主观的精神是意识和认识，客

① 徐梵澄：《陆王学述》，《徐梵澄文集》第一卷，第413页。
② 同上，第414页。

观的精神这里是指作为宇宙的实体的精神。

3. 精神哲学与理学

> 至今东西方的精神哲学,虽容纳许多东西,然尚属纯洁,非
> 如许多宗教之藏垢纳污。原始宗教无哲学可言,更无所谓精神
> 哲学;精神哲学是后世被吸收进去的。以质素而论,它远远高
> 出宗教了。至今它也只能诉于知识分子,其势用又远不及凡夫
> 所相依为命的宗教。而既成为哲学,它总是属理性的,虽摄理
> 性,然又大于且超于理性。

> 何以现代可将此宋明儒学列入精神哲学一类呢?——因
> 为二者内容大致相类,而宗旨颇同。在精神哲学中,普通总
> 是以身与心对,中间还有一情命体。心则言情感心(heart)和
> 思维心(mind)。在稍精深的瑜伽学中,还涉及其间之微妙生
> 理体。论及人性,则分高等自性和低等自性。宋明儒学说为
> 身、心、性、命之学,也是分别探讨,主旨或最后目的为"变化气
> 质"。而精神哲学也着重"转化"。——两者皆着重身、心之修
> 为,而"转化"是何等艰巨之事,儒者最有经验。①

精神哲学属于哲学,它不是宗教,高于宗教;精神哲学属于理性,又
大于超于理性。他认为,宋明儒学的身心性命之学,就是精神哲学
的内容宗旨;宋明儒学的心性功夫和变化气质,就是中国精神哲学
的代表。因为精神哲学很注重"转化",这转化既是生命的转化,也
是心灵的转化。这是精神哲学之所以为精神哲学的根本要义。其
实这也是目前人们对宗教对人心作用功能的共识,可见徐氏精神哲

---

① 徐梵澄:《陆王学述》,《徐梵澄文集》第一卷,第414—415页。

学虽然力图与宗教相区隔,但在很多方面的理解上也把宗教作为重要的参考对象。

> ……究之精神哲学的领域,本自无边,其出发乃自心源,而心源无尽。

> 所以标举这精神哲学者,因为这——"此学"——较纯粹思辨哲学的范围更大,它能包含后者却不被后者包含,思智只属精神"大全智"的一部分,而出乎思智以外的知识有待于开发的尚多。就名相言,精神可容纳思想,而思想涵盖不了精神。无疑,至今精神真理多涵藏于宗教中,但宗教已是将层层外附如仪法、迷信等封裹了它,使它的光明透不出来。偶尔透露出来的,的确是"放诸四海而皆准"的达道,即陆氏所说之心同理同。

> 自古及今,宗教对人类的福赐是大的,但其所遗的祸患亦复不小。……[1]

心源的说法显示出,在他看来,心学是精神哲学的根源。精神哲学的对象是"精神大全智",纯粹思辨只是"思智",只是精神的一部分,"思想"与思智不同,也是精神大全的一部分。"精神真理"是精神大全的核心,精神真理在历史上常常含藏于宗教中,而宗教往往以层层的仪式法术和迷信包裹了这些真理,使得真理的光明难以透达出来。这里的真理主要是指"高尚的道德、伦理"。精神哲学则不同,它没有任何宗教的包裹,使得精神真理能够直接朗现出来。

---

[1]《〈陆王学述〉后序》,《徐梵澄文集》第四卷,第209页。

二、体验与修为

1. 精神哲学与精神经验

徐氏认为,世界三大文明都有其精神哲学的传统,今天中国文化面临的是重建中国的精神哲学的使命:

> 这里无妨指出,重温陆、王,即是意在双摄近代哲学与宗教原理而重建中国的精神哲学。仍其多种称名,如理学、心学、道学……等,但舍精神哲学一名词而外,亦无其他适当且能概括无遗的名词可取。其所以异于纯粹思辨哲学者,则在乎躬行实践,内外交修,求其实证,即所谓"自得",态度仍是科学的,脱出了玄虚。终期于转化人生,改善个人和社会,那么,亦可谓此为实用精神哲学。而又有进者,精神所统辖者如此弘大,故此哲学亦广阔无边,正不宜精细界划,中间存有充分发展的余地,留给将来。人类的心智永是进步的。①

重建中国的精神哲学,要双摄近代哲学和宗教原理,这一提法首先意在与纯粹思辨哲学区别开来,说明精神哲学不是纯粹思辨的体系,而是注重精神修习和躬行实践,这种躬行实践则摄取宗教实践的修为,求其实在的证会,期于人生的转化。这种观点与梁漱溟、马一浮等新儒家对哲学的看法一致。其次,其"近代"的提法是为了突出科学的精神,即"态度是科学的",不是玄虚妄诞的,是要落实为改善个人和社会。

所以,所谓精神,就是强调心性的重要性,因此他十分肯定理学

---

① 徐梵澄:《陆王学述》,《徐梵澄文集》第一卷,第 421 页。

家的心性修为功夫：

> 今且以现代精神哲学绳之：自"莫厌辛苦"以下，皆是言治学之方，亦即精神修为之道。正如学打拳，初学不宜用力，不可勉强，要优游涵泳，从容不迫，只若持之以恒，久之自然中规中矩。思虑很难泯除，要在反观其起处，即一念之动，已能辨其正与不正，不正则改，亦自心知之。正如上文所言，"内无所累，外无所累……自然轻清，自然灵大"。这正如静坐时，似乎视听皆寂，然昭昭内觉，不是半昏迷半妄想之状态。心正则气正，气正则身体器官功能皆随之而正。讲到"人共生于天地之间，无非同气……"云云，这是凡理学家皆讲究的。①

宋明儒学的心性功夫在现代精神哲学来看，即是精神修为之道。这里所说的反观一念之动，近似阳明正念的功夫；内外无累，近于明道的定性；静坐昭昭有觉，近似朱子主敬功夫。至于心正气正之法，则近于宋儒张子的功夫（参见《宋元学案》横渠学案下）。这显示出，在他的立场上，现代精神哲学应含有其心性功夫论、修为之道。没有修为功夫，就不成其为精神哲学。

> 想来孔子之所谓"朝闻道，夕死可矣"，其说"闻道"，有如此重大，必定是与彻悟有关。即后世之所谓"见道"。禅修似乎是达到大彻大悟之后，不久便死去。但道学家或儒家之修为，不以彻悟为极，与今之精神哲学同。其宗旨在于转化气质，乐其所学，彻悟也只是其精神追求之路上一里程碑。释氏也有

---

① 徐梵澄：《陆王学述》，《徐梵澄文集》第一卷，第446—447页。

平生一悟再悟的,总之是一番精神经验,或大或小。纵使有了
最高经验,不必其人便死,在儒者还有立己立人达己达人,以至
治国平天下一系列大事。①

这里所说的是"精神体验"的问题,所说彻悟、见道都是指一种精神
经验,亦即比较宗教学所谓的神秘体验。他对此种精神性体验是有
所关注的,但他认为,儒家特别是道学家的修为功夫不是以彻悟为
根本目的,也就是不以追求神秘经验为目的,在这一点上是和精神
哲学一致的。在儒家和精神哲学的角度看,神秘体验是有其限制
的。那么精神哲学的目标和宗旨是什么呢? 按这里所说,宗旨就是
转化气质,乐其所学。但儒家并不止于此,还要立人达人、治国平天
下。这说明,儒家精神哲学虽然是以精神为主体,但亦推至于治国
平天下的世界。

2. 精神哲学与精神修为

徐梵澄提出,儒者的见道功夫,与其他宗教不同,是切己自反、
澄心内观:

> 凡此,皆是教人自反,澄心内观。刻实论之,此与禅相似,
> 然大与现代精神追求亦精神哲学上的追求有合。若随意翻检
> 禅书,其任何语录之类,皆与这些话大异其趣,至少这些话不打
> 机锋,不逞精彩,皆是平平实实之言,可遵可行。兹更引其一
> 语,见其崭然卓立为儒林之见道而决不容误解为禅者。②

---

① 徐梵澄:《陆王学述》,《徐梵澄文集》第一卷,第462—463页。
② 同上,第438页。

澄心内观是陆象山一派的功夫,可见徐氏对心学功夫的欣赏。在这个意义上,说他是新陆王、新心学,亦不过分。他强调,心学的功夫主张,与禅师语录大异其趣,不走机锋一路,不求光景,全是平实之言,毫无神秘之处,与精神哲学相合。

所以,他对王阳明早年偏于神秘的修道悟道的境地和体验,既给以肯定,又认为应当加以检讨:

> 必明白王阳明少年时代的生活,直至其"居夷处困",三变而成学的经过,然后才能较全面地了解其学说。但此中有两点为我们所忽略的,因其为我们所泛然承认而从来不深究的,颇宜加以检讨。一为其先知,一为其彻悟。这两事是精神哲学中不一其说的。一般属"别相",因人而异;而非属"通相",在人人必然同一。①

检讨二字,说明他并不盲目肯定阳明洞的先知和龙场的彻悟这两点的普遍性,他指出,这两点虽然属于精神哲学,但属于别相,因人而异的,不是通相——通相是普遍的,人人相同的。

但他也肯定了王阳明龙场悟道的精神内容,《陆王学述》第十三章"先知与彻悟"中说:"王阳明在这场合,中夜豁然大悟。从入是儒门,从此六通四辟,义理无所不顺,即所谓悟入了宇宙知觉性本体,从此一切皆了然无疑。其时'寐寐中若有人语之者',不会是'有人语之者',只是高等知觉性中的所涵,向其寻常知觉性中倾注。总归即此亦是'道',是'见道'的经验之一种。"② 这是认为,王阳明

---

① 徐梵澄:《陆王学述》,《徐梵澄文集》第一卷,第478页。
② 同上,第489—490页。

的龙场悟道,是悟入了宇宙知觉性的本体,这就是徐氏对"见道"的解释。照这个解释,阳明的悟不只是对个体本心的悟,而根本上是对宇宙之心的悟。这个悟,从知觉性来说,就是从寻常知觉性跃升至高等知觉性,同时又由高等知觉性向寻常知觉性灌注,以涵化其寻常知觉性。

三、知觉性及其扩大

上面的一段话中提到"宇宙知觉性"的概念,以及提到"高等知觉性"、"寻常知觉性"的概念。这涉及到徐氏精神哲学的"知觉性"概念。此说虽受阿罗频多影响,应亦有中国心学的根源。

> 先知与感应相联,则其作用必有能感与所感两方面。说"消息",必是一方面有发此消息者,另一方面有接收此消息者。这中间以何物为传达的媒介或联系呢?
> 这是颇不容易弄明白的一问题。正因此,乃有精神哲学上的探讨。毋妨姑作这么一种说明。弥漫宇宙人生是一大知觉性,这知觉性之所表便是生命力。或者,如某些论者说弥漫宇宙人生只是一生命力,而这生命力之所表便是知觉性。两说是同一事,只是后说时时有无生命物一外在事实在相对,较难分说。毋妨假定知觉性是体,生命力的活动便是其用,体不离用,用不离体,此即宋儒之所谓"体一"。①

---

① 徐梵澄:《陆王学述》,《徐梵澄文集》第一卷,第483页。

照此处前面所说,宇宙间作为传达的媒介而起联系作用的,是知觉性。照后面所说,知觉性是宇宙之体,生命力是本体之用。世界一切现象都是"一大知觉性"的显现形式。人生是宇宙一部分,故知觉性亦是人生之本体,生命力是人生之用。这讲的是知觉性的哲学角色。

针对陆象山"宇宙便是吾心"之说,他指出:

> 宇即是今言之空间,宙即是今言之时间。时、空内之事,即自己分内事,这即是已将自己的人格,扩大到无限了。事亦物也,物亦事也,即万事万物皆在一己之内。此即孟子之"万物皆备于我矣"之说,是纯粹唯心论,即万事备具于吾心。宋儒张子在所撰《西铭》中说:"天地之塞,吾其体;天地之帅,吾其性",亦是同此一理,没有个人私己,而无所不己。佛教《华严经》如此说,印度教《薄伽梵歌》如此说,近世精神哲学举莫能外。谓空间只是一知觉性之弥漫、开展,时间只是同此一知觉性之继续、延伸,似乎象山得此省悟时,已有见于此理了。
>
> 于此说圣人之心同理同,似非说人人或凡人。其实这是就人之为人之基本而说,如后下阳明发挥性善之说,谓"个个人心有仲尼"。见其本源,凡圣皆同此一知觉性。[1]

这是说,古代儒者言及"宇宙",往往是表达其精神境界,此种境界是将自己的人格扩大到无限,莫非己也,这也是所有精神哲学追求的境界。如果从知觉性来看宇宙,空间是知觉性的弥漫,时间是知觉性的延伸,陆象山所说的宇宙之语,就是看到了这一点。换言之,

---

[1] 徐梵澄:《陆王学述》,《徐梵澄文集》第一卷,第 492 页。

陆象山已经有见于宇宙是心的弥漫与延伸。在这个意义上,可以说知觉性就是心之灵觉,就是性灵。因此,所谓人性,就是知觉性,性善论的意义就是注重知觉性的本源性和本体性。照这个说法,人格的扩大,应该就是知觉性的扩大。

关于人格扩大无限,他在另一处也谈到过:

> 如颂尧之仁如天,则已是文明开化之后的此一崇拜之留痕。西方的精神哲学以及瑜伽学,皆有与宇宙间至上神圣者或与自然合而为一之说。这是将自己的人格扩大化,实际上已是无帝王可称,乃有此抽象化的理念。[1]

西方和印度,都赞颂这种将自己人格扩大而与宇宙合一(或与自然合一)的境界。在文明的发展中,这种合一可能带有一些早期文明的痕迹,但在后来的发展中,这种合一的境界摆脱了那些痕迹,成为抽象化的理念。作者自己所提的、下面将谈到的"宇宙知觉性"就是这样的观念。

> ……人人可悟,所悟有种种不同,要之非释家所专。西方在各宗教里,从古皆有其事。罗氏因一僧人而有悟,则谓之禅悟也宜。通常是一悟之后还大有事在,因为悟境从来是不能长驻的。多是有如电光一闪,见到了许多前所未见的事物,但不久又不见了。倘从此继续修为,苦苦要追回那境界,必不可得,所能经验到的,又是另一番境界了。另一境界可能是不如前者,可能是胜于前者,但很难同于前者而一成不变。自精神哲

---

① 徐梵澄:《陆王学述》,《徐梵澄文集》第一卷,第438页。

学观点说之，是人自寻常知觉性进到了上一层知觉性，寻常心思进入高等心思，偶尔透入了光明心思，于是照见许多或体验到许多境界，为从来所未有。能照之主观既变，所照之客观亦改。但人是生活于寻常知觉性里，在此未变未改之知觉性中，否则难于生活下去，或不能过普通生活。这么便不能不退转，仍回到其寻常心思界。然既有了一番知觉性之上臻，则在其人生从此的道路上的影响是浩大的，往往方向亦变。①

悟境是知觉性的一个阶段、一个里程碑，禅宗有悟，西方宗教中也有悟。在他看来，悟是从寻常知觉性上升到了更高一级的知觉性，或说高等知觉性。高等知觉性亦称高等心思，在高等心思的层级上，透入了光明心思，于是照见许多境界。可见，这里所说的高等心思透入光明心思，就引起能照的主观发生改变；能照之主观改变了，所照之客观也就改变了。这就是悟境。寻常知觉性就是普通的人心，人心的提升，既是境界的提升，也是能照主体的提升。

徐氏又提出"宇宙知觉性中心点"：

> 阳明所谓心，不仅指此方寸，是指良知之心，即是指良知本体，亦即宇宙大化之本体。
>
> 象山有言："宇宙即是吾心，吾心即宇宙。"阳明谓"自其主宰而言，谓之心"，——说"吾"，即是我之为"主宰"，故湛氏有此"方寸"之说。据近世精神哲学的某一派修为的说法，是有此一中心（centre），在肉团心房之后，是虚拟的一位置，所以便其修为，在解剖学上是寻不出此一物的。即此方寸之地，乃说

---

① 徐梵澄：《陆王学述》，《徐梵澄文集》第一卷，第548—549页。

为虚明灵觉之位，即弥漫宇宙万事万物之知觉性的一中心点。阳明"自其主宰而言"句中之"其"字，是指此宇宙知觉性。以此原始的创造性的知觉性而万物成其化，弥漫时间空间而为一，故个人这一中心点亦称小宇宙，与大宇宙为一。因此东海西海于古于今圣人之心可说为同。[1]

照徐氏的精神哲学看，王阳明的"良知"，既是良知之心的本体，也是宇宙大化的本体；而陆象山的"吾心"便是宇宙的主宰，用精神哲学的话说，吾心既是人身的主宰，亦是弥漫于宇宙万物万事的大知觉性的中心点。宇宙知觉性有原始的创造性，而万物成其创化，故前者是创化的根源，后者是创化的成果。在这个意义上，心亦即是宇宙知觉性，宇宙的心，宇宙的本体。知觉性就是心，宇宙知觉性就是宇宙的心，天地之心。徐氏把心说为知觉性的"一中心点"，这是以往心学家不曾说过的，应来自印度。可见，所谓精神哲学，粗略地说，精神就是心，精神哲学就是心学。所谓宇宙知觉性，表示精神哲学有其宇宙论的向度，和梁漱溟"宇宙生命"、"宇宙本性"的思想是相通的。[2]

四、精神经验

徐氏很重视精神经验，他对精神经验提出了依据其知觉性理论的解释。他提出：

---

[1]《徐梵澄文集》第一卷，第576页。
[2] 梁漱溟的相关思想，可参看我的《现代儒家哲学研究》第八章，北京大学出版社，2018年。

……孟子所谓"浩然之气","以直养而无害,则塞于天地之间",正是描写此知觉性之遍漫,充塞宇宙。由此一中心发出的信息,很易传达到另一中心点,穿过那另一氛围而注入其前方知觉性中。譬喻说,同此一水,一波传到另一波,造成了相同的震动。当然,这程序还牵涉"意念"——在其高度与常度则为"志"——的问题。颇为复杂。心思知觉性之所在,即有生命力在其间,故曰"志至焉,气次焉"。——"次"是停止,即许书之"不前"义,居止于其处,居副,居第二位,倘此力强,如程子要看董氏,发此心思意念,当然不只是浮光掠影的一念而已,必定是有了种种心思准备,计划,这如同发出了一电报,而董五经感到了,所以说"信息甚大"。于董氏如此,于王子真亦如此,皆属真实。

　　用现代话语说,这便是精神经验。——这是颇含混的通称。这依乎两人的心境或说知觉性的境界,程子解释为"静则自明"。①

徐氏把孟子所说的浩然之气的充塞,解说为知觉性的充塞遍漫,这就把浩然正气解说为一种知觉精神了。其次,他认为知觉性的遍漫也是信息的扩散,是一个信息传导的过程,是由一个中心发出信息而传达至另一个中心的过程。而这种传导便造成了彼此知觉性的相感共震,这就是感应或感通。这是一种接近于王阳明万物一体感应论的说法。这是用知觉性解释宇宙的"相感"。

同时他也用知觉性的感通来说明人的"先知",因为王阳明早年在会稽山修道曾有前知的经验。上面一段里提到的程子评论先

①《徐梵澄文集》第一卷,第484页。

知事,见《二程遗书》卷十八:

> 问:"方外之士有人来看他,能先知者,有诸?"因问王子真事。陈本注云:"伊川一日入嵩山,王佺已候于松下。问何以知之?曰:去年已有消息来矣。盖先生前一年尝欲往,以事而止。"曰:"有之。向见嵩山董五经能如此。"问:"何以能尔?"曰:"只是心静,静而后能照。"①

另见《二程外书》:

> 王子真期来洛中,居于刘寿臣园亭中。一日,出谓园丁曰:"或人来寻,慎勿言我所向。"是日,富韩公来见焉,不遇而还。子真晚归。又一日,忽戒洒扫。又于刘丐茶二杯,炷香以待。是日,伊川来。款语终日,盖初未尝夙告也。刘诘之。子真曰:"正叔欲来,信息甚大。"——又嵩山前有董五经,隐者也。伊川闻其名,谓其为穷经之士,特往造焉。董平日未尝出庵,是日不值。还至中途,遇一老人负茶果以归,且曰:"君非程先生乎?"伊川异之。曰:"先生欲来,信息甚大。某特入城置少茶果,将以奉待也。"伊川以其诚意,复与之同至其舍,语其款,亦无大过人者。但久不与物接,心静而明也。先生问于伊川,伊川曰:"静则自明也。"②

这是用知觉性境界解释前知一类的精神经验,认为这也是基于不同

---

① 《二程遗书》卷十八,《二程集》第一册,中华书局 1987 年,194 页。
② 《二程外书》卷十二,《二程集》第二册,436 页。

个体知觉性的相感。一个中心的知觉性其信息可以穿过种种氛围而注入前方另一知觉性中，而感受到另一中心发出的知觉性信息，便是一种精神经验。尤其是，徐氏拈出"信息甚大"一语，以强调此种精神经验的真实，颇值得现代人玩味。

知觉性不仅相感，而且是有层级的，如他说：

> ……彻悟这回事本身不是一虚伪，世间确有其事，稍轶出了常情而外，在陆、王，皆是由儒宗而入，谓之"见道"。
>
> 究竟如何方能悟道或见道呢？要能悟或见，据传统之说要作许多修为，在各宗各教皆异，兹不论。只问如何是悟或见。
>
> 要解释这一心理过程，是颇复杂的，不能用短篇说明，而且有前提仍属假定。要用密率说明，使人会愈感茫昧，那么，姑且用粗率，如只说径一周三，不下推若干位小数。我们大致是假定宇宙间万事万物皆在一知觉性中。若想象为直线，则由下至上可分许多层级，最下一层是冥顽不灵，最上一层是至灵至妙。实际它不可想为直线，最上者亦潜在至下者中。但就方便说，如同层级的分别是可存的。我们常人生活是在寻常知觉性里。此即告子之所谓"生之谓性"，即动物知觉性。但寻常知觉性中是上、下双涵；此知觉性通常有说为意识，即上意识和下意识，或潜意识。旧说"心"是颇笼统的，这中间包括人的全部知觉性。高、上者称之为"道心"，中、下者称为"人心"，统是一心，只是一知觉性。高者"道心"，即孟子所说之性本善之流衍。①

---

① 徐梵澄：《陆王学述》，《徐梵澄文集》第一卷，第486—487页。

知觉性可分为无数层级,最低层级是冥顽不灵,最高层级是至灵至妙。常人的知觉性是寻常知觉性,寻常知觉性包涵生之谓性,亦即动物知觉性。但寻常知觉性中包涵有上意识和下意识,上意识为"道心",下意识为"人心",人的全部知觉性统称为"心"。"道心"是本善之性的发用流行,道心是"上",也是"高"。上是上等知觉性,高是高等知觉性。

徐氏还主张:

> ……理智本身也是一种知觉性,但因其功能而特殊化了。通常亦称"理性"。是"理性"乃分别上下、内外、邪正、真妄……等对待。人夜间作梦,梦到许多荒谬之事,是失去了理智的管制。白天的思维念虑等,皆是寻常知觉性受理智管制时的作用。事实上知觉性受着生命力的推动,白天的作用亦有如夜间,或者可说常人白天也在作梦,其记忆,即过去的种子或印象浮到了表面知觉性中来;其联想,即多个种子集聚或结合,亦在此表面知觉性中,但一皆受了理智的约束,所以人寻常的行为,不致怎样荒谬。在宋学中,这理智也是"心",但也说为"理性",或"性理"。后者的范畴似较前者为大,"性理"统摄整个人性之理,则其间非事事皆合理性,统之曰"心"。所以此"心学"又称"性理之学",是就内容而言。但所着重者,仍是性之上焉者,孟子的恻隐、辞让、羞恶、是非之心,皆上知觉性之德。属下层的食、色,则入乎本能之内,没有什么应当特殊加以存养、扩充的道理。本能即是不学而能之能。
>
> 时常是最高理性堵塞了彻悟之路;有大彻大悟之事,似乎是人的知觉性整个倒转了,这也因人而异,因所修的道或从入之途而异。有平生一悟再悟的,是一种超上的精神经验。这经

验普通是难以语言文字描述的。而得到此证悟的所说又各式各样。亦有终身修为，而至死不悟的。信上帝的普洛丹鲁斯，平生修为，四次得到这样的精神经验，乃说起平生四次见到上帝。佛教历史上时有高僧大德是得到证悟的，却不说上帝，而归于无言，只可心领神会，说者谓其为涅盘知觉性，因此也建立了禅宗。①

知觉性中也涵有理智，或者说理智也是一种知觉性。理智又称理性，寻常知觉性受到理性的控制，理性又受到生命力的推动。这个关系与朱子讲道心与人心的关系相类似。徐氏认为，孟子讲的四端之心是上知觉性之德，食色则属于下层知觉性的本能，二者的区别就是上意识和下意识的区别。这样说来，上意识对下意识，理性对食色，是可以有控制功能的。他特别指出，对彻悟或见道而言，理性常常对彻悟起到了堵塞的作用，从而彻悟是对理性的颠倒，在彻悟中人的知觉性整个倒转了。这种精神经验超过了"上"，而成为"超上"的了。

关于彻悟的精神经验，他又说：

……是有人修为得法，不急不缓，在潜意识中清除了一切莨莠，即识田中只有高等知觉性充满弥漫，归于纯净了，即儒家所谓"人欲净尽"。这是极困难的事，所以往往要修习多少年。久久之后，整个内中知觉性受警策到了最高限度，紧张已极，这时只要外物轻轻一触，不论是见到什么事物或听到什么声音，便如一气球爆破了。似乎一跃到了另一世界，撞开了一大建筑

① 徐梵澄：《陆王学述》，《徐梵澄文集》第一卷，第488—489页。

之暗门，见到另外一些琼楼玉宇。一切皆似与寻常所见的不同，改变了，或更美丽了。知觉性似乎已经翻转过。这如同在一圆球上直线似地前进，一到极顶再进，便到彼面了。从此上、下正相对而相反。左右易位，南北转易。这时客观环境未变，只是主观心境已变，多人感到是这方是真实，是宇宙万物之真面目，只是光明的倾注，即儒家所谓"天理流行"，而紧张既除，只有大的喜乐，是说不出的美妙，……是彻悟了。

王阳明在这场合，中夜豁然大悟。从入是儒门，从此六通四辟，义理无所不顺，即所谓悟入了宇宙知觉性本体，从此一切皆了然无疑。①

如果下意识清除净尽，心中只有上意识，即充满高等知觉性，这就是是理学家所说的境界了。徐氏认为，在此种人欲净尽的境界中，知觉性的紧张到了最高程度，此时只要遇到某种外物的碰触，就会在知觉性上产生一个飞跃，进入到另一个世界。此时人的主观心境感到遭遇了宇宙真面目，得大喜乐，谓之彻悟。徐氏用知觉性理论对"心悟"加以解释，并认为彻悟见道是悟入宇宙知觉性本体，确有其特色。

徐氏精神哲学与宋明理学也有不同的地方，即孟子以下的儒家心学注重道德知觉，而徐氏则强调一般知觉的第一性：

……万事万物中以人之所禀所受力量最虚最明最灵最觉，故张子言"天地之塞，吾其体；天地之帅，吾其性"。充周遍漫谓之"塞"，为之主宰谓之"帅"。在人，所禀所受者同，而各各

---

① 《徐梵澄文集》第一卷，489 页。

个人不能无异,故谓之"理一分殊"。理一谓同,分殊曰异。

　　最虚最明最灵最觉,故为帅为主;赋命不能是个人的善恶,只能是各个的灵明。因为知觉性是第一性,道德上之善恶属第二性。倘无知觉性,则不知善亦不知恶。在诸识则为聪明,如曰耳聪目明,在心则为灵明。人之圣、愚、贤、不肖有其等级,皆可说为此灵明亮度之差,上圣聪明睿智,下愚冥顽不灵。其间有无数层级。①

虚明灵觉是阳明用来表示良知的,灵明亦然。而在徐氏的立场,虚明灵觉即是知觉性,并认为知觉性是第一性的,善恶是第二性的。因为如果没有知觉性,就不可能知善知恶。由此,他认为天命所赋予个人的不是善恶属性,只是各个的灵明,即知觉性。这近乎杨慈湖赞颂的"心之精神",是与孟子有所不同的;与谢上蔡所主的知觉也有不同,上蔡所主的知觉还是近于明道所说的仁的知觉,而非朱子所批评的一般知觉。他的知觉性理论与明道以感受性为基础、把他物感受为自己的一部分的万物一体论并不相同,与阳明以万物一体为基础、强调把他人的苦难痛苦感受为自己的苦难痛苦的同体思想亦不相同。徐氏之知觉性概念较近于朱子所批评的一般知觉,但他对知觉性的作用理解是承接着陆象山的。同时,对知觉性的重视应当也是徐氏重视精神经验而造成的结果。这些都显示出其精神哲学既受到陆王心学又受到印度阿罗频多精神哲学的影响而具有其自己的特点。

　　由以上所述,可以知道,徐氏的精神哲学,以心的知觉性为基

---

① 《徐梵澄文集》第一卷,577 页。

础,在一定意义上,即是心学,或心的哲学。相比而言,如果说黑格尔的精神哲学是人的哲学,徐梵澄的精神哲学则突出心的哲学。徐氏这一哲学注重精神体验和精神修为,关注转化生命气质,与纯粹哲学并不相同。而且其体系不仅重视个人的心,也重视宇宙的心,超越了以人为中心的启蒙思想。这一体系在中国思想史上,属于20世纪广义的现代新心学的范围,其思想与现代新心学的其他思想家多有相通之处。这一精神哲学不仅致力于把个体的人格知觉性提升扩大至无限的宇宙知觉性,达到高远的精神境界,而且坚持立人达人、治国平天下,坚持了儒家的内圣外王理想。徐氏这一突出精神性的体系与精神性人文主义是内在一致的。虽然,精神人文主义可以传统心性哲学为基础,而不必以陆王心学为限定,但徐氏以心学为基础的精神哲学,对于自觉接续心学哲学作为精神人文主义的基础的发展与努力,具有借鉴的意义。

王阳明晚年思想的感应论

王阳明晚年居越六年,这是他思想最成熟的时期,也是他集中精力讲学最长久的一段时期。在这一时期,他的思想也不断发展、不断变化。这些发展变化包含了不同的内容,在这里我们以感应论为中心,提出几点来加以阐发。

一、感应之几——万物一体之证明

如我所指出的,阳明晚年居越,在越城讲学明道,其中最主要的内容之一,是万物一体的思想。[①] 那么阳明是怎样论证万物一体的呢? 我们知道,王阳明晚年在回答学生关于为什么说人与鸟兽草木同体的问题时,曾明确说"你只在感应之几上看"[②]。如何理解这一点,值得作细致的分析研究。

据《大学问》:

阳明子曰:"大人者,以天地万物为一体者也,其视天下犹

[①] 参看我的文章:《王阳明的万物一体思想》,《中央宁波市委党校学报》,2019 年第 2 期。
[②] 《传习录》下,336 条,陈荣捷:《王阳明〈传习录〉详注集评》,华东师范大学出版社,2009 年,227 页。

一家,中国犹一人焉。若夫间形骸而分尔我者,小人矣。大人之能以天地万物为一体也,非意之也,其心之仁本若是,其与天地万物而为一也。岂惟大人,虽小人之心亦莫不然,彼顾自小之耳。是故见孺子之入井,而必有怵惕恻隐之心焉,是其仁之与孺子而为一体也;孺子犹同类者也,见鸟兽之哀鸣觳觫,而必有不忍之心焉,是其仁之与鸟兽而为一体也;鸟兽犹有知觉者也,见草木之摧折而必有悯恤之心焉,是其仁之与草木而为一体也;草木犹有生意者也,见瓦石之毁坏而必有顾惜之心焉,是其仁之与瓦石而为一体也;是其一体之仁也,虽小人之心亦必有之。是乃根于天命之性,而自然灵昭不昧者也,是故谓之'明德'。小人之心既已分隔隘陋矣,而其一体之仁犹能不昧若此者,是其未动于欲,而未蔽于私之时也。及其动于欲,蔽于私,而利害相攻,忿怒相激,则将戕物圮类,无所不为,其甚至有骨肉相残者,而一体之仁亡矣。是故苟无私欲之蔽,则虽小人之心,而其一体之仁犹大人也;一有私欲之蔽,则虽大人之心,而其分隔隘陋犹小人矣。故夫为大人之学者,亦惟去其私欲之蔽,以自明其明德,复其天地万物一体之本然而已耳;非能于本体之外而有所增益之也。"①

这里的"一体之仁",即以万物为一体的仁心。"必有怵惕恻隐之心"即必发怵惕恻隐之心。照这里所说,人见孺子之入井,而发怵惕恻隐之心,这就是你的仁心与孺子而为一体的证明。见鸟兽之哀鸣觳觫而发不忍之心,这就是你的仁心与鸟兽而为一体的证明;见草木之摧折而必发悯恤之心,这就是你的仁心与草木而为一体的证明;

---

① 吴光等编校:《王阳明全集》(新编本),浙江古籍出版社,2010年,第3册,1015页。

见瓦石之毁坏而必发顾惜之心,这就是你的仁心之与瓦石而为一体的证明。按阳明的思想,如果你不是与孺子为一体,就不会发怵惕恻隐之心,你见此孺子之状而发此心,这本身就证明了你是和孺子为一体的。与以往的理学家不同,阳明不是从此物与彼物的联系来证明万物一体,而是通过仁心与某物的感应关系来证明仁心与此某物的一体性,即阳明更多的是从心物感应、心物一体来说明万物一体。这是阳明证明的特点所在。如果与宋代理学突出万物一体的境界论相比,可以说阳明学的万物一体很重视其作为实在论的论证,即万物一体不仅是境界,也是实存的关系。

另一段重要的资料是:

> 一日讲良知万物一体,有问"木石无知,体同安在?"……公因答问者曰:"譬如无故坏一木,碎一石,此心恻然顾惜,便见良知同体。及乎私欲锢蔽,虽拆人房舍,掘人家墓,犹恬然不知痛痒,此是失其本心。"[1]

有一天阳明宣讲良知与万物为一体之说。有学生问道,木头石头无知无情,怎么说它们与我们是一体同体的呢?怎么证明良知与它们是一体的呢?这里阳明的回答与前面一段一样,"见瓦石之毁坏而必有顾惜之心焉,是其仁之与瓦石而为一体也"。就是说,你见到某物的某种状态,它使你产生了不忍之心,这就是感应,就是你的良知与某物为一体的证明。这里的良知与万物一体,与上面所说的仁心与万物一体是一致的,都是用心物感应来证明万物一体。

某物的状态对某人发生作用是"感",某人由之产生了不忍之

---

[1] 吴光等编校:《王阳明全集》(新编本),第 5 册,1655 页。

心是"应"，二者的此种联系，即是阳明所说的"感应之几"。这也说明，阳明是用这种感应之几来证明仁心良知与万物一体的。从这里也可以更明白前面所引那一段的说法，人见孺子之入井而发怵惕恻隐之心，这就是你的仁心与孺子的感应。见鸟兽之哀鸣觳觫而发不忍之心，这就是你的仁心与鸟兽的感应；见草木之摧折而必发悯恤之心，这就是你的仁心与草木的感应之几；见瓦石之毁坏而必发顾惜之心，这就是你的仁心与瓦石的感应之几。凡有如此的心物感应，便是一体的证明。

可见在阳明之学，人与天地万物为一体，亦表达为仁心与天地万物为一体，良知与天地万物为一体。由是，他对万物一体的证明，常常是论证良知与万物为一体或人心与万物同体，从而在相当程度上把万物一体的讨论变为心物关系的讨论。另一方面，在心物关系中心的一面，他关注的是仁心和恻隐之心。由他强调一体之仁心和恻然顾惜可知，在他看来，只要外物感发人的不忍之心，便是人与万物一体的证明；这表明在他的观念里，万物一体的问题，主要的和首先的，还是奠基于"仁者以天地万物为一体"的意识，"仁"对应为恻隐不忍之心，由此去论证人与万物的一体性。

下面一段答问，即《传习录》下336条，说得更为明白：

> 问："人心与物同体，如吾身原是血气流通的，所以谓之同体。若于人便异体了，禽兽草木益远矣。而何谓之同体？"先生曰："你只在感应之几上看，岂但禽兽草木，虽天地也与我同体的，鬼神也与我同体的。"请问。先生曰："你看这个天地中间，什么是天地的心？"对曰："尝闻人是天地的心。"曰："人又什么教做心？"对曰："只是一个灵明。"曰："可知充天塞地中间，只有这个灵明，人只为形体自间隔了。我的灵明，便是天

地鬼神的主宰。天没有我的灵明，谁去仰他高？地没有我的灵明，谁去俯他深？鬼神没有我的灵明，谁去辨他吉凶灾祥？天地鬼神万物离去我的灵明，便没有天地鬼神万物了。我的灵明离却天地鬼神万物，亦没有我的灵明。如此便是一气流通的，如何与他间隔得？"[1]

可见阳明的学生也经常是从心物感应、心物同体来理解万物同体。这里提出的"何谓之同体"的问题与上段"体同安在"的问题相同，如果讲人心与物同体，人的全身血气流通，心与自己的手足肢体感通无碍，自然可谓同体；自己的心与别人的手足肢体血气不相流通，就是异体，而不是同体了。鸟兽草木与人不同类，人心与它们怎么能说是同体呢？阳明的回答是：要在感言之几上来看。那么，什么是感应之几？怎么从感言之几上看？由于前面两段材料的说明，我们对此已经容易了解了。如在上一段里说得很明白："譬如无故坏一木，碎一石，此心恻然顾惜，便见良知同体。"可见，王阳明所谓的"感应之几"就是心—物的感应之几。在王阳明看来，只要人心与外物有（恻隐不忍的）感应的关联，就是人心与外物同体一体的证明，这就是"在感应之几上看"。

那么怎么证明人心与天地、鬼神也都是同体一体的呢？阳明于是扩大和延伸了他的感应论思路，他的回答是，人心与外物的关系，人心对外物之感的应，不限于恻然悯惜。如人心面对天之感，而有仰其高的应；人心对于鬼神的变化，而有吉凶的辨别；这些都是广义的感应之几，所以说："你只在感应之几上看，岂但禽兽草木，虽天地也与我同体的，鬼神也与我同体的。"

---

[1]《传习录》下，336 条，陈荣捷：《王阳明〈传习录〉详注集评》，227 页。

在这个论证中，人只要与外物有所感应，外物的感动引起了你的恻然之心，这就证明你与此外物是一体的，否则就不会感动你发出这样的恻然回应。而且，人只要与外物有所感应，外物的感动引起了你的恻隐以外的其他心念，这也证明你与此外物是一体的，否则就不会感动你发出这样的心念回应。这个论证比起用不忍之心的感应来论证，又跨了一步。在感应的关系中，不是心意构造对象物，而是感应关系构建起了心物二者的一体性，或者说，感应关系是一体性的自身显现。

再进一步，阳明认为，这种感应之几的基础，还在于你与万物之间是一气流通的、联通的，它的存在和你的存在是一体感通的，如同一个人自己的身体各部分一样。这就又引出了气的一体论。本来，阳明对于人心与外物一体的证明，只需要感应之几为基点，而由于天地鬼神的问题，又逼出了气的一体论。《传习录》下另一条即274条与此段的后半相关：

> 盖天地万物与人原是一体，其发窍之最精处，是人心一点灵明。风雨露雷，日月星辰，禽兽草木，山川土石，与人原只一体。故五谷禽兽之类，皆可以养人；药石之类，皆可以疗疾。只为同此一气，故能相通耳。①

这里第一句话讲的"人心一点灵明"的意思就是前一段中讲的意思："'尝闻人是天地的心。'曰：'人又什么教做心？'对曰：'只是一个灵明。'"这里第二句讲的"只为同此一气故能相通"就是气的一体相通论，与前一段最后一句"便是一气流通的，如何与他间隔得"

---

① 《传习录》下，274条，陈荣捷：《王阳明〈传习录〉详注集评》，197页。

一致,说明《传习录》下274和336两段的主旨是完全一致的。

气的一体论,超出本文的主题,我们不在这里更多讨论。同时,从这一段后面的说明:"天没有我的灵明,谁去仰他高? 地没有我的灵明,谁去俯他深? 鬼神没有我的灵明,谁去辨他吉凶灾祥?"可以看出,阳明的思想和证明,是以"灵明"即"心"为其中心和关键的,体现出心学的特点,这一点我们在最后一节再加讨论。

二、明觉之感应——物的再规定

让我们回到王阳明的感应论。

阳明中年讲学,确立了"意之所在便是物"的哲学定义,由此来支持他的格物功夫论。[①] 但这一具有基础意义的对物的定义,在其晚年有所变化。这个变化简言之,就是从"意之所在"为主转为"明觉之感应"为主,在一定意义上说,这是重新界定何谓"物"。

王阳明49岁在江西时答罗钦顺书有言:

> 以其理之凝聚而言则谓之性,以其凝聚之主宰而言则谓之心,以其主宰之发动而言则谓之意,以其发动之明觉而言则谓之知,以其明觉之感应而言则谓之物。故就物而言谓之格,就知而言谓之致,就意而言谓之诚,就心而言谓之正。[②]

这种"以其"牵引的论述组合在宋明理学中在所多见,但解读者必

[①] 参看我的《有无之境》,人民出版社,1991年,55页。

[②]《答罗整庵少宰书》,《传习录》中,174条,陈荣捷:《王阳明〈传习录〉详注集评》,149页。

须注意,在这样一大段中,其实每个"以其"的所指并非同一主体。在现代汉语的理解中,这些"以其"毋宁解释为"作为",会更容易体会文义。这五句话,是对性、心、意、知、物的定义。比起阳明中年的"四句理"——"身之主宰便是心,心之所发便是意,意之本体不是知,意之所在便是物",答罗钦顺的五句中,后四句与四句理是对应的,但多了对"性"的定义。

"以其理之凝聚而言,则谓之性"是说,性是理之凝聚在人者,这个说法与朱子学没有根本分别。"以其凝聚之主宰而言,则谓之心",是说就理之凝聚而表现为意识的主宰功能者,为心;这个观念与朱子学也可以相通。"以其主宰之发动而言,则谓之意",是说作为主宰的心,其发动便是意,此即"心之所发为意"之义,这与朱子学也是一致的。这两句与阳明中年时所谓"身之主宰便是心,心之所发便是意"是一致的。"以其发动之明觉而言,则谓之知",是说心之发动的明觉,乃是知,致知就是致这个知,这个知在这里被定义为明觉。"以其明觉之感应而言,则谓之物",是说明觉之知的感应对象,则是物;格物就是格这个物。这两句与阳明中年时所谓"意之本体便是知,意之所在便是物"对知和物的界定便不相同。**值得注意的是,这里所说是"知"即是良知;而良知乃是明觉,这一思想在阳明早年和中年是没有过的。而这里对"物"的界定,不再以"意之所在"定义物,而以"明觉之感应"来界定物,这也很突出。这两点都是"江西平叛"之前没有过的说法。**当然,这不是说,阳明就此完全放弃了以"意之所在"论事物的说法,事实上阳明有时也还用"意之所在"的说法,但很明显,阳明晚年更多地是以"明觉之感应"来界定物。至少,这是他晚年所发明的与"意之所在论"并行的一种感应论的说法。于是,阳明后期的心物关系的讨论便更多地表达为良知、明觉与物的讨论。

换言之,在这里不是以"意"来定义物,而以"明觉"(良知)来定义物,这是和良知观念提出的历史是一致的。也就是说,正德末年良知观念提出之后,导致了王阳明心学以前一些说法的改变。此外,不仅在一些时候用良知和明觉替代了以往使用的心学范畴"意",而且由于明觉良知的出现,"感应"的观念开始扮演重要的角色。朱子学本来强调心的"知觉"意义,而在阳明学中,知变为良知,觉变为明觉,知觉变为良知明觉。而"明觉"牵带起"感应",以明觉的感应去界定物,宣称"物"就是与心发生感应关系的对象,成为阳明晚年致知格物思想的一个内容。

　　那么什么是"以其明觉之感应而言谓之物"?"明觉"是心之发动,亦是良知,而"物"就是与明觉发生感应关联的对象。在这里,对象之感心在先、心之应感在后,还是心主动感发对象,阳明并未强调说明。从理论上说,"意之所在便是物"的定义不考虑感应关系,更多体现的是意的先在性。但"以其明觉之感应而言谓之物",以感应为中介,则似乎预设了物感的先在性。当然,感应不是反映,而是意识与意识对象二者之间的一种复杂的相关性互动。总之,在新的定义里,是以与明觉建立了感应关系的那个对象为"物"。在现代哲学来看,这种关系还是要参照现象学来加以说明,[①] 但其性质与胡塞尔的意向性结构可能正好相反,也与意之所在的意向性结构不同,乃是一种感应性结构。因为严格的现象学意向性主张意向性构造对象物,而这里所说的感应性结构,是指对象感发了明觉,明觉回应了感发对象;或者说对象感发明觉和明觉应答感发,二者是

---

① 倪梁康谈到胡塞尔的现象学时指出"客体化行为是严格意义上的意向行为,它们构造对象和事态",参看氏著《心的秩序》第一章《感受的现象学》,江苏人民出版社,2010年,25页。

互相蕴涵的。对阳明这里而言,对象物与明觉的先后并不重要,[①]重要的是这里包含了对与明觉建立感应关系的对象的实在性的肯定。

"以其发动之明觉而言谓之知",用明觉来表达良知,则带来了感应作为中介的必要性。也就是说,当阳明把良知建立为核心概念以后,在以往的说法之外,也需要以良知来定义"物";但直接用良知定义物,不如用明觉及其感应来定义物更为有说服力,故而采取了一种新的方式。而这样一来,明觉和感应也有了相对独立的地位和意义。尤其是,感应关系预设了感者与应感者两极,应感者亦是被感者,在这里感者是外在于应者的存在,而不能是应者自身的部分。这应该是感应论作为关系哲学的基本假定。

作为阳明的晚年弟子,王龙溪很注意阳明思想的这类说法,所以在他记录的阳明语录中,这类说法很是常见,而特别强调了"感应之实事"的观念。如:

> 先师谓:"未发在已发之中,已发在未发之中。不论有事无事,只是一个致良知工夫统括无遗。物是良知感应之实事,良知即是心之本体、未发之中也。明道云'动亦定、静亦定',动静者,所遇之时也;定即良知之体也。"[②]

---

① 事实上,现象学中对世界是否先在的看法也各不相同,海德格尔认为世界是预先被给予的,这便与胡塞尔不同。吴增定认为:"在胡塞尔的现象学那里,世界是相对于意识而存在或显现的,因此它本身不过是意识的意向相关物。而在海德格尔看来,世界作为某种预先被给予的境域则是比任何意识及其意向相关物都更原初、更原本,因此世界本身必定先于意识及其意向相关物;事实上,恰恰是世界本身使得意识的意向性构造或对象向意识的显现成为可能。"参看氏著:《现象学与"对世界的信任"——以胡塞尔和海德格尔为例》,《复旦大学学报(社会科学版)》2013 年 4 期,45 页。
② 《与冯纬川》,吴震编校整理:《王畿集》卷十,凤凰出版社,2007 年,244 页。

王龙溪记录的王阳明的"实事"的说法，表明他所强调的是，作为良知感应的对象，物是实事，是与良知建立了实在感应关系的对象，而不是单纯的意向对象。这与其中年强调意向性对象的思想有着不同，包含着物是指外部实在的事物的思想。而这个"物是良知感应之实事"的说法，应当是与"以其明觉之感应而言，则谓之物"等价的。又如：

> 昔有司闻先师之教，甚以为好，但为簿书期会所绊，不得专业体领。先师云："千圣学脉不离见在，故曰致知在格物。致知者，致吾心之良知，非推极知识之谓也。格物者，体穷感应之实事，非穷至物理之谓也。"①

这里记录的王阳明的话，也再次表达了"感应之实事"的概念。

> 师既献俘，闭门待命。一日召诸生入讲，曰："我自用兵以来，致知格物之功，愈觉精透。"众曰"兵革浩攘，日给不暇"。或以为迂。师曰："致知在于格物，正是对境感应实用力处。平时执持怠缓，无甚查考，及其军旅酬酢，呼吸存亡，宗社安危所系，全体精神只从一念入微处自照自察，一些着不得防检，一毫容不得放纵。勿期勿忘，触机神应。乃是良知妙用，以顺万物之自然，而我无与焉。②

这里所说的"对境感应实用力处"与上面所说"感应之实事"一

---

① 《答宗鲁侄》，《王畿集》卷十一，297 页。
② 《读先师再报海日翁吉安起兵序》，《王畿集》卷十三，343 页。

样,都是以物为良知感应的外境实事。全依靠明觉感应,不着一毫功夫。

《遗言录》亦载:

> 知者,良知也,天然自有,即至善也。物者,良知所知之事也。格者,格其不正以归于正也。格之,斯实致之矣。[1]

这也是用良知来定义物,与王龙溪记录的是一致的。

《明儒学案》卷十三:

> 心之感应谓之物。[2]

此条出于阳明门人季本所忆,与前面各条是一致的,只是前面各条不是笼统用心,而是用明觉、良知。如我在论《遗言录》这一条语录曾经说过的:"《遗言录》表明,阳明晚年对物的定义也开始注重从良知方面来把握。'良知所知之事',一方面一改从意的主观性出发为从良知的主观性出发;另一方面,把'意之所在'和'意之用'这样一种不强调物的实在性的提法,改变为具有实在性的事的提法,都表明王阳明晚年学问功夫向'着实''实落'方面的变化。"[3]

无论如何,王龙溪记录的阳明晚年的思想,不再像其中年一样只强调意之所在便是物,而是更多用"良知感应之实事"来界说物,表明阳明晚年对物的界说确实发生了一定的改变。这当然是由于"良知"观念居于核心地位之后带来的理论体系的变化,而"感应"

---

[1] 《阳明先生遗言录》下第 55 条。《王阳明全集》(新编本),第 5 册,1606—1607 页。
[2] 沈芝盈点校:《明儒学案》上册《浙中王门学案三》,中华书局,1986 年,278 页。
[3] 陈来:《中国近世思想史研究》,商务印书馆,2003 年,607 页。

的概念也在这样的背景下被引带起来,扮演其重要的角色。

　　牟宗三曾对王阳明的"明觉之感应为物"的思想提出他的诠释,他认为,良知感应无外,必与天地万物全体相感应;阳明从良知明觉之感应说万物一体,与明道从仁心之感通说万物一体完全相同;这个物当该不是康德所说的现象,乃是其所谓物自身;从明觉感应说万物一体,仁心无外,因为原则上我们不能说仁心之感通或明觉之感应到何处为止。[①] 依牟宗三,王阳明说"明觉之感应为物",这是由道德创造上说,同时也意味着明觉为万物的实体本体,因为道德创造总是连带着宇宙生化而为一的。[②] 他提出:"就事言,良知明觉是吾实践德行之根据;就物言,良知明觉是天地万物之存有论的根据。故主观地说,是由仁心之感通而为一体,而客观地说,则此一体之仁心顿时即是天地万物之生化之理。仁心如此,良知明觉亦如此。"[③] 从良知明觉创造和生化万物来说,牟宗三的说法接近于现象学的构造对象说,这是他以自己的哲学对阳明此说的运用发挥,并不是王阳明的本意。牟宗三没有重视一体思想的论证,他所说的明觉感应为物,亦未着眼于感应,而更多的是与物为体。特别是他把明觉感应为物的物解释为物自身,更是忽略了感应的意义,所以这些说法与其说是对阳明之学的理解,不如说是他自己哲学的发挥。

三、感应之是非

　　这里我们来对阳明晚年感应论中的心物和格物问题作进一步

---

① 牟宗三:《从陆象山到刘蕺山》,上海古籍出版社,2001 年,157—159 页。
② 参看牟宗三:《智的直觉与中国哲学》,中国社会科学出版社,2008 年,198 页。
③ 牟宗三:《从陆象山到刘蕺山》,169—170 页。

加以分析：

> 己卯，谒阳明王先生于虔，……（王公）因告之曰："致知者，致吾之良知也。格物者，不离伦物，应感以致其知也，与慎独一也。"①

这说明，伦物是感的来源，应感就是应伦物之感，致知就是在这一应感的过程中去致其良知。"应感"的说法表明，感来自伦物，人心则对于来自伦物的"感"进行"应"，感与应的往复互动，就是格致的用力之处。伦物也就是事。他说：

> 随时就事上致其良知，便是格物；着实去致良知，便是诚意；着实致其良知而无一毫意必固我，便是正心。②
>
> 意未有悬空的，必着事物。故欲诚意，则随意所在某事而格之。去其人欲而归于天理，则良知之在此事者无蔽而得致矣。③

所谓事上、事物也就是伦物。在这些论述中，阳明强调的不是格心中之物，而是随就日常事物而格。对感应的强调，也包含着注重心与外物的感应接触。这显示了阳明晚期格物思想"着实"的变化。

来看《传习录》下277条语录，这一条语录历来受到研究者的关注，但对它的理解往往不同：

---

① 《言行录汇辑上》，第60条，新编本《王阳明全集》，第5册，1634页。
② 《答聂文蔚二》，《传习录》中，陈荣捷：《王阳明〈传习录〉详注集评》，159页。
③ 《传习录》下，201条，陈荣捷：《王阳明〈传习录〉详注集评》，167页。

又曰:"目无体,以万物之色为体;耳无体,以万物之声为体;鼻无体,以万物之臭为体;口无体,以万物之味为体;心无体,以天地万物感应之是非为体。"①

那么这一段讲的是什么意思呢?让我们看《传习录》上21条录:

圣人之心如明镜,只是一个明,则随感而应,无物不照。未有已往之形尚在,未照之形先具者。……是知圣人遇此时,方有此事。只怕镜不明,不怕物来不能照。讲求事变,亦是照时事,然学者却须先有个明的工夫。学者惟患此心之未能明,不患事变之不能尽。②

如果参照这一条来理解《传习录》下277条,则阳明的意思可以理解为:人心如镜,未有已往之形尚在、未照之形先具者,此即是"心无体"之意。人心如镜,只是一个明,随感而应,无物不照,此即是"以天地万物感应之是非为体"之意。这是一种理解。这显然是与阳明一贯重点从道德伦理的立场定义心体所不同的一个角度。当然,21条与277条强调的重点似不同,21条强调的重点是明心;而277条的重点应该是在实事上格物,在万物感应是非上下功夫,这是与阳明晚期对格物的讲法的调整有关。③

《明儒学案》有一条:

---

① 《传习录》下,277条,陈荣捷:《王阳明〈传习录〉详注集评》,199页。
② 《传习录》上,21条,陈荣捷:《王阳明〈传习录〉详注集评》,35页。
③ 参考我的《有无之境》,158—159页。

《传习续录》云：心无体，以人情事物之感应为体。①

这应该是对277条的简化，是阳明后学王塘南凭记忆的引用。他的记忆中把"天地万物"改为"人情事物"，倒也是合于阳明思想的。王塘南批评阳明此说有以心为虚、以事为实的弊病，可能并没有完整、具体地了解晚年阳明的思路。②

江户时代的日本儒者佐藤一斋据阳明此277条语录作为一说云：

> 目能视五色，而目中无五色，万物之色，即目之色也。耳能听五声，而耳中无五声，万物之声，即耳之声也。鼻口能辨嗅味，而鼻口无嗅味，万物之嗅味，即鼻口之嗅味也。心则为一身之主，能知是知非，而心中无是非，天地万物感应之是非，即心之是非也。故夫目之于色，耳之于声，鼻口之于嗅味，无有此心为之主，则竟不能视听嗅味，然则视听嗅味，即亦心之能知觉是非者使然也。是知人心实主宰于万物，而耳目口鼻，殊其感应之发窍也。凡万物之与我相关者如此。③

按阳明此277条语录所说颇不容易理解，一斋之说，亦供参考而已。④ 照阳明心学或良知学体系来说，本心即心之体，本心以万物

---

① 沈芝盈点校：《明儒学案》上册《江右王门学案五》，484页。
② 但塘南此说亦点出阳明格物思想向实事的转变。
③ [日]佐藤一斋著、黎业明点校：《传习录栏外书》，上海古籍出版社，2017年，213—214页。
④ 宋儒程伊川云："天地之间只有一个感与应而已，更有甚事！"其兄明道亦有此说："明道尝曰：天下事，只是感与应尔！先生初闻之，以问伊川，伊川曰：此事甚大，当自识之。"与阳明此说有近似处。

一体为体,如何又说心无体?我想,这可能需要从感应论的方面来理解。依前面两节所说,目与色,耳与声,鼻口与嗅味,是感与应的关系。同样,心与万物之是非,也是感与应的关系。如果目中充满了颜色,它与外部世界的五色就不能发生感应。耳鼻口亦然。如果心有体是指心中填满了是非,它就不能也无法对外感发出应答,从而无法发生感应活动。阳明此条所说,应该是指这样的一种论点。"以天地万物感应之是非为体",应当是说,人心与天地万物的感应是心的主要活动内容,而感应中对是非的辨识则是心的本质能力。①

阳明答顾东桥书有云:

> 夫舜之不告而娶,岂舜之前已有不告而娶者为之准则,故舜得以考之何典,问诸何人,而为此邪?抑亦求诸其心一念之良知,权轻重之宜,不得已而为此邪?武之不葬而兴师,岂武之前已有不葬而兴师者为之准则,故武得以考之何典,问诸何人,而为此邪?抑亦求诸其心一念之良知,权轻重之宜,不得已而为此邪?使舜之心而非诚于为无后,武之心而非诚于为救民,则其不告而娶与不葬而兴师,乃不孝不忠之大者。而后之人不务致其良知,以精察义理于此心感应酬酢之间,顾欲悬空讨论此等变常之事,执之以为制事之本,以求临事之无失,其亦远矣!其余数端,皆可类推,则古人致知之学,从可知矣。②

---

① 邓艾民先生认为这一条语录表达了一种泛神论的思想。同时,邓先生从认识论的角度来理解这段话,认为"既然在某种意义下,心没有体,那么所谓的存心、尽心就不能只以心为对象,而必须通过对客观的天地万物的理进行研究,才能真正认识本心。"参见氏著《朱熹王守仁哲学研究》,华东师范大学出版社,1989年,129页。
② 《答顾东桥书》,《传习录》中,139条,陈荣捷:《王阳明〈传习录〉详注集评》,108页。

这里提出，"务致其良知，以精察义理于此心感应酬酢之间"，这里所说的感应酬酢，作为致知论，当然与万物同体说的感应论不同，而与"以天地万物感应之是非为体"接近，指此心与万事万物相感应的活动。无论如何，心与万事万物的感应，是致良知的用功之地，致良知就是要在此感应酬酢中精察此心的义理。把感应和酬酢放在一起，说明这里更加强调的不是此心与万物的感应，而是此心与万事的感应，亦即前面所说的"在事上致其良知"。这些都显示出阳明晚年的格物思想不再强调格心，而是强调与实事接触中精察良知。故阳明主张：

> 正其不正，以致其良知于事物相接之时，其功夫则有着落矣。①

事物相接即是酬酢。这些都表达了阳明晚年的格物致知的思想。

四、明觉之虚灵昭明

前面讲到阳明晚年以"明觉之感应"来界定物，这不仅表达了一种感应论，也突出了明觉的概念。所以，这里也顺带梳理一下阳明思想中的明觉概念。明觉的概念在理学中最早是程明道所使用的，即其《定性书》中所说的"用智则不能以明觉为自然"。朱子学因不喜言"觉"字，一般不正面使用这个概念。其实，除了明觉感应

---

① 《稽山承语》，第 1 条，学生引阳明语。吴光等编校：《王阳明全集》（新编本），第 5 册 1607 页。

论外,王阳明对明觉还提出了一些其他的提法。此外,明觉的提出,也引起了一些问题,如脱离良知,只讲明觉,便会面临其他的问题;又如只讲明觉,如何回应宋儒以天理主宰知觉的思想?

王阳明有言:

> 心者身之主也。而心之虚灵明觉,即所谓本然之良知也。其虚灵明觉之良知应感而动者谓之意;有知而后有意,无知则无意矣。①

良知在这里被明确指为虚灵明觉,也就是说良知需要被强调为虚灵明觉。与上一节所说不同,良知不仅是明觉,还要加上虚灵来表说。虚灵明觉是一种知觉,既可以说是虚灵的明觉,也可以说是虚明灵动的知觉。就虚灵的明觉说,表示明觉可以并且需要加用虚灵来形容。"虚灵"本是朱子学论心之知觉的常见概念,着眼于认识能力的意义。阳明晚年特别利用虚灵来修饰明觉,意在强调良知不是脱离虚灵知觉的独立知觉。阳明又认为,明觉即是良知,良知与物的关系,从感应论说,物感良知,良知应感;物是感者,良知是应感者;良知应物感而发动出来的则是意。这就把良知和意念区别为不同的层次。

另一段:

> 自颜子殁而圣学亡矣,夫圣人之学,心学也。心之生理,即谓之仁,谓之性。性之虚明灵觉,即谓之良知。②

---

① 《答顾东桥》,《传习录》中,137 条,陈荣捷:《王阳明〈传习录〉详注集评》,104—105 页。
② 吴光等编校:《王阳明全集》(新编本),第 5 册,1632 页。

这里说的"虚明灵觉"与"虚灵明觉"应当是相同的。而这里所说"性"之虚明灵觉，与上一段所说"心"之虚灵明觉，应当是阳明不严格区分心与性的表现。就阳明晚年思想来说，虚灵明觉一般是和心联系一起的，是属于心的范畴。

关于灵明，阳明指出：

> 何谓身？心之形体运用之谓也。何谓心？身之灵明主宰之谓也。何谓修身？为善而去恶之谓也。吾身自能为善而去恶乎？必其灵明主宰者欲为善而去恶，然后其形体运用者始能为善而去恶也。故欲修其身者，必在于先正其心也。[1]

在阳明思想中，心即是良知，也可以说是主宰，亦可谓灵明。阳明后期讲学多用灵明，它与明觉类似，都是在不同功能上用来代替心的主体概念。这里强调心之灵明的主宰功能，即意志决定的实践主导能力。

> ……指其主宰处言之谓之心，指心之发动处谓之意，指意之灵明处谓之知，指意之涉着处谓之物，只是一件。意未有悬空的，必着事物，故欲诚意，则随意所在某事而格之，去其人欲而归于天理，则良知之在此事者无蔽而得致矣。[2]

这里的灵明则是指知觉能力。但朱子学认为泛泛的知觉无所规范，故知觉灵明不能作为主宰。而阳明这里所说的灵明不是一般的知

---

[1]《大学问》，吴光等编校：《王阳明全集》（新编本），第 3 册，1018 页。
[2]《传习录》下，201 条，陈荣捷：《王阳明〈传习录〉详注集评》，167 页。

觉能力，而应该是天赋的道德知觉能力，指向良知的明觉。又有一条：

> 问："身之主为心，心之灵明是知，知之发动是意，意之所着为物，是如此否？"先生曰："亦是。"①

与其中年的"四句理"相比较，这里只有"心之灵明是知"一句不同，"四句理"作"意之本体便是知"。可见，阳明后期在界说良知时，是很强调"灵明"作为良知属性的。表示良知既是明的，也是虚的，又是灵的。

回到明觉的概念。看下面的阳明语录：

> 心之明觉处谓之知，知之存主处谓之心，原非有二物。②

这一条与上条讲"心之灵明是知"亦接近，可知灵明与明觉是同义的。

> 照心非动者，以其发于本体明觉之自然，而未尝有所动也。有所动，即妄矣。妄心亦照者，以其本体明觉之自然者，未尝不在于其中，但有所动耳。无所动，即照矣。无妄无照，非以妄为照，以照为妄也。照心为照，妄心为妄，是犹有妄有照也。有妄有照，则犹贰也，贰则息矣。无妄无照，则不贰，不贰则不息矣。③

---

① 《传习录》上，78 条，陈荣捷：《王阳明〈传习录〉详注集评》，63 页
② 《传习录拾遗》5 条，陈荣捷：《王阳明〈传习录〉详注集评》，234 页。
③ 《传习录》中，160 条，陈荣捷：《王阳明〈传习录〉详注集评》，134 页。

因为这一段讨论的是动静问题，主题与《定性书》相近，所以阳明直接用了程明道的"明觉之自然"，但在前面加了本体二字，改为"本体明觉之自然"，更强调心之本体的意涵。这一段见于《传习录》中卷的嘉靖三年（1524）阳明《答陆澄书》。

> 夫学者既立有必为圣人之志，只消就自己良知明觉处朴实头致了去，自然循循日有所至，原无许多门面折数也。[1]

这里说的良知明觉处，是指当下自己的良知明觉的呈现。

> 盖良知只是一个天理自然明觉发见处，只是一个真诚恻怛，便是他本体。[2]

良知是明觉，也是天理的发见处，发见相对于天理本属用，但就心而言便是本体。主张良知明觉只是真诚恻怛，这是阳明晚年讲学突出强调的重点。[3] 在这里，阳明表示，良知明觉就是真诚恻怛，二者是同一的。

阳明又说：

> 礼也者，理也；理也者，性也；性也者；命也。"维天之命，於穆不已"，而其在于人也谓之性；其粲然而条理也谓之礼；其纯然而粹善也谓之仁；其截然而裁制也谓之义；其昭然而明觉也谓之知；其浑然于其性也，则理一而已矣。故仁也者，礼之

---

① 《答刘内重》，吴光等编校：《王阳明全集》（新编本），第 1 册，210 页。
② 《传习录》下，189 条，陈荣捷：《王阳明〈传习录〉详注集评》，161 页。
③ 参看我的文章：《王阳明的万物一体思想》。

体也；义也者，礼之宜也；知也者，礼之通也。①

如果用四德来分析，明觉不属于性，也不是仁、义、礼，而应当是知（智），所以这里说"其昭然而明觉也谓之知"。这也是说，良知是昭然的明觉。

> 良知者，孟子所谓"是非之心，人皆有之"者也。是非之心，不待虑而知，不待学而能，是故谓之良知。是乃天命之性，吾心之本体，自然灵昭明觉者也。凡意念之发，吾心之良知无有不自知者。其善欤，惟吾心之良知自知之；其不善欤，亦惟吾心之良知自知之；是皆无所与于他人者也。②

良知是是非之心，即孟子所说的"是非之心，智也"。这个智心就是良知，就是心之本体，是自然灵昭明觉者。其灵昭明觉，体现在它对自己的意念所发，无有不自知其善恶者。这种对自知的强调受到现代学者的重视。③

无论如何，由以上所说可见，王阳明晚年讲学，既提出明觉的观念，又用虚灵昭然来修饰明觉，体现了他对良知的规定和说明不是简单的。但无论如何，"虚灵""昭然"都主要是用以显明"明觉"作为良知主体的"能知"的特性（这里所说的能知不限于认识论的能知，更主要以指道德知识的能知），故这些说法的出现应该是立基于良知"知是知非"的要求。④

---

① 《礼记纂言序》吴光等编校：《王阳明全集》（新编本），第 1 册，259 页。
② 《大学问》，吴光等编校：《王阳明全集》（新编本），第 3 册，1019 页。
③ 如瑞士学者耿宁的著作《人生第一等事》。
④ 虚当然还可以有生存论、境界论的意义，但这里说的是虚明、虚灵，故是以能知主体为主。

阳明晚年既特别重视万物一体,而阐发良知的"真诚恻怛",同时也重视强调良知作为虚明灵觉的知性意义。我认为,站在王阳明晚期的立场,若还只单纯地在《大学》心、意、知、物的结构下去讲知是心之虚明灵觉,明确心知的特性,意义不大。把虚灵明觉与真诚恻怛讲成两分,也不能显示良知的统一性。而应该密切联系万物一体,像其《答聂文蔚》书一样,讲清楚所谓虚明灵觉同时就是恻隐恻怛的感受性,这样就在思想整体上更为一致了。如果离开恻隐恻怛去讲虚明灵觉,只讲知是知非或自知善恶,晚年阳明学的特点就不突出了。所以虚明灵觉往往是阳明在区分心性诸概念时对心知的界定,而不是从其晚年良知学思想整体来讲的。只有由良知明觉来讲,从不离良知来讲,明觉才能完整体现王阳明的思想。如果孤立地去看阳明论虚明灵觉的话,就会错会了阳明的思想。

黄宗羲在总论阳明之学时说:

先生悯宋儒之后,学者以知识为知,谓人心之所有者不过明觉,而理为天地万物之所公共,故必穷尽天地万物之理,然后吾心之明觉与之浑合而无间;说是无内外,其实全靠外来闻见以填补其灵明者也。先生以圣人之学,心学也,心即理也,故于致知格物之训,不得不言"致吾心良知之天理于事事物物,则事事物物皆得其理"。夫以知识为知,则轻浮而不实,故必以力行为功夫。良知感应神速,无有等待,本心之明即知,不欺本心之明即行也,不得不言"知行合一"。此其立言之大旨不出于是。而或者以释氏本心之说,颇近于心学,不知儒释界限只一理字。释氏于天地万物之理,一切置之度外,更不复讲,而止守此明觉;世儒则不恃此明觉,而求理于天地万物之间。所为绝异,然其归理于天地万物,归明觉于吾心,则一也。向外寻理,终是无源之水，无根之木，总使合得，本体上已费转手，故沿门乞火与合眼见暗，相去不远。先生点出心之所以为心，不在明觉而在天理，金镜已坠而复收，遂使儒释疆界渺若山何，此有目者所共睹也。①

黄宗羲所说的明觉近于朱子讲的知觉，而与阳明所说的明觉有所不同。阳明所说的明觉是良知，而黄宗羲所说的明觉只是知觉，这是他对阳明学的误解。他所说的灵明也不是阳明所说的灵明，而是朱子学所说的灵明。所以黄宗羲对阳明学的"立言之大旨"的理解有很多问题。对阳明而言，心之所以为心，即是明觉良知，而不能说"不在明觉而在天理"。

---

① 《文成王阳明先生守仁》，沈芝盈点校：《明儒学案》上册《姚江学案》，181—182 页。

王阳明的万物一体思想

正德十六年（1521）至嘉靖六年（1527），王阳明居住在越城生活讲学，在这六年中，没有任官的行政事务，没有平定叛乱的戎马征战，是阳明一生中最为难得的一段从容学问的时期，他的思想也在这一时期得到了进一步的发展。特别是，由于这一时期的"万物同体"思想成为其中心思想，不仅引起了"良知"观念内涵的变化，也明确引导了致良知实践方向的变化，成为王阳明晚年思想发展的重要部分。与王阳明早年在会稽山修道相比，我把其晚年的这个时期称之为王阳明"越城明道"的时期。

一、万物一体思想的来源

据王阳明年谱，他晚年居越城讲学，着重讲的是"万物同体"的思想。万物同体，也就是万物一体。在中国哲学史上，万物一体的观念，其发生是很早的。当然有不同的类型，比如我们熟知的《庄子》的《齐物论》，提出"天地与我并生，万物与我为一"。这样一个万物一体的思想主要是相对主义的哲学基础上，泯除事物的差别性后所得到的一种结果。万物一体思想在先秦其他的学派里也有，如名家的惠施也讲过"泛爱万物，天地一体也"（《庄子·天下篇》）。特别注意的是，他的天地万物一体的思想，不是从认识论上来讲的，也是联系到泛爱万物。当然他的这个命题比较简约，没有做阐发，我们不能够很详细地具体地了解他的思路。不过若从"泛爱万物"来讲"天地一体"，墨子的兼爱思想也未尝不可以作为天地一体思想的来源之一。事实上，如果我们看宋明理学，我们可以说在宋明理学的发展中，我们已经看不到在先秦儒墨思想对话中那种尖锐的对立。就是说，兼爱思想和差等原则的那种尖锐对立，我们在宋明理学当中已经很难看到了，也就是说在相当程度上它已经化解了。这化解的原因，就是因为在北宋时代已经明确提出了万物一体的思想。所以后来杨时向程颐讨教说：既然已经这样讲了，那儒家跟墨家的区别应该就不存在了吧？程颐当时是用"理一分殊"来回答的。

宋代以后，关于万物一体的思想有两种说法：一种是"一体"，一种是"同体"。意思是一样的，都是来源于程颢的话。程颢有两段话，是宋明理学里包括阳明先生万物一体思想的来源。第一段话是这么讲的："仁者以天地万物为一体，莫非己也。认得为己，何所不至？若不有诸己，自不与己相干。如手足不仁，气已不贯，皆不属己。"[①] 那么什么叫作"有诸己"？你要把一个东西认得是你自己或者你自己的一部分，这叫"有诸己"。你如果不把它看成是你自己的一部分，那就跟你不相干。他举了一个例子，说"手足不仁"，就是手足麻痹，这时身体"气已不贯"，身体的整体气已不贯通了，这个时候就觉得身体不是自己的了，因为感觉不到它，感受不到它。他这段话最后一句说"故博施济众，乃圣人之功用"。他这一段话

---

① 程颢、程颐：《二程集·遗书卷第二上》，中华书局，2004，第15页。

是讲"一体"，但是"一体"落实的地方是"博施济众"。

第二段话："仁者浑然与物同体，义、礼、知、信皆仁也。识得此理，以诚敬存之而已。不须防检，不须穷索。……此道与物无对，大不足以名之，天地之用皆我之用。"① 这两段话其实表达了有所不同的两种万物一体的思想。第一段话讲的是一体，第二段话讲的是仁者浑然与物同体。第一段话实际上是要把仁者与天地万物为一体，作为博施济众的人道主义关怀的一个内在的基础。换句话说，他是要落实到社会的关怀、民生的忧患，这是它的指向。第二段话是儒学精神哲学的一个表达，它是要培养追求一种内心的精神境界。所以我们可以说：程明道万物一体的思想，其实有双重的含义。南宋以后，特别是明代的思想发展来看，真正占主导地位的万物一体思想或者同体思想，是第二种，就是追求那种内心生活的高远的精神境界，那种精神哲学，那种宇宙体验。特别在王阳明先生所开创的阳明学派中，他的直传弟子、再传弟子，这样的追求相当多见。

在程明道活着的时候，他说儒家讲的这一境界在《孟子》里面就已经开其端。孟子一方面讲"仁民爱物"、"博施济众"，这是天地万物为一体的一种博爱情怀，另一方面孟子讲"万物皆备于我矣。反身而诚，乐莫大焉"（《孟子·尽心上》）。这是与物同体的第二种体验、境界。明道先生还指出，如果看宋代本身，张载的心性论思想，对这一传统也有贡献。这就是张载的《大心》篇里面讲的"大其心则能体天下之物"（《正蒙·大心》）。"体天下之物"就是程明道讲的"莫为己也，认得为己"。就是从一个小我的感受性出发，达到大我的境界。这是我讲的第一个问题，阳明先生天地万物一体思想

---

① 程颢、程颐：《二程集·遗书卷第二上》，中华书局，2004，第16—17页。

的来源和特质。

二、万物一体与亲民

如果说这些年我对阳明学还有点关注的话,主要是比较关注他晚期的思想。他的前期思想,比如"知行合一"、"心外无理、心外无物",甚至"致良知",这些大家都讲得很多。一般认为,阳明先生是在49到50岁,在江西南赣时期明确提出"致良知"这个话头和思想,"致良知"就是阳明先生思想体系的晚年定论。这个说法错不错呢?也不能说是错的。但是如果仅就49到50岁这个时候阳明先生所讲的"致良知"来看,应该还不是他最后讲的那个"致良知"体系的全部。他最后晚年所讲的那个"致良知"里面,至少包含了两个新的要素。第一个就是大家熟知的天泉桥上四句教言第一句:"无善无恶心之体",这是江西时期没有讲过的,江西时期"致良知"所没有包括的。第二就是万物一体的思想在阳明先生晚年良知学体系里面,所引起的一种变化,或者说对阳明先生晚年思想体系的完善所发生的一个作用,这也是居越以前所没有的。

在阳明先生年谱里面讲,他晚年居越讲学(当然这个"越"是个小的"越",不是大"越",这个越专指越城,就是绍兴),说"环座而听者三百余人,先生临之,只发《大学》万物同体之旨,使人各求本性,致极良知"①。"只发《大学》万物同体之旨",这说明他单一地只讲一个思想,这个单一的不是别的东西,也不是单一的讲良知,他是专讲《大学》的万物同体这个思想、宗旨,来让大家去求本性、致良

---

① 《年谱三》,《王阳明全集》卷三十五,上海古籍出版社,2011年,第1424页。

知。本性当然就是本心。换句话说,他中年时期讲的本心思想,后期讲致良知的思想,到了晚年,都要通过"发《大学》万物同体之旨"来说明。那也就是说在我们熟知的、一般所知道的致良知之外,他晚年很强调的一个讲学内容,就是万物同体。万物同体就是万物一体,因为程明道讲了两句话,一句话讲"一体",一句话讲"同体"。当然"只发"可能有些绝对,事实上也并非如此,但主要讲万物同体,这点应该是没问题的。由此可见,王阳明晚年的"越城明道",与他早年的"稽山修道"、"龙场悟道",中年的"两京论道、"江西倡道",具有同样重要的意义,如果不是更重要的话。

《大学》的文本中并没有讲"同体"或者"一体",但是我们也知道《大学》三纲领"明明德,亲民,止于至善",其中"亲民"二字在朱子学解释中是"新民"。阳明坚持"新"字应该做"亲"字。他不仅要把《大学》里面的"新"字做"亲"字来解释,而且还用"万物同体"即万物一体的思想来解释《大学》三纲里面的"亲民"纲领。"只发《大学》万物同体之旨",表示他在晚年特别注重讲这个思想。当然他讲的时候,也把跟"本心"、"良知"的学说加以结合。

在阳明《大学古本旁注》中,亲民的解释是:"亲,爱也。明明德亲民,犹言修己安百姓。"[1] 所以很清楚,亲民就是爱民,就是安百姓。所以《大学古本序》说:"以言乎己,谓之明德;以言乎人,谓之亲民。"[2]

王阳明晚年口授的《大学问》中,对"亲民"的说明如下:

　　明明德者,立其天地万物一体之体也。亲民者,达其天地万

---

① 王守仁:《大学古本旁注》,《函海》本。
② 王守仁:《大学古本序》,《王阳明全集》卷七,270 页。

物一体之用也。故明明德必在于亲民,而亲民乃所以明其明德也。是故亲吾之父,以及人之父,以及天下人之父,而后吾之仁实与吾之父、人之父与天下人之父而为一体矣;实与之为一体,而后孝之明德始明矣!亲吾之兄,以及人之兄,以及天下人之兄,而后吾之仁实与吾之兄、人之兄与天下人之兄而为一体矣;实与之为一体,而后弟之明德始明矣!君臣也,夫妇也,朋友也,以至于山川鬼神鸟兽草木也,莫不实有以亲之,以达吾一体之仁,然后吾之明德始无不明,而真能以天地万物为一体矣。夫是之谓明明德于天下,是之谓家齐国治而天下平,是之谓尽性。①

他主张,所谓亲民,就是对天下人之父母兄弟,无不实有以亲爱之,实与之为一体。这明白地是用万物一体的思想解说"亲民"的意义。当然,我们也可以说,王阳明晚年居越,与中年时期不同,是以万物一体的思想来贯穿他对《大学》的整个理解。

在另一处,他还把亲民和善治联结在一起:

赵仲立之判辰也,问政于阳明子。阳明子曰:"郡县之职,以亲民也。亲民之学不明,而天下无善治矣。""敢问亲民。"曰:"明其明德以亲民也。""敢问明明德。"曰:"亲民以明其明德也。"曰:"明德亲民一乎?君子之言治也,如斯而已乎?"曰:"亲吾之父,以及人之父,而孝之德明矣;亲吾之子,以及人之子,而慈之德明矣。明德亲民也,而可以二乎?惟夫明其明德以亲民也,故能以一身为天下;亲民以明其明德也,故能以天下为一身。夫以天下为一身也,则八荒四表,皆吾支体,而况

---

① 王守仁:《大学问》,《王阳明全集》卷二十六,第 1067 页。

一郡之治,心腹之间乎?"①

　　我们从《年谱》里面的"先生只发《大学》万物同体之旨"这句话可以看到,阳明先生讲的万物同体的思想,最突出的,不是程明道讲的那个特别高远的宇宙意识体验境界;他直接关注的是指向博施济众、仁民爱物、"亲民"的这个社会实践。也就是程明道先生讲的"莫非己也"。如前文所言,南宋以后特别是明代诸子,在讲万物一体思想的时候,重点都放在那种宇宙意识的体验当中,但是阳明先生对这个问题的发明、阐发,强调的重点是亲民仁民的社会实践。这个可以说是阳明先生对宋明理学关注强调的万物一体说具有重要意义的一种阐明。在这一点上,他的几个弟子,包括再传弟子,都没有完全传承他的万物一体思想,第二代阳明学的一些人,还是主要追求那种最高的宇宙体验境界。这当然也需要,但要说明,阳明先生本身思想的重点是在这里。如果从整个宋明理学来看,不能不承认,阳明先生在这一点上提出的重点的转移,其实是有重要意义的。不说别的,就是对阳明先生思想本身也是有重大意义的。

三、万物一体与本心

　　阳明先生论万物一体思想,第一个值得注意的材料,就是嘉靖三年(1524)的《答顾东桥书》的最后一段《拔本塞源论》。阳明先生"痛悼末学支离,深忧世风败乱",要"力陈万物一体之旨"。这是较早论万物一体的文献记载。一般大家以前非常关注《答顾东桥

①　王守仁:《书赵孟立卷》,《王阳明全集》卷二十八,1128页。

书》前面关于格物的讨论,非常长。但是阳明在此答书最后讲,我前面讲的都比较浅,不是根本;我现在才跟你讲最根本的思想,就是"拔本塞源"。在《拔本塞源论》中,他力陈万物一体的思想,话是这样说的:求圣人之心,我们做学问要了解圣人之心,那什么是圣人之心?圣人之心的内涵是什么?圣人之心的内涵就是以天地万物为一体。我们在前面的"只发《大学》万物同体之旨,使人各求本性,致极良知"这句话中,就可以了解他实际上在讲万物同体的思想的时候,也是用万物同体的思想,贯穿到对本性本心和良知的一种理解。这在居越以前是没有的,这个思想首见于《拔本塞源论》。"圣人之心以天地万物为一体"[①],"天下之人心,其始亦非有异于圣人也"[②]。天下人在一开始的时候,他的本心都是和圣人一样的,后来因为"间于有我之私,隔于物欲之蔽"。他强调,本来人的感受性是可以通向所有的宇宙万物,但是现在被塞住了。所以他说:"圣人有忧之,是以推其天地万物一体之仁以教天下,使之皆有以克其私,去其蔽,以复其心体之同然。"[③] 圣人通过教化、教育,解除隔蔽,再启发大家回到你的本心。那个本心就是你的心体。"心体之同然"就是以天地万物为一体。他是从这个方面来解释什么是心体,什么是本心。阳明在《拔本塞源论》这篇文章中,已经把程明道先生开创的同然、同体的思想,跟他的心学思想结合在了一起。万物一体不仅是圣人之心,而且是一切人的心体之同然。这样就重新从另外一个角度来界定什么是本心,什么是本性。这是他运用万物一体的观念,对心学做的进一步阐发。以前是讲"心即理","心外无理"。这个理到底是什么?现在他把它集中表达出来,就是:以天地万物

---

① 王守仁:《答顾东桥书》,《传习录》中,《王阳明全集》卷二,61 页。

② 同上。

③ 同上。

为一体。这也为用万物一体界定良知奠定了基础。

在文章的最后,他说如果现在有人听到我现在的拔本塞源之论,"必有恻然而悲,戚然而痛,愤然而起,沛然若决江河而有所不可御者矣!非夫豪杰之士,无所待而兴起者,吾谁与望乎?"[1] 他说我讲的这些,应该是很能感动人的,听了之后,你的感动理应是一种"恻然而悲,戚然而痛"的状态,如果你本身有豪杰的资质,正有待于兴起,这时你听了我这个话,那你就肯定会成长为豪杰。这是对你的期望。在这里"恻然、戚然"这两个词,不是随便用的,实际上反映了王阳明在写《拔本塞源论》的时候那种精神状态,要表达的那种情感。所以才能够感动大家,使大家必有"恻然、戚然"这样的体悟情绪,不可阻挡地鼓动你的胸怀,要当一个豪杰之士。

四、万物一体与良知

第二个值得注意的材料,就是两年以后,在嘉靖五年(1526)阳明先生给他的学生聂文蔚写的信里面,我觉得把上面所说的那一点证明得很清楚。上面说的"恻然而悲,戚然而痛"的那种心情,他不只是要表达万物一体的义理,他更表达的这种情怀、这种感情。如果说在《答顾东桥书》的《拔本塞源论》里还不是特别清楚的话,那么到了《答聂文蔚》第一书是最清楚的。在《年谱》里面也记载了钱德洪的话:"是情也,莫详于《答聂文蔚》之第一书。"[2] 什么情?"是情",就是"诚爱恻怛之情"。这种情感使他在讲万物一体思想

---

[1] 王守仁:《答顾东桥书》,《传习录》中,《王阳明全集》卷二,64 页。
[2] 王守仁:《传习录》中,《王阳明全集》卷二,45 页。

的时候,自己身心贯穿了一种强烈的感情,而且对于别人、对读此书的人也能够发生强烈的感动。钱德洪还讲:"平生冒天下之非诋推陷,万死一生,遑遑然不忘讲学,惟恐吾人不闻斯道,流于功利机智,以日堕于夷狄禽兽而不觉,其一体同物之心,譊譊终身,至于毙而后已。此孔、孟已来贤圣苦心,虽门人子弟未足以慰其情也。"[1] 说明这种感情就是诚爱恻怛、万物一体的感情。

他不仅自己身心充满了这种诚爱恻怛的情感,而且他也是用这种情感联系万物一体来界定良知。《答聂文蔚》第一书这封信很长,其中说"夫人者,天地之心,天地万物本吾一体者也。生民之困苦荼毒,孰非疾痛之切于吾身者乎?"就我的身体感受来讲,什么是最痛苦的? 就是面对生民遭受的痛苦。如果你不知道这一点,"不知吾身之疾痛,无是非之心者也。是非之心,不虑而知,不学而能,所谓良知也。"大家都知道,他在江西开始讲良知是非之心,但这封书信里边讲的是非之心,是直接针对人面对生民的痛苦荼毒,你能不能有一种痛切的感受? 这种感受就好像自己身体的一部分受到了刀子的切割一样。你若没有这种感觉感受,便是无是非之心。(当然没有是非之心不能说就没有良知,但是良知被蒙蔽了,没有显现出来。)"良知之在人心,无间于圣愚,天下古今之所同也。世人君子惟务致其良知,则自能公是非,同好恶,视人犹己,视国犹家,而以天地万物为一体,求天下无治不可得矣。古之人所以能见善不啻若己出,见恶不啻若己入,视民之饥溺犹己之饥溺,而一夫不获若己推而纳诸沟中者,非故为是而以蕲天下之信己也;行而民莫不悦者,致其良知而行之也。"[2] 然后他说,我"赖天之灵,偶有见于良知

---

① 王守仁:《传习录》中,《王阳明全集》卷二,45 页。
② 王守仁:《答聂文蔚》一,《传习录》中,《王阳明全集》卷二,89—90 页。

之学,以为必由此而后天下可得而治。是以每念斯民之陷溺,则为之戚然痛心,忘其身之不肖,而思以此救之,亦不自知是量者"①。他从"生民之痛苦荼毒"讲起,最后还是"每念斯民之陷溺,为之戚然痛心"。我们可以看到,在这段话里他所讲的这个良知也是以万物一体作为内涵,如同前面讲的本心、心体之同然也是以万物一体作为内涵的。"盖其天地万物一体之仁,疾痛迫切,虽欲已之而自有所不容已。"② 我认为这个思想,在阳明先生晚期的思想里,有一个转折的意义。其意义在于扩大了是非之心的概念。我们以前讲的是非之心,从孟子来讲,"是非之心,智之端也"。在"四心"里面,是非之心是专管明辨是非的。阳明先生在 49 到 50 岁之间就讲:"是"你就知道它是"是","非"你就知道它是"非",这是良知以前的意义。但是我们看到现在把"恻然而悲,凄然而痛",把生民的"痛苦荼毒,孰非疾痛于吾身,每念斯民"的这种状况,为之心痛,戚然痛心,叫作是非之心。其实这里讲的更多的是诚爱恻怛之心、恻隐之心,而不是跟恻隐之心相分立的、单独的是非之心。所以在《答聂文蔚》书里他说"良知只是个真诚恻怛"。如果在 49 到 50 岁时,王阳明先生讲的良知,是以狭义的是非之心为主,自从他提出万物一体的思想,这个是非之心的内涵改变了。如前面讲的,其实这个良知,就它的具体意义来讲,更多的是怵惕恻隐之心,并不是直接地像孟子意义上讲的是非之心。在这里如果说他仍然还用"是非之心"概念,这个含义已经扩大,扩大到恻隐之心,他的重点已转移在恻隐之心,怵惕诚爱恻怛。所以王阳明的是非之心和他的良知的内涵,在这个时候,有所变化。很明显,这个万物一体的思想,若要指

① 王守仁:《答聂文蔚》一,《传习录》中,《王阳明全集》卷二,90 页。
② 同上,91 页。

向"亲民"的话,当然它最直接关联到的就是恻隐之心。所以恻隐之心在他晚年的良知观念中,已经占有重要的地位,这显然是万物一体思想提出来以后,在良知学本身的结构中造成的变化。他从程明道先生所讲的开始,以对吾身疾痛的感知和感受性作为基础,若"不知吾身之疾痛,无是非之心也",你如果不能感知你自己一身的疾痛,那你就是没有是非之心。所以,在此前他的良知是用是非之心来规定的;现在是用万物一体的这种感受性来规定良知。我们看他在这里具体解说的时候,这种感受性其实是属于"仁","一体之仁",所以更多的其实是"恻隐之心,仁之端",而不是"是非之心,智之端也"。从德性论来说,这个转变就是就是由智归仁。所以万物一体思想产生以后,他对良知,对是非之心的界定、理解,在说明上有了重要的变化。他在与其子正宪信中强调"吾平生讲学,只是'致良知'三字。……无诚爱恻怛之心,亦无良知可致矣"①。所以后来阳明门人弟子也非常重视这一"诚爱恻怛"的思想。如邹守益强调阳明此说("良知之诚爱恻怛处,便是仁,无诚爱恻怛,亦无良知可致"②)是饱含了对后人的期望。陈九川亦重视此说:"至'致良知'三字,乃先师平素教人不倦者。云'诚爱恻怛之心即是致良知',此晚年所以告门人者,仅见一二于全集中,至为紧要。"③他们都重视并继承了阳明晚年的这一思想。如果从价值观来说,阳明心学的世界观、功夫论以外,这个天地万物一体、与物同体的思想,还突出表达了阳明学的价值观,这种价值观就是他对生民苦难疾痛的一种迫切的悲悯情怀,拯救苦难的人民已经成为他内心的一种终极关怀。

---

① 王守仁:《寄正宪男手墨二卷》,《王阳明全集》卷二十六,1091 页。

② 同上,1092 页。

③ 同上,1094 页。

五、王阳明晚年万物一体思想的意义

阳明在居越以前，我们看他的思想，还是以《大学》的格致诚正功夫为框架，一方面突出了心、意、知、物的哲学解释，另一方面他的功夫指向，归结为内圣一路。根据湛甘泉对他的格物思想的解释，格物就是正念头。所以这个思想体系，包括他的功夫，主要是指向一个内在的道德修养、主体修养。晚年出现的万物一体的思想，在格致诚正的功夫论以外，更强调面向宇宙、面向社会。

现代法国哲学家，我们都知道有一个叫福柯，他晚年很关注自我技艺、自我修养。另外跟他同时的有一个人，叫皮埃尔·阿多，其实福柯思想受到阿多思想影响很大，而阿多对福柯有所批评。他的批评认为，福柯的思想里面，自我意识和自我关怀是最重要的。而他认为自我意识和自我关怀，只是单向度的参与者。在这个意义上，如果你只讲自我意识和自我关怀，他认为你还忽略了最根本的境界，就是自我与社会、自然、宇宙万物的统一性关系。福柯只是把自我作为起点和终点，而阿多认为起点可以是自我，但是终点应该是自我和宇宙和自然整体融合为一。[①] 在这个意义上我们可以参照阿多对福柯的这个看法，来加深对阳明思想的理解。

因此，我们说王阳明先生晚年对万物一体的这种强调，有其重要意义，一方面，使得他的思想体系从中年时期特别强调自我意识和自我关怀，走向了晚年由一体论代表的自我和宇宙的统一，使他的哲学能够摆脱仅仅集中在自我意识、自我关怀的那个单向度上，而走向了更高的精神境界。

---

① 参看 [法] 皮埃尔·阿多《作为生活方式的哲学》，上海译文出版社，2014 年，116—117 页。

另一方面,自我和宇宙的一体境界,毕竟还是个人的精神境界,不能展现在社会实践,从实践哲学的角度看,还是有限制的,还是属于理学家个人精神内在追求的方面;而阳明的万物一体,在关注自我与宇宙同一的同时,强调外在的亲民实践。我们可以说这个亲民、救民、爱民思想的突出强调,对他中期关于心外无理、心外无物的那种过分内在化倾向,构成了一种平衡。从过于偏于内向,变成内外合一。可见,王阳明晚年思想发展出了一些新的说法,这些说法代表了他的思想的新的发展、新的倾向的变化。这些说法不一定是对旧有说法的否定或替代,而是对已有体系的补充和发展。但其中倾向性的变化,确实是值得注意的。

阳明的这种思想,在他的弟子钱德洪的《年谱》里面,得到特别强调,又在《答聂文蔚书》里面表达了其重要性,对民生的关怀,和面对民生遭受痛苦的忧患。那么这个思想跟"致良知",发生怎么样的关联? 当然首先是对良知本身的解释和影响。那么对致良知的实践,有什么样的影响? 我们说在万物一体思想提出以后,这个万物一体成为他晚年良知说的一个内容,如他说本心、良知是万物一体,这成为良知说的一个转换。同时,万物一体说也明确引导了致良知实践方向的一个变化。那就是说,他要强调万物一体的思想,要通过良知为基础,来达到天地万物为一体,实现社会的大治。这样一来,就像我们刚才讲的,由于他的万物一体思想的实践指向,是亲民的社会实践,所以良知和致良知的重点,从现在开始,就加强了一个外向的维度。我们以前讲"心外无理"、"心外无物",这代表阳明学比较注重内在的功夫,还是更多地关注完善主体内在修养。但是晚年的良知学的新的讲法,朝向"内圣外王",而不仅仅是内在的修养。这使他非常关注外王的面向,也就使得阳明学的体系,包括致良知,到现在开始变成一个内外合一之道。他在中年时更多强调内在的主体修养,到晚年我们看出,他很强调"博施济众"和"亲民"的社会实践。

阳明晚年强调的万物一体思想,更注重亲民的实践,转向了对程明道先生提出的"博施济众"的那种人道关怀和社会实践,扩大了良知的公共性,使个人的境界能够社会化、实践化,成为一种社会思想,具有推动社会实践的意义,从今天的角度来看,这恐怕具有更重要的意义。

最后我想指出,我们应当怎么发挥对于万物一体的那种关注。现在大家一般都很重视王阳明的知行合一,其实他的万物一体的思想也很重要。政府最近几年,特别强调扶贫的重要性,这个扶贫思想的基础和根源,其实就是来自孟子的仁民爱物,到阳明的亲民救民实践、万物一体的恻隐诚怛、对生民痛苦的那种极大的真切关怀。所以,阳明先生所讲的万物一体思想,不仅仅是关注良知主体,而且与人民、社会、世界、自然都能联系起来,与我们今天人们所讲的很多的东西,比如以人民为中心、生态文明的建设、有关于人类命运共同体的观念等,都可以联系起来,其意义值得我们进一步去发掘。

百年来儒学发展的回顾与前瞻

今天我们这个讲题,是有关于 20 世纪的儒学的发展。发展这个提法,容易给人一种印象,以为儒学的发展是一个一帆风顺的、很平静的发展。其实如果我们回顾上一个世纪,就知道,儒学是在充满危机、困境、曲折之中,经历了一个复杂的过程,来实现它自己的发展的。

一、近代的冲击和挑战

因此,我讲的第一个大问题是,冲击和挑战,就是要看我们近百年的儒学,是在一个什么样的背景下,在什么样的一个文化环境里,面对了什么样的挑战和冲突,来成长、来发展的。

20 世纪中国儒学的发展,经历了四次挑战,或者说面对了四次挑战。第一次就是清末到民初的政教改革。我们知道,1901 年清政府发布了《兴学诏书》,倡导全国建立新的学堂。这在当时可以说是很重要的一个举措。在这样的倡导下,老的"儒学"就慢慢衰微了,这里讲的老的"儒学",是指当时的一种学校,就是以培养儒生进入科举体制的这种儒学学校在新的政策下式微了。

全国开始大办新型的学堂,这个举措是对科举制度的一个很明确的挑战。到了1905年，更重要的事件就是清朝政府决定结束科举制度。因为我们知道科举制度对于儒家的生存来讲，是具有重要性的一个因素。我们可以说在前现代的中国社会，儒家思想和文化能够得以生存有三个重要的基础。第一个基础就是国家、王朝宣布它为意识形态，正式颁定儒家的经典是国家的经典，这是很重要的，即王朝统治的推行。第二就是教育制度，主要是科举制度；科举制度规定了儒家经典作为文官考试制度的主要科目。当然还有第三个，就是整个几千年来，中国社会流行的这种家族的、乡治的基层社会制度。

我们看晚清的战略改革，从科举制度上，对儒家的生存可以说造成了一个重大的影响。在1905年以后，虽然科举制度结束了，但是清政府仍然决定在所有的学校保留经学，保留经学的课程；要求学校继续在孔诞日能够祀孔，就是祭祀孔子。这点到了辛亥革命以后也改变了，辛亥革命以后，在蔡元培主掌教育部以后，就决定要废祀孔、删经学。这样，我们一般讲的尊孔读经的教育，到了辛亥革命以后，也遭遇到了根本挫折。经历过这样一个过程，儒家遇到了第一次重大的冲击和挑战，遭遇到了第一次困境，这困境可以说是非常重要的、带有根本性的一个困境。

虽然是这样，从清末到民初，在教育制度和政治制度上，儒家已经退出了舞台的中心，但是儒家思想和文化仍然保留在伦理的精神领域。时隔不久，从1915年开始，到1919年，新文化运动兴起，这就是我们讲的儒学遭遇的第二次冲击。新文化运动高扬批判、反思、启蒙的旗帜，这种启蒙就是引进近代西方文化的一种文化启蒙。这种启蒙是把中国传统文化做了它的一个对立面，特别是把儒家文化、儒家礼教作为它的一个重要的、批判的对立面，这在当时是有其合理性的。在当时，甚至有人提出了"打倒孔家店"这样的口号。这样一来,从清末到辛亥革命,从政治教育的舞台退出后,继续保留在伦理精神领域的儒学,受到了第二次重大的挫折。我们也可以说,从辛亥革命时对儒学的一种放逐,延续到了新文化运动,新文化运动继承了清末到民初的放逐儒学的运动,要把儒学从伦理精神领域,继续放逐出去。因此,经过了新文化运动,可以说儒家文化它的整体已经离散、飘零。那么,儒学怎么样来生存呢?这变成了儒家文化在近代社会的变化里面碰到的一个大问题。这是第二次冲击和挑战,来自新文化运动。

第三个重大的冲击,我想就是革命与"文革"。我把这个时代整个地放在一起。经过了合作化,经过了人民公社,经过了"文革",我们看到这种"队为基础、三级所有"的人民公社制度,彻底改造了旧的、以宗族为中心的乡村秩序。因此近代有些学者就说,儒家所有的制度性基础,都被斩断了,拆解了,失去了这些基础以后的儒学已经变成一个游魂了。这个"游魂说",讲的就是儒家思想在古代赖以生存的基础,在近代文化的变化里面被斩断,原来的社会基础通通被改造过了。革命当然本身有它政治的含义,但是它带来的乡村的改造是非常重要的。同时,另一个很重要的事件就是"文革"的过程。特别是"文革"中期以后"批林批孔"运动的出现,各种对于儒家、对于孔子的荒诞的政治性的批判,接踵而来,把全国人民的思想都搞乱了,这可以说是对儒家文化又一次更大的冲击。所以,把整个政治革命,跟社会改造和"文化革命"放在一起,我们说这是第三次对儒家文化的冲击和挑战。

在 20 世纪里面,第四次冲击就是改革开放的前二十年。如果熟悉从 1978 年以后所经历的第一个十年,也就是改革开放的动员期,那么就会知道在改革开放的社会动员的时代,在 1980 年代形成了一股启蒙的思潮。这个启蒙的思潮呼应了"五四"时代的新文化运动,也是以批判传统作为它一个主要的基调,儒家被作为现代化的一个对立面。到了 1990 年代,市场经济的蓬勃发展所带来的功利主义的盛行,对整个儒家的传统,和整个中国文化的传统,也形成了有力的冲击。因此如果我们粗分,我想 20 世纪的儒家思想文化经历了四大冲击,这四次大的冲击对于儒家文化的命运发生了根本性的影响。

那么大家就要问,是不是 20 世纪我们经历的这一百年,对儒家文化仅仅有冲击,有没有机遇?虽然冲击也可以当成机遇,但就历史环境来说,应该说是有一次重要的机遇期,这个机遇期就是在"九一八"事变到抗战胜利,也就是以抗日战争为主段的这个时期。因为这个时候全国人民团结起来,要把民族的保卫和复兴,变成第一等的事情,由此保卫民族文化,复兴弘扬民族文化,成了这个时期的一个文化基调,这是一个难得的历史机遇。在这个机遇面前,可以说儒家思想抓住了这次机遇,实现了自己的一些发展。

二、 哲学回应和建构

我讲的第二个大问题,叫作回应和建构。刚才我们粗略地把儒学百年的历程分为四个冲击和一个机遇,也就是说我们把百年历史分成了五个阶段。儒家思想在 20 世纪的经历、历程和展开,面对这些冲击挑战所作的回应,也可以说是对应着这五个阶段来展开的。第一个阶段,或者我们第一个要说的人,就是康有为。康有为关于孔教的设想,其实在辛亥革命以前已经有了。到了辛亥革命以后,他把这个问题提得更突出了,他自己和通过他的学生几次提出了这样的法案,就是要立孔教为国教,定孔教为国教。

这个举动代表了一个什么意义呢？我觉得这个做法有它的一个积极的意义。我们刚才讲过，从《兴学诏书》到1905年《教育宗旨》，到1912年蔡元培主持教育部的时候，在政治和教育的整个改革对儒家的打击面前，儒家已经失去它从前所依托的政治的、教育的制度的基础，需要在一个新的框架里头，找到它能够生存、能够发挥作用的一个基础。这个设计，康有为想到的就是宗教，因为在西方近代文化的框架里面，基督教还存在，也有把基督宗教定为国教的这种例子。因此他就想，在一个新的社会结构的方式里面，设计一个新的制度，使儒家在这里边能够发挥作用。这就是立孔教为国教说，我们可以叫康有为的孔教论。我们说他是第一个回应的代表。这个回应我们也可以叫作对儒学困境的一个"宗教的回应"。当然这个回应可以说失败了，因为这些法案和建议都没有通过，后来的发展证明了这条路是没有走得通的。虽然没有成功，但是我们也可以看作这是儒学在百年历程回应冲击的第一个环节，儒学在第一个阶段所做的努力。

第二个阶段当然就是新文化运动了。新文化运动到了它的后期，有一些新的变化，这就是第一次世界大战引起西方有识之士的一种文化反思，和当时社会主义苏维埃的出现。这些引起了当时一些优秀的一流的知识分子，也开始重新思考中国文化的问题。在这阶段出现的代表性人物，就是梁漱溟。

他在1920年代初期就写了《东西文化及其哲学》。这本书我们说它是百年来儒家文化对儒学困境的第二次回应。这个回应不是"宗教的回应"，它是一个"文化的回应"，文化哲学的回应。他就认为，虽然在当下的中国社会，应当全盘承受西方文化，可是儒家文化和它的价值，代表了人类最近的将来的需要。这个最近的将来，所指的就是一种儒家社会主义的文化，因为他所理解的这个儒家，里面已经包含了社会主义的价值。他所理解的社会主义又是包含了儒家的价值。所以他说，西方文化的特长是在解决人和自然界的关系，人和物的关系，儒家文化的特长是解决人与人、人与社会的这种关系，比如说社会主义要解决劳资纠纷的这种关系，这是和儒家一致的。

由于近代以来我们碰到的挑战，实际上是整个近代西方文化对中国社会和文化造成的挑战。儒家的回应也不能不是对这个宏观的文化挑战的回应。接下来我们看第三个阶段，即"九一八"到抗战结束，这个时代出现了一组"哲学的回应"，它们不仅是这个时期民族主义运动高涨的产物，这些哲学的回应也不是对特定的某一个文化思潮的回应，而可以看作是对整个近代西方文化对中国的冲击和挑战所进行的回应。其中有熊十力、马一浮、冯友兰、贺麟等。熊十力的儒家哲学体系"归本大易"，我们可以把它叫作一种"新《易》学"；马一浮是讲六经、六艺的，所以我们也许可以把他的儒学体系叫做"新经学"；冯友兰的哲学体系当然是"新理学"，这是他自己命名的；贺麟是"新心学"。熊十力坚持孟子所建立的本心的哲学思想，依据大易的原理，把本心建立为一个绝对的实体，这实体是一个宇宙的实体，同时又建立了一套关于"翕辟成变"的宇宙论，所以他把他的宇宙论叫作"体用不二"的宇宙论。他的哲学思想是一个注重宇宙论建构的儒学体系。

马一浮可以说是一位固守传统文化的综合性的学者，是把传统的经学、理学都综合一体的学者。他说，一切道术，就是我们今天所说的各种学科，统摄于六艺（六艺的一个讲法就是六经，马一浮所讲的六艺就是六经），六经、六艺又统摄于一心，也这是一个古典的儒家的一种讲法。这个形态可以说是注重经典学重建的新儒学。

冯友兰的哲学是新理学，这是他自己定的名称，他要继承程朱理学对于理的世界的强调，通过吸收西方的新实在论，在哲学里面建立起一个理的世界，作为儒家哲学的形上学的一个重要部分。所以我们说，冯友兰的哲学是一个注重形上学建构的现代儒家哲学。

至于贺麟，我们知道他自己公开地声称是宗陆王之学的，他说"心为物之体，物为心之用"，讲了一套同样也是以心学为基础的儒家哲学。但是更重要的，我们看到贺麟有一个很重要的角色，就是他对儒学复兴做了一个设计。他的口号就是"以儒家思想为体，以西方文化为用"，或者说"以民族精神为体，以西洋文化为用"，他有一套儒学复兴的设计。

如果我们再考虑到梁漱溟先生，在早年的文化论之外，他自己后来的哲学建构不断，特别是他在1940年代到1950年代，1960年代到1970年代一直在完成一本书，叫作《人心与人生》。由这本书，我们可以说，梁漱溟的哲学体系是一个注重以心理学为基础的现代儒家哲学的一个建构。

因此，我们以上说的这几个哲学家，熊十力、梁漱溟、马一浮、冯友兰、贺麟的工作表明，这个时期建构性的、新的儒学出现了，它们作为儒学对时代的回应基本上采取的是一个哲学的方式，也就是说我们在这个阶段所看到的，是一个以"哲学的回应"为儒家存在主要方式的时代。这个时代正好是我们所说的百年儒学难得的一次历史机遇，即与抗日战争带来的民族文化意识高涨有关系。所有上述这些重要的思想体系的准备、阐发都是在这个时期，这个时期是一个民族意识高涨、民族复兴意识高涨的时期，所以民族文化的重建也得到很大的发展。

第四个阶段当然就是革命和"文革"的这个阶段。这个阶段，儒学的表现是什么呢？我们不能说就这个时代没有儒学思想，如果我们看1950年代到1970年代这个时期熊十力等这几位思想家的变化,就可以看出,这是一个属于现代儒学调适的阶段,就是跟社会主义来做结合,吸收社会主义的阶段。所以我们看熊十力,他在1950年代初期写的《原儒》里面就提出要废私有制,荡平阶级,这就是吸收社会主义的思想。我们看梁漱溟后期写的书,不只是《人心与人生》,还有他那本《中国——理性之国》,专门讲怎么从一个阶级社会过渡到一个无阶级社会,怎么从社会主义到共产社会,都可以明显地看出来,这些思想家不是在这个社会里面消极地跟着时代,而是在思考怎么跟这个时代的主题能够有所结合。但是有一条是他们坚持的,就是不管社会制度怎么变,政治口号怎么变,儒家的思想文化的价值是他们要坚守的。社会主义他同意,共产党领导他也同意,但是儒家文化价值是他坚守的一个文化信念。这是第四个阶段。

至于台湾、香港的新儒家,则是在花果飘零的心态下,沿承第三阶段的儒家思想的理论建构与发展,即20世纪面对时代、社会的变化、调整和挑战,面对人的精神迷失,发展出符合时代处境的儒家思想的新的开展,开展出新的吸收了西方文化的儒家哲学,新的发扬民族精神的儒家哲学,以及从儒家立场对世界和人类境况的普遍性问题给出指引的哲学。1980年代中期以后它对大陆文化的反哺是大家都看到的。

三、儒学的潜隐和在场

第三个大问题,我叫作从潜隐到复兴。我想回到比较近的时代,这个阶段当然就涉及到改革开放这个阶段了。我把这个阶段放到这里来讲。那么,什么叫潜隐?刚才我们也讲了,儒学的存在不能够看作只是一个有哲学家存在的一个存在,不能认为有儒家哲学家才有儒学存在,这是一种片面的看法。在这个时代,特别是在1950年代以后一直到今天我们看到的,儒学的存在,正像李泽厚所讲的,不仅仅是一套经典的解说,它同时是中国人的一套文化心理结构。于是,当一切制度的联系都被切断以后,它变成一个活在人们内心的传统。特别是在民间,在老百姓的内心里面,儒学的价值依然存在着。儒学在老百姓的内心里面,可能比在知识阶层里面存活得更多,因为知识阶层内心里面受到西方文化的侵染可能更多。

我们把在百姓内心存在的儒学传统,叫作"百姓日用而不知"的,没有自觉的这样一个状态。中国人的伦理的观念,可以说几十年来,从1950年代以后,仍然受到传统儒家伦理的深刻影响,它是连续的、没有改变的。但是在不同的时代,因为它不自觉,所以,就会受到很多的不同的时代环境的影响,或者不能够非常理直气壮地、健康地把它表达出来,有的时候会有扭曲。

这是我们必须强调的一点,就是我们在处理第五个阶段——改革开放的时候,甚至我们在看第四个阶段以来的儒学的时候,我们的"儒学"观念一定要变,不是说一定要儒家哲学家在,儒学才存在。

我想再探讨一下,在改革开放以来的时代里新的儒学的存在方式。三十年来在中国大陆,我们可以说,没有出现像1930—1940年代那样的儒学哲学家,但是在这个时期,我认为有几个方面值得注意。

第一方面就是三十年来的儒学研究构成了一套"学术儒学"的文化。什么是学术儒学的文化呢?就是对传统儒学进行深入的研究,把握儒学历史发展演化的脉络,来梳理儒学理论体系的义理结构,阐发儒家的各种思想,包括深入研究现代新儒家的思想,这套系统我叫作学术儒学。学术儒学经过晚近三十多年的发展,已经蔚为大观,在当代中国的学术界占有了重要的地位,发生了相当的影响。

第二方面我叫作"文化儒学",是什么意思呢?就是近三十年来,我们有很多的文化思潮与文化讨论跟儒学有直接关系,比如,讨论儒学跟民主的关系,讨论儒学跟人权的关系,讨论儒学与全球化的关系,讨论儒学与现代化的关系,讨论儒学与文明冲突的关系等等,当然我们今天也在讨论儒学与建立和谐社会的关系。在这些讨论里边,有很多学者是站在儒家文化的立场,来表彰儒学价值的积极意义,探讨儒学在现代社会发生作用的方式,在这一方面阐述了很多的有价值的文化观念和理念,也与当代思潮在多方面进行互动,在当代中国的社会文化层面起了相当大的作用。这些讨论和活动,我觉得也构成了一个儒学的特殊的存在形态,我就把这个形态叫作文化儒学的形态。

所以,我们不能说,这三十年来我们没有儒学哲学大家,儒学就是一片空白,完全不是的。除了在潜隐的存在形式以外,我们要理解更多样的"在场"的儒学文化形式,我们要定义一个适应于近三十年来实存的儒学文化形式的"在场",所以我用学术儒学和文化儒学来概括这个时代在场的儒学存在。事实上,虽然哲学家很重要,但在这个时代,比起出现几个抽象的形上学体系,学术儒学和文化儒学对社会文化与社会思想所起的作用更广大,也更深入,同时它们也构成了儒学思想新发展的基础。

第三个就是民间儒学。如我刚所讲的,一方面是潜隐的、百姓日用不知的,这个人民大众心里的儒学;另一方面是在场的、显性活动的儒学,如学术儒学和文化儒学。在场的儒学除了学术儒学和民间儒学之外,还有新世纪以来不断发展的民间儒学与通俗化儒学。这就是我们在上个世纪末期已经看到的,今天仍不断发展的文

化形式,如各种国学班、书院、学堂、讲堂,包括各种电子杂志、民间
出版物、民间读物、儿童读经班,各种儒家小学启蒙读物的出版。我
想,刚才讲的那个层次,不管是学术儒学还是文化儒学,大部分还是
知识人活动的层面,但是这个民间文化的层面应该说是有当前中国
各个阶层的人更广泛的积极参与。这是一个在民间实践层面的文
化表现,我把它叫作"民间儒学"。晚近十年来,国学热受到这个民
间儒学的推动很大。

结语:复兴的机遇与愿景

最后,我想指出,进入 21 世纪,现代儒学复兴的第二次机遇来
到了。刚才我们讲第一次机遇是在抗日战争时期,这是一个民族意
识、民族复兴意识高涨的时期。今天,从 1990 年代后期以来,随着
中国崛起,随着中国现代化进程的深入和发展,应该说今天的中国
已经进入了现代化的初级阶段。在这样的一个背景下,在人民的民
族文化自信大大恢复的条件下,中华民族伟大复兴和中华文化伟大
复兴,这个双重复兴的一个大的局面正在到来,虽然前面还有艰难
险阻。在这样一个局面下,应该说儒学在现代复兴的第二次机遇到
来了。儒学怎么样抓住这次机遇,儒学学者怎么样参与这次儒学的
复兴,在前面说到的学术儒学与文化儒学应继续努力之外,我想至
少有几个方面的工作可以做的:比如说重构民族精神,确立道德价
值,奠定伦理秩序,形成教育理念,打造共同的价值观,形成民族国
家的凝聚力,进一步提升我们的精神文明,等等。这些方面可以说
都是儒学复兴运动要参与的重要工作。儒学只有自觉参与中华民
族的伟大复兴,和时代的使命相结合,和社会文化的需要相结合,才

能开辟发展的前景。

除了这些重要的工作之外,还有一项中心的工作,即哲学系统的重建与发展。也就是说,面对从中国现代化初期迈向进一步的发展,新的儒家哲学应当出现,也必然会出现,而且将是多样多彩的。它将在传统儒学与现代新儒学的基础上,面对中华文化走向复兴、走向世界而展开,而显现。正如"五四"前后的文化论争,到1920年代整理国故的沉淀,再到1930年代民族哲学的发扬的历程一样,中国大陆经过1980年代文化热的文化讨论,经历了1990年代后期至今的国学热的积累,可以期望,伴随着中华民族和中华文化的复兴进程,新的儒家思想理论,新的儒家哲学的登场,是指日可待的了!

归属与创伤

——伯林论民族意识与民族主义

　　以赛亚·伯林在回顾了 19 世纪以来的思想和历史发展之后指出,有一个运动,在 19 世纪大部分时间里支配着欧洲,而 19 世纪的伟大思想家们都认为这一运动必然走向衰落,他们之中谁也没有预见到它会在后来的 20 世纪里起到更大的支配作用。这就是当今世界上最强大的运动之一——民族主义运动。[1] 他还指出,民族主义是今日世界上最强大的力量,因为不管在何时何地,当民族主义和由其他意识形态所支持的运动发生矛盾时,民族主义无一例外地都胜出。[2] 当然,伯林之所以关注民族主义的问题,并不只是因为世界范围内民族主义运动的强大,而是与他的文化民族主义、文化多元主义、犹太复国主义等特殊关怀联系在一起的。

一、民族意识或民族情绪

　　伯林关于民族意识和民族主义的论述可以区分为不同的方面,

---

① [英] 以赛亚·伯林著、冯克利译:《反潮流:观念史论文集》,译林出版社,2002 年,336—337 页。

② [英] 以赛亚·伯林著、潘荣荣、林茂译:《现实感》,译林出版社,2004 年,291 页。

这些论述有一特点,即它们大都是通过回顾赫尔德的思想加以阐发的。这里先来分析伯林关于民族意识的论述。

第一,一般认为,民族主义是一种集体忠诚。伯林认为:"民族主义不同于种族情绪或种族排外,虽然跟它们有些关系,但又不是一回事;在远古或古典时期,似乎就没有出现过什么民族主义。那时候有其他的集体忠诚的焦点。民族主义似乎是在西方中世纪末期出现的,尤其是在法国……"① 他认为比较系统地阐发民族主义而成为民族主义起源的是赫尔德:"以一种系统学说的面目出现的民族主义,或许可以定位于18世纪最后十五年的德国,见于拥有广泛影响的诗人和哲学家赫尔德的作品之中,他称之为民族精神和国家精神。"② 因此,按照这里的说法,可以这样理解,一般所说的民族主义是指向民族集体的一种忠诚,而赫尔德的所谓民族主义是一种与民族文化紧密关联的心理、情感、意识、精神,而不仅仅是对民族或种族的分辨意识。③

第二,因此,在伯林看来,民族主义主要的还不是一种对"集体"的忠诚,更同时是一种对"自己的"群体的一种存在依恋和生命感情,而且是一种根源意识。按照他理解的赫尔德的看法,"德国人只有在德国人中间,犹太人只有回归他们古老的巴勒斯坦土地,才真正具有创造性。那些被迫离开自己的根儿流落他乡的人,虽然仍然活着,却会逐渐衰亡;欧洲人在美洲失去了自己的品德,冰岛人在丹麦衰落,……德国人必须是德国人,不能做三流的法国人,

---

① [英]以赛亚·伯林著、岳秀坤译:《扭曲的人性之材》,译林出版社,2009年,247页。
② 同上。
③ 伯林在谈话中明确说,当赫尔德说民族或民族精神时,人们应理解为民族文化。见
　[伊朗]拉明·贾汉贝格鲁著、杨祯钦译:《伯林谈话录》,译林出版社,2002年,90页。

生命维系于始终浸淫在自己的语言、传统和当地感情之中。"① 在这里,赫尔德并没有突出民族,突出的是文化共同体的要素。

这种"自己的"根源意识当然是与世界主义相反的,伯林一贯反对世界主义,他说:"世界主义认为一个人不管身在何处,——巴黎、哥本哈根、冰岛、印度,随便什么地方,都是在自己家里。赫尔德却认为人属于他本来该待着的地方,民族是有根的。"② 赫尔德的这种根源意识对他的影响极为深刻,也成为其文化多元主义的一个来源。

第三,伯林认为,共同文化是民族的首要构成性要素。共同体和其中的个人是通过文化与生活方式等纽带联系在一起的,共同体是靠这些纽带而维系的。伯林很重视这些文化纽带。他在描述迈斯特的思想时指出,民族的语言,在其独特的历史发展中,吸收、包容和保存了半自觉、半有记忆的集体经验,这种集体经验是巨大的财富。习俗的绝对生存能力,已经证明它能够在其漫长的生命中抵御各种破坏和变迁。失去语言和习俗也就失去了保护人们的民族生活、他们的精神、他们的习惯、记忆和信仰的屏障;而正是这些东西使他们成为他们自己。③ 在民族的构成性要素中,文化是他最关注的,其中语言、风俗似乎特别被他所看重,共同生活形式是其民族思想的焦点。

在文化的民族性方面,他最重视的始终是赫尔德的遗产,他在各种著述中不厌其烦地叙述赫尔德关于民族文化重要性的思想。如:"在赫尔德看来,这种生命活力体现在各民族集体天赋的创造物

① [英] 以赛亚·伯林著、冯克利译:《反潮流:观念史论文集》,15 页。
② [英] 以赛亚·伯林著、亨利·哈代编、吕梁等译:《浪漫主义的根源》,译林出版社,2008 年,67 页。
③ [英] 以赛亚·伯林著、冯克利译:《反潮流:观念史论文集》,25 页。

之中：传说、英雄史诗、神话、法律、习俗、歌谣、舞蹈、宗教和世俗的象征、庙宇、教堂和礼仪——创造所有这些表达和沟通形式的，不是单个的作者或特定的团体，而是集体的、与个人无关的想象力，是整个共同体的意志在各个不同的意识层面的活动。因此他认为，使社会作为一个独特的有机体而发展的那些亲密而无形的纽带，就是由此产生的。"①

关于共同文化的要素，他指出："共同的祖先，共同的语言、风俗、经历、记忆，长期居住在同一疆域，这些因素共同形成了一个社会。这种同质性强化了一个群体与相邻人民的差异，强化了部族、文化或民族团结的存在，并由此产生了一种意识，即他们不同于那些有着不同风俗和真实的或神话起源的群体，而这种意识又时常伴随着在行动上对其他群体的反感或蔑视；人们认为这既解释了民族国家，也为它提供了正当理由。"②与通行的民族研究相比，伯林对民族的定义比起常见的共同文化、共同历史、共同语言、共同地域的民族定义，并没有什么新的说法（即使他强调文化对民族的意义），这是因为他的关注点并不是民族的定义，而是对于民族主义作为一种意识体系的把握。因而，他强调的是对于民族的归属感。

第四，对群体的文化归属是人的基本需要，而民族是这种归属的最高形式之一。无疑，在伯林有关文化民族主义的论述中，最值得注意的是关于归属的论述。他说：

> 至少自亚里士多德以来，归属于一个易于确认的群体的需要，已经被视为人类的一种自然要求。家庭、氏族、部落、等级、

---

① [英] 以赛亚·伯林著、冯克利译：《反潮流：观念史论文集》，414 页。
② 同上，403 页。

社会阶层、阶级、宗教组织、政党,最后是民族和国家,都是满足人类这种基本需要的历史形式。[①]

事实上,家庭并非产生于个人寻求归属的需要,氏族、阶级亦然。因此民族的形成也并不是基于个人要求归属一群体。但正如家庭、氏族出现之后,在这些集体形式中生活的个人也就培养起了对于群体的归属感。这既是自然的,也是合乎历史的。在这方面他也非常强调赫尔德的看法,即认为一个既定的共同体,通过共同的语言、历史习惯、传统和感情这些无形的纽带,同它的成员联系在一起,是一种和饮食、安全、生儿育女一样自然的需要。[②]

伯林写道:

> 世界是人创造的世界,我们的世界、德国人的世界是由德国人建造出来的,这就是为什么我们德国人如此熟悉自己的世界的缘故。它是我们感觉所能把握的样子。由此赫尔德发展出一个观点,即每个人都在寻找自己可以归属的群体,试图归属于某个群体。一个人若从群体剥落出来,他会感到孤独,找不着家了。人在家园或人从家园连根拔起的观念,关于根的概念,以及整个关于人必须属于某个群体、某个派别、某场运动的一整套概念,很大程度上可以说是赫尔德的发明。[③]

> 在赫尔德的思想中,支配他的是一种他深信不疑的想法:在人类的基本需要中,就像食物、繁衍、交流一样,归属于一个群体,也是必需的要素。……每个人类社会中的每一个成员都

---

① [英] 以赛亚·伯林著、冯克利译:《反潮流:观念史论文集》,402—403 页。
② 同上,14 页。
③ [英] 以赛亚·伯林著、亨利·哈代编、吕梁等译:《浪漫主义的根源》,63 页。

是诞生在传统的巨流之中,正如他们的观念受到传统的影响一样,他们的情感发育和身体成长也受其影响。……每一个可识别的社会以及已形成为民族的那种人类集团,它们的生活和行事方式,正是借由一种关键的、在历史中演进的模式而赋予其特征。①

食物、繁衍是自然的要素,归属则是历史实践赋予的要素,这是不同的人类需要。同时,不同的归属,性质不同,如对家庭的归属基于血缘亲情,而不是一种文化的归属感。对于民族的归属感,依据伯林所继承的赫尔德的思想,是强调一种文化的归属感,从而对民族的归属,主要是对民族文化、生活方式、语言习俗的归属,这种归属的需要也是一种感情的需要。

这种归属感,他有时从人类群体来说,有时从个人对于群体来说。从个人来说的归属需要应该最有意义,因为它构成了自由主义对个人的理解的一种不同理解。

第五,文化民族主义要求文化多元主义。这也是赫尔德的例子所提供的:

在赫尔德看来,每一种文化都有自己独特的引力中心,除非我们理解了它,我们是无法知道它的性格和价值的。因此,赫尔德热衷于维护对创造性活动有着独特贡献的原始文化。艺术、道德、习俗、宗教,从悠久传统中成长起来的民族生活,是由过着一种统一的共同生活的整个社会创造的。……他认为不同的文化,就像人类大花园里众多和睦相处的鲜花,能够也

---

① [英] 以赛亚·伯林著、岳秀坤译:《扭曲的人性之材》,247 页。

应当共存共荣。……赫尔德是受压迫各民族的文化民族主义的最伟大倡导者。①

这是文化多元主义的观点,而这种文化多元主义是从文化民族主义中直接引申出来的。这种文化观最反感普世主义:

> 普世主义,把一切都简化成适用于无论何时何地所有人的最小的共性,也就让丰富多彩的生活以及惟一能给予生活以具体内容的理想变得干瘪无味了。因此赫尔德毫不留情地讨伐法国人的普世主义,提出他有关个别文化——印度文化、中国文化、挪威文化、犹太文化——的概念以及对他们的赞颂……赫尔德及其门徒们相信,丰富多样的民族生活方式和平共存,将会促进更加丰富的多样性个更美好的世界。②

普世主义和多元主义是对立的,伯林不仅从赫尔德继承了文化的民族主义,也从赫尔德继承了文化的多元主义。

伯林在《民族主义:往昔的被忽视与今日的威力》一文中说,归属一个民族的意识,只是一种民族意识,不是民族主义,归属感是一种单纯的民族意识,他也把它叫作单纯的民族情绪。③ 当然,他的用法不见得处处周延,他有时也把这种民族意识称作民族主义,这个意义的民族主义显然是文化的民族主义,而不是意识形态的或政治的民族主义。我们也许可以说,他把文化民族主义的观点也看作

---

① [英] 以赛亚·伯林著、冯克利译:《反潮流:观念史论文集》,13 页。"引力中心"在《浪漫主义的真正父执》中,译为文化重心,见该书第 67 页。
② [英] 以赛亚·伯林著、岳秀坤译:《扭曲的人性之材》,248 页。
③ [英] 以赛亚·伯林著、冯克利译:《反潮流:观念史论文集》,412 页。

为民族意识或民族情绪,以此而与意识形态的民族主义分别开来。伯林从来不把文化民族主义和政治民族主义作为对比,而是把民族意识和民族主义作为对比。因此,与下节所论作为意识形态的民族主义不同,我把本节所讨论的伯林由赫尔德继承来的文化民族主义观念,归类于伯林所说的民族意识和民族情绪。的确,文化民族主义和民族意识这两个语词常常可以根据伯林的不同的上下文而互换。而这也显示出,伯林虽然区别了政治的民族主义和文化的民族主义,但并没有清晰地区别一般的民族意识和文化民族主义。

二、民族主义意识形态

在收入《反潮流》论文集的《民族主义:往昔的被忽视与今日的威力》这篇伯林最系统地论述他对民族主义看法的文章里,伯林提出了他对民族情绪和民族主义的区别,从而提出了民族主义意识形态的四个特征的概括(格雷只述及了其中三个):

> 我想先谈谈作为一种精神状态的欧洲民族主义的起源。我这里所说的不是单纯的民族情绪,它也许可以追溯到有史记载的最早的部落情感。我指的是一种上升为自觉教义的民族情绪,……我所说的民族主义,指的不是一种单纯的为先祖而骄傲的情怀:……
>
> 我所谓的民族主义,是指更为明确、在意识形态上更重要也更危险的东西,即这样一种信念:首先,人们属于某个特殊的人群,这个群体的生活方式不同于其他群体;组成群体的个人的特征是由该群体的特征所塑造的,离开群体便无从理解,

因此对它的定义要根据共同的疆域、风俗、法律、记忆、信念、语言、艺术及宗教的表达、社会制度、生活方式等等,有人还加上了遗传、血缘关系、人种特征;正是这些因素塑造了人类,塑造着他们的目的和他们的价值。

其次,一个社会的生活模式类似于一个生物有机体的生存模式;这个有机体自身发展所需要的东西,那些以词语、形象或人类的其他表现形式所表达的最能反映其本质的东西,构成了它的共同目标;这些目标是至高无上的;在与不是来自这个特定"有机体"的特有目标的其他价值……发生冲突时,这些至高无上的价值都应当取得优势,因为只有这样,才能避免民族的衰落和毁灭。……正是这些心理的、感情的和物质的生活方式,这些应付现实的方式,尤其是人们相互交往的方式,决定着所有其他的事情,并构成了民族的有机体——民族——不管它是否采取了国家形式。所以说,使人性得以充分实现的基本人类单元不是个体,不是可以随心所欲地解散、改变或背弃的志愿团体,而是民族;家庭、部族、宗教、教区等次级单元的生存,只能取决于民族的建立和维持,……通过一种无需充分意识到的特殊感悟,即对把人类个体结合成一个不可分割、无法分析的有机整体的独特关系的感悟,柏克认为这个有机整体就是社会,卢梭把它等同于人民,黑格尔则将它视为国家,而对民族主义者来说,它是并且只能是民族,不论它的社会结构或统治形式如何。

第三,从这种观念中又产生出了这样的观点:坚持某种特定的信念,采用某种特定的政策,致力于某种特定的目的,过某种特定的生活,最强有力的理由之一,甚至是惟一最强有力的理由,就是这些目的、信念、政策和生活是"我们的"。这等于

说，应当遵守这些规则、信条或原则，……是因为这些价值是
"我的"群体——对民族主义者来说，即"我的"民族——的价
值；这些思想和感情，这些行为方式，是好的或正确的，我将通
过使自己认同于它们来达成完美或幸福，因为它们是我诞生于
其中的特定社会的生活形式的要求，……

最后，……极盛时期的民族主义便达到了这样一种立场：
假如满足我所归属的有机体的需要变得与实现其他群体目标
不可调和，那么，我或者我不可分割地属于其中的社会便别无
选择，只能强迫那些群体屈服，必要时就诉诸武力。假如我的
群体——让我们称它为民族——想自由地实现其真正的本性，
就必须清除道路上的障碍。凡是阻碍着我所认为的我的——
也就是说，我的民族的——最高目标的东西，就不能允许它具
有与这种目标同等的价值。①

根据伯林的上述讲法可知，上节所说的归属等是属于单纯的情
绪、情怀，而"精神状态"则应属意识形态。民族主义意识形态的第
一个特征，是强调个人归属群体，民族的共同文化塑造了个人。第
二个特征强调一个民族是一个有机体，它是由人们的词语、信仰等
表达的生活方式、交往方式等共同文化形式构成的，其目标、价值凌
驾于其他团体，民族是家庭等一切次级生存单元的前提。第三个特
征是，它们是以"我们的"、"民族的"价值，作为人们之所以能够信
持特定观念和原则的最重要的理由。第四个特征是以民族目标为
最高的价值，而否认有超越我们、超越民族目标的更普遍的价值。

伯林总结说，民族主义自 18 世纪诞生以来，出现了多种多样的

---

① [英] 以赛亚·伯林著、冯克利译：《反潮流：观念史论文集》，407—409 页。

表现形式，但"在我看来，在它的所有表象后面，保留着我上面试图勾画的四个特征：坚信归属一个民族是压倒一切的需要；坚信在构成一个民族的所有要素之间存在着一种有机关系；坚信我们自己的价值，仅仅因为它是我们的；最后，在面对争夺权威和忠诚的对手时，坚信自己民族的权利至高无上"①。

以上四点特征是作为意识形态的民族主义思想体系，它本身还不就是，也不等于直接引向政治民族主义的实践。伯林提到："民族主义，即把民族的统一与自决的利益提升为最高价值，必要时其他一切考虑必须服从这种利益，这似乎是德国和意大利的思想家特别易于产生的一种意识形态。"② 但这种政治自决的民族主义在伯林的论民族主义文字中很少涉及，除了犹太复国主义。

民族主义的危险，主要来自意识形态的民族主义和其要求政治自决的实践，而不是来自民族意识和文化民族主义。这一点在伯林的思想中很明确，应当是不用多加说明的了。

三、民族主义与创伤反应

伯林很注意民族主义的起源，但他似乎没有区分文化民族主义和政治民族主义的产生根源的异同。在有关民族主义起源的问题上，他显然表达了对民族主义的较多的同情理解，这就是，民族主义不是自我产生的，民族主义是对外来压制的自然反应。他说：

---

① [英] 以赛亚·伯林著、冯克利译：《反潮流：观念史论文集》，411—412 页。
② 同上，338 页。

民族主义是民族意识的一种发炎红肿的状态,这种情形是——有时也的确是——可以容忍,可以和平处理的。导致民族主义发生的通常是创伤感,是某种形式的集体耻辱。……成为骄傲的邻居们轻视或屈尊俯就的对象,这无论对个人还是社会而言都是一种最具伤害性的体验了。……18世纪的德国人对于西方人(尤其是法国人)的感觉,就具有这一特征。在政治、文化和军事上,法国人都是西方世界的主宰者,而打了败仗的德国人……他们的反应就像诗人席勒的理论中所说的"压弯的树枝"一样,起而反击,拒不接受所谓的劣等人之称。①

他在另一个地方也说:"就像席勒的压弯的树枝理论所说的,是一个拥有自己的民族个性的社会受到压迫和屈辱时自然生出的反应。"②虽然伯林用的更多的是18世纪德国的例子,而几乎没有顾及19世纪以来亚非拉殖民地半殖民地人民的苦难经验,和二次大战后风起云涌的民族解放运动,但他对那些主宰者的姿态及其骄傲、蔑视,有着特别的敏感,在这一点上,他的理论是站在被压迫民族一边的。按照这个说法,民族意识是正常的民族感情,而民族主义是在民族感情和民族意识的基础上的发烧状态。从正常的民族意识变而为发炎的民族主义,是由外来的征服、压迫、蔑视所造成的。

在政治、军事、文化各方面受他人支配,从而遭受他人歧视,由此产生的屈辱感和被创伤感,伯林认为是民族主义发生的根源。在这个意义上,民族主义的发生不是某个民族或国家的领导人的发

---

① [英]以赛亚·伯林著、岳秀坤译:《扭曲的人性之材》,249页。
② 同上,254页。

明,而是人们立基于人性的感受和反应。人性尊严以及这种尊严遭受屈辱,才是民族主义产生的根由。

这种民族主义要求获得与支配者相同的地位,反抗蔑视和奴役,要求承认自己民族和文化的地位,成为所有"承认的政治"中最有力量的。伯林说:"民族主义通常源自人性尊严受伤害或遭凌辱的感觉,源自得到承认的要求。这一要求无疑是推动人类历史的最强大力量之一。它或许采取了可怕的形式,但作为一种情感,它本身并非不自然或令人反感的。"①

> 不错,有别于单纯的民族意识(对某个民族的归属感)的民族主义,最初也许是针对一个社会的传统价值受到居高临下的或蔑视的态度做出的反应,是最有社会意识的成员的自尊受到伤害和屈辱感的结果,这种感情理所当然地会引起愤怒和自我肯定。②

他认为一个社会的成员对此的敏感不是相同的,虽然最有敏感的成员首先感受到伤害和屈辱,但由此引起的愤怒是理所当然的,而并不令人反感。承认"压弯的树枝"的比喻,可以导出这样的结论,被压弯树枝的反弹是对外来压制的自然反应,如果压制者遭受到它的反弹,责任不在树枝,因为压制者本来应该设法躲避这种反弹。

但是,并不是所有的民族主义都是创伤的反应,伯林所谓"进攻性的民族主义",如意大利的法西斯主义及日本的军国主义,是帝国主义的一种形式,这种民族主义不管打着什么样的借口,并不是

---

① [英] 以赛亚·伯林著、潘荣荣、林茂译:《现实感》,292 页。
② [英] 以赛亚·伯林著、冯克利译:《反潮流:观念史论文集》,412 页。

压弯的树枝,这一点需要区分清楚。① 从正面来看,民族自豪感也不见得是对外来压迫的反应,确实,在伯林对民族意识和民族主义的讨论中,很少提到民族自豪感的产生和作用。②

伯林认为,民族感情受到屈辱和伤害,还不是民族主义意识形态能够产生的充足条件:

> ……一个社会或至少是其精神领袖的集体感情受到的伤害,或许是产生民族主义的一个条件,却不是它的充足条件;这个社会内部必须有这样一个群体或阶级,它们在寻找着一个忠诚或自我认同的对象,或者也许在寻找一种权力基础,而早先的凝聚力——部族的、宗教的、封建的、王朝的或军事的——已不再能够提供这种基础。
>
> ……这些观念和情感,在受过较好的教育、社会和历史意识较强的人中间,较为清晰,而在大多数民众的意识中则要模糊得多,甚至全然不存在。当这种民族形象受到忽视或侮辱时,会在某些人中间引起仇恨,也会使其中一些人变成一个自觉的知识阶级……③

伯林在这里提到,民族主义作为意识形态,它在一个国家的提出,需要有一个阶级,这个阶级代表了民族意识的自觉。其实,民族主义思潮之形成或提出,的确需要民族意识的自觉,但是否要依赖于一个阶级是值得怀疑的,而且这个阶级如果只是偶然地寻找到民

① 关于"进攻性民族主义",参看应奇:《从自由主义到后自由主义》,生活·读书·新知三联书店,2003 年,172 页。
② 伯林关于民族主义与现代化过程中理性化、官僚化的关系,本文将不涉及。
③ [英] 以赛亚·伯林著、冯克利译:《反潮流:观念史论文集》,413 页。

族感情作为替代的权力基础,更不可能作为这个国家的民族主义代表。真正合于历史的民族主义思潮的形成,最重要的应当是意识反应和敏感较强的知识阶层的作用。

四、社会主义与民族立场

作为曾写过《卡尔·马克思》的思想史家,伯林对马克思和 19 世纪欧洲社会主义运动当然有深入的了解。以西欧 19 世纪的社会主义思潮为观察对象,对马克思理论与民族主义的关系作了如下分析:在马克思主义者和其他激进的社会主义者看来,民族感情本身就是虚假意识的一种形式,是一种意识形态。民族、地方、种族,与全世界的工人的团结相比是无足轻重的。[1]

马克思在《共产党宣言》中说道:"人对人的剥削一消灭,民族对民族的剥削就会随之消灭,民族内部的阶级对立一消灭,民族之间的敌对关系就会随之消失。"[2] 在马克思看来,民族和民族主义是私有制和资本主义的产物,随着资本主义的消除和公有制的建立,民族主义会很快消亡,代之以工人阶级的国际主义团结。

按照伯林的了解,"马克思认为,民族性的、地方性的忠诚是欠发达状态下的非理性抗争,将会被历史淘汰"[3]。伯林认为,马克思,不管是否出于自觉,终其一生都低估了作为一股独立力量的民族主义,尽管马克思有许多深刻而独到的观点,但是他没有正确说明民族主义的来源和性质,低估了它的作用,正像他低估了作为社会中

---

[1] [英] 以赛亚·伯林著、冯克利译:《反潮流:观念史论文集》,405 页。

[2] 《马克思恩格斯选集》第 1 卷,人民出版社,1995 年,291 页

[3] [英] 以赛亚·伯林著、岳秀坤译:《扭曲的人性之材》,256 页。

一个独立因素的宗教的力量一样。这是他的伟大体系中的主要弱点之一。①

　　与马克思成为对照,伯林很重视赫斯,认为他是共产主义者的唯一例外,赫斯在 1862 年的《罗马与耶路撒冷》中断言,犹太人肩负着把共产主义和民族精神结合在一起的历史使命。② 这种不把共产主义和民族主义对立起来,而把二者加以结合的例子,是伯林最感兴趣的。

　　在他对赫斯的研究中,他特别指出,马克思认为民族主义不是历史中的一个真正的基本要素,而赫斯不同意这一点。共产主义者赫斯一直相信和理解民族主义原则,他谴责世界主义是对使人类丰富多彩的真实历史差别的违反自然的抹杀。他看不出任何民族有理由认为自己一定优于其他民族,他明确反对黑格尔在"历史性"民族和那些不幸的"衰败"民族之间所做的区分。③ 他认为国际主义不是消灭民族的运动,而是团结各民族的运动。④ 赫斯既没有放弃社会主义,又没有放弃犹太复国主义,因为他看不到他们之间有不相容之处。正如罗杰·豪舍尔所指出的:"赫斯也不相信社会主义的中心价值必然与一些最神圣的传统价值——对家乡的爱,对个人与集体的历史、民族记忆和各种符号的身后感情等——发生冲突。"⑤

　　伯林用赫斯的例子,意在说明,社会主义和民族主义是可以结合的,而马克思生时对民族主义的忽视应该改变。事实上,马克思

---

① [英] 以赛亚·伯林著、冯克利译:《反潮流:观念史论文集》,333 页。
② 同上,402 页。
③ 同上,273 页。
④ 同上,284 页。
⑤ 同上,34 页。

主义,特别是列宁,是强烈反对民族压迫的,列宁对"民族自决"的肯定也是从这一立场出发的,他指出:"这种要求并不等于分离、分散、成立小国家的要求,它只是反对一切民族压迫的彻底表现。"①也因此社会主义始终支持殖民地人民的民族解放运动,并没有忽视民族问题。只是列宁所代表的对民族问题的重视,不是从归属感出发,而是从反对民族压迫出发的。从苏联、东欧、亚洲社会主义国家的历史来看,尽管马克思本人强烈提倡国际主义的思想,第二国际的理论家在大战时代却都选择了爱国主义,而各个国家的马克思主义政党成为执政党以后,从斯大林以来,都没有在根本上放弃过民族的立场。社会主义国家之间的冲突,除了意识形态原因之外,民族—国家的利益是至关重要的背景。这些社会主义国家外交事务中国际主义和民族主义的紧张是始终存在的。这说明,用全世界无产者的共同利益去取代民族利益和民族尊严在当代实践中是不可能的,我们所看到的是,在国家的实践上社会主义一直是和民族主义结合着的。

五、民族主义与自由主义

伯林的民族主义论述,就他自己所看重和赞同的而言,主要是一种文化的民族主义。然而,在格雷对伯林思想的诠释中,特别突出了自由主义和民族主义的关系在伯林论民族主义思想中的重要性。② 其实,在伯林自己关于民族主义的论述中,几乎很少看到他

① 《社会主义革命和民族自决权》,列宁著、中共中央马克思恩格斯列宁斯大林著作编译
　 局编:《列宁选集》第二卷,人民出版社,1995 年,719 页。
② [英] 约翰·格雷:《伯林》,昆仑出版社,1999 年,101—103 页。

把民族主义和自由主义关联在一起讨论,也从来没有说明他自己持有的立场是"自由民族主义"。

从这一点来说,虽然把"自由与归属的平衡"了解为伯林思想的毕生主题是有意义的,但这种平衡与其说是自由主义和民族主义的内在关系,倒不如说是一个像伯林这样对自己的犹太身份具有敏感的自由主义者如何处理两者的关系更恰当,我始终以为,这两者是有所不同的。

因此,我并不认为把伯林的民族主义论述表达为自由民族主义是恰当的,他的主旨是强调文化民族主义的重要,而只是在犹太人建国的问题上,赞成通过政治自决的民族主义来体现、保护文化的归属。伯林的观点应当是,不论任何政治体制,都必须与文化的民族主义结合或妥协,他并没有说只有欧洲的现代民主体制是保护、体现这种文化民族主义的最佳政治环境,更没有说过自由主义的理念是结合文化民族主义的最佳伙伴。反而,他意识到,自由主义的中立性理念并不能支持文化的民族主义,而民族主义可能危及当今世界的民主制度。不仅如此,最容易提出的伯林式问题是,民族主义和自由主义、社会主义,是三种当今世界最有影响的国家意识形态,如果从价值多元论的角度来看,三者可能是不可通约的,从而是不可结合的,伯林意识到这一点吗?如果社会主义可以和民族主义结合,自由主义也可以和民族主义结合,这跟价值多元论有没有冲突之处?能不能认为伯林可以接受丹尼尔·贝尔的多元结构模式:政治的自由主义、文化的民族主义、经济的社会主义?当然,贝尔自己认为这三者对他是连贯又统一的。① 换句话说,有没有可能用贝

---

① [美] 丹尼尔·贝尔:《资本主义的文化矛盾》,生活·读书·新知三联书店,1989年,24页。

尔的模式解释伯林思想中自由主义和民族主义的共存,而无需自由民族主义的概念?

伯林的学生和他的诠释者们,才会自觉或不自觉地特别强调伯林的民族主义和其自由主义的关联。的确,如果去除了他的自由主义身份,伯林的民族主义论述并没有多少新的东西,他对民族主义的论述之所以被重视,恰恰是因为他的自由主义思想家的身份。一个自由主义思想家何以关注民族主义并肯定民族主义,这才是他被关注的内在原因。

所以,我并不否认以"自由民族主义"诠释伯林是有其理由的,至少从理论或实践上来看,阐明自由主义理想的自由社会和民族主义的必要关联,比起说明其他任何当代社会跟民族主义的必要关系都更加需要理论或政治的勇气。因为,一般理解的现代自由社会似乎和民族主义没有必要的关系,而且往往是反对民族主义的。也正是由于这一点,他的后继者才着意发明了自由民族主义的概念,发展了民族文化身份对自由社会建制中的个人的意义,要求把民族文化身份作为自由社会建制的内在的一部分。"当代许多自由民族主义的阐述者都将伯林视为重要的思想资源。就此而言,我们似乎有理由认为,伯林的思想——因为包含了自由主义与民族主义之间调和一致的某种可能——是自由民族主义的一个重要源头。"①

在对伯林进行了发展的自由民族主义论述中,民族情感被理解为与自由社会的政治团结有关,共同文化的认同对维持自由政治秩序有积极意义,共同的民族文化成了自由的公民社会赖以成立和稳定的条件;从价值上说,民族情感与信仰自由及个人尊严不是互不相容的:"伯林不同于战后自由主义的主导形式,他还认为参与

---

① 刘擎:《伯林的自由民族主义》,《社会学研究》2006 年 2 期。

到共同的文化形式中和在那些自治的或者至少在自己的事务中有自主权的社会中拥有成员地位,是大多数的种族发展繁荣的关键因素。他从来不赞成人的尊严和自尊主要依赖于拥有个体权利和自由的看法。""个人幸福不能与其所属的共同文化形式的繁荣分离开来。"① 人类所依附的生活方式或者共同文化形式,也是他们作为成员并从中获得自己特征的这些文化形式,人对共同文化形式的参与是他的个人幸福密切相关的。他的文化认同也要求别人对于这些文化形式具有尊敬和认可。因此"伯林认为,促成人类繁荣的大多数极为关键的东西在任何情况下都不是政治参与,而是人们在共同文化传统中的成员地位"②。我以为,与其说这些思想是伯林自己明确说出来的,不如说是拉兹、格雷等对伯林的发展所形成的、明确的自由民族主义论述。③ 当然,我并不想说格雷和拉兹对于伯林作了过度的诠释,但我认为他们的确对于伯林做了积极的诠释和发展。伯林自己所主张的,应当是,民族身份对各种社会建制中的个人都有意义,民族情感对各种社会的政治团结都非常重要,共同文化的认同对一切社会政治秩序的维持都是必要的,共同的民族文化是各种社会赖以成立和稳定的条件。但是话说回来,如果说伯林的这些思想有何针对性的话,毋宁说这是针对当代社会主义和自由主义的,即要求当代三大思潮中的另外两支承认民族主义是一项更根本、更现实的选择。当然,当伯林说民族文化和民族情感对一切社会都有意义的时候,这"一切"之中包含了自由主义的理想社会,而这正是一般自由主义立场所忽视的。从而凸显出了自由民族主义对自由主义的意义。

---

① [英] 约翰·格雷:《伯林》,102 页。
② 同上,105 页。
③ 拉兹的思想参看应奇:《从自由主义到后自由主义》,2003 年。

如果社会文化是多元的,那么民族意识情感和共同文化的认同不仅对自由建制的社会有意义,而是对一切建制形式的社会都有意义。对于意识形态而言,具有更高原则的普世价值可以抑制民族主义的弊病和范导民族主义的作用,这是很重要的;而另一方面,在一定的情境中,温和的民族主义也可以把那些发烧的意识形态拉回到民族—国家利益的现实中来,使之变得更为理性,这也是应该得到肯定的。

中国的儒学复兴是全球资本主义话语？
——回应后殖民的儒学批评

　　如何看待后殖民批评家对当代中国传统复兴的认知与断言？美国著名"左"翼学者德里克《后革命时代的中国》为我们提供了一个难得的文本，这个文本使我们得以对这些认知与断言做出全面和严肃的回应。①

一、现代性与传统的复兴

　　谈到现代，就要谈到传统，德里克对儒学复兴的看法和他整体上对世界范围内传统的复兴是联系在一起的。他指出：

　　　　……在回答现代性的问题时，过去应当占有更大的权重，那么这一做法本身就是现代的一部分。被唤醒的过去是被重塑的

---

① 阿里夫·德里克教授（Arif Dirik）的身份较复杂，除了"左"翼后殖民批评家的身份，他也被认为是马克思主义者和从事中国历史研究的汉学家。本文引用的德里克教授的本文，都来自清华大学国学研究院主编：《后革命时代的中国》，上海人民出版社，2015 年出版。为简明起见，除特别注释外，本文出自此书的引文之后均随文括注该书的页码，不再注明版本信息。

过去,即使它看上去只是被重新发现而已;在现代性辩证法的推动下,所谓"对传统的发明"似乎重新获得了生命力。(18页)

这是说,凡是主张弘扬过去的传统,其实都是现代的一部分,因为现代人们所弘扬的传统或过去并不是真正的过去,而只不过是被今人重新塑造的过去,重新塑造的传统。这种说法似是而非,照此说法,强调过去和强调现代,并无差别,都是现代文化现象,这就走向无差别论和不可知论。人对传统的弘扬、继承,当然包含选择、创新,但这并不能抹杀了传统的过去性,而且,这只是就传统复兴的今天而言可能是这样,"五四"时代保守传统和尊重过去的主张,在上面意义上说,与批判传统或反传统都是现代的一部分而无差别吗? 而且,"过去"只占很少权重的现代化理论,不也是现代的一部分吗? 传统和现代的争论就没有意义了吗?

不过,这一进程已经失去了目的论的力量,即所有想要现代化的社会都必须与它们的过去(或者现代化理论中所谓的"传统")拉开距离,并在历史终结的这一时刻重新汇集为对现代的完美实现,这正是欧美社会的政治、文化立场所长期鼓吹的。

然而,现实情况却略有不同。事实证明,传统并没有成为现代性的外部障碍,却成为它的一个内在组成部分,从而将文化空间的问题(唐小兵所说的"人类学空间")带入现代性批判的内部。现代性的历史化——我指的既是它的时间性也是它的空间性——不仅向未来敞开了新的图景(这一破碎的未来存在于单一现代性当中,而单一现代性则受到资本主义政治经济与文化的界定),而且为过去提出了替代性的发展路径。资本

主义现代性不过是其中一种,即使它最终成为占有统治地位的
模式。无论在哪方面,其结果都是现代性的去普遍化,它质疑
所有界定现代性的特征……(18 页)

他也承认旧的现代化理论对传统的断言已经失去说服力,但他所强
调的,传统不一定是现代化的障碍,而可以成为现代化的内在部分,
并不是真正对传统的现代意义的积极肯定。就他真正的意思来说,
是指传统可以成为资本主义现代性的内在部分,这就是他看到的
"现实情况"。对他来说,何为传统、何为现代并不重要,姓"传"姓
"现"不重要,重要的是姓"资"姓"社",这就是"左"翼学者的误区。

　　……现代性的急剧扩大提出了两个重要问题。第一,对传
统重新加以解释。在早先的现代化话语中,传统是落后的原因,
而现在它却被全球现代性转化为现代民族身份(还有"替代性
现代性")的一项资源。这使得本无意义的现代化变成了从传
统迈向现代的过渡,这正是"二战"后现代化话语所信奉的具有
根本意义的历史目的论。我本没有必要在这里过多斥责这种启
发(并导向)了目的论的文化主义。然而,现在文化主义又带着
新的伪装回归了:它在文化上对替代性现代性进行表述,因为
后者同样相信文化的持久性,不过这次它却对落后与先进的区
分只字不提,而是在普遍全球性的前提下,捍卫差异。(20 页)

传统的意义,在他看来,1980 年代以来已经转变了。首先传统从在
现代化话语中被定义为落后的原因,转变为现代民族身份的资源,
并且是全球现代性将传统转变为这种资源。其次,传统被转变为替
代现代性的文化资源,成为替代现代性的文化表述,而这也是源于

普遍全球性的推动。但是仅就传统成为现代民族身份而言,还并不能说明传统成为现代化的一部分,也就不能证明传统就倒向了现代化理论所预设的历史目的论。他激烈抨击文化主义,其实韦伯理论也是文化的视角,但他并没有对韦伯提出全面的批判。

> 一种有说服力的看法是,承认现代所具有的多元性,不过是默认了普遍主义的前提。从现代性在欧洲的最初实现以来,这些前提一直是现代性的主导力量。一个更为明显的事实是,这一欧洲现代性(现在已经被美国化)仍然可以在别的每一种现代性里找到普世主义,而与其对抗的替代性现代性绝大多数情况下却只能引发对本土的兴趣。(20—21页)

这是说,多元现代性的主张,并没有否定欧美现代性作为普遍主义的前提,仍然承认那些前提是普遍主义的主导力量;对抗欧美现代性的替代现代性多数都没有诉诸普遍主义,而是诉诸本土主义,于是成为去普遍化。这种对替代现代性的责难或刁难,并不是有力的,替代现代性虽然更多使用非西方的文化资源(这本来就是题中应有之义),也多首先在本国本地区的范围内实践,但就声言而言,有相当多的替代现代性主张就是普世的,并不是强调这种替代现代性只是适合其自己国家的现代化方式。

> 这里有必要指出亨廷顿论点中的两个方面:首先,他所指的文明虽然代表了长期存在的文化传统,但却并非过去的遗迹,而是现代性之产物,这一现代性不断受到现代性主张的鼓动;第二,将现代西方社会的价值观强加于其他社会非但不能奏效,而且代表了一种帝国主义。(46页)

他把任何当代人所说的传统、文明，都看作现代性的产物，而不是过去的遗存，这是他的一个主要观点。这虽然接受了解释学的观点，但单纯地强调现代人所说的传统不是真正的传统，而是现代的产物，完全忽略现代人所说的传统的过去性，也明显是片面的。

> 这些模式并不是现代社会对传统的简单延续，而是具有鲜明的现代特征，即使它们深受特定文化前提、传统和历史经验的影响。（47页）

因此他认为，替代现代性的传统，并不是真正的传统，而是具有鲜明的现代特征，虽然"它们深受特定文化前提、传统和历史经验的影响"。可是既然它们深受特定文化前提、传统和历史经验的影响，就不能说它不是传统，就只说成为现代性的一部分。传统在传承中自然是带有改变的，不是原封不动的。

> 本土化的过程显示出，想要维持特定的、整体性的传统是不可能的，因为传统已经被现代性所塑形，它最终只能成为不同社会利益与不同现代性概念之间相互冲突的场所。（63页）

这是认为在现代社会整体地继承传统文化是不可能的，因为在继承时传统已经被现代性所重塑。问题是，古代社会里传统的整体传承大体可能，也没有现代性问题，当然任何时代传统的传承都不会是绝对原封不动，都是有所变化和发展的。这里还有一个取法乎上与取法乎下的区别，不提出整体性的维持，得到的实际传承就少。提出整体性继承和提出整体性的批判，其结果肯定不同。所以，方针的继承，与结果的维持，是不同的。而真正有文化实践意义的是提出什么方针。

> 与现代化话语不同，所谓的传统已经不再意味着现代性的对立物。除了一些极端的情况，例如塔利班，传统已经不再是向过去看齐的保守主义的领地。对传统的召唤越来越多地被用于建立替代性现代性的主张（但很少是对现代性真正意义上的取代）。这些主张并不是指向过去，而是经由过去，最终指向未来。它们甚至从社会主义手中接过了一项任务，为那些被资本主义现代性所压迫或抛弃的传统作辩护，并指向未来的各种不同的可能性。（244 页）

在现代化话语之后，继承传统并不是为了向过去复古，而是为了建立替代现代性，即不是盲目照搬欧美的现代性，而且在这种替代现代性的追寻中吸取社会主义的探索，这样来利用传统不是很好吗？其实，在现代化理论话语产生之前和同时就已经有此种主张。以上的叙述，表面上作者是现象地描述传统作为替代现代性的主张，但到后面我们就知道，其内心是大不以为然的。

> 在民族建设的过程中，传统被发明的部分或许跟它继承的一样多，它对民族认同的形成至关重要，是现代化的奠基石。无论政治倾向是什么，如何在民族认同的定义内合理地利用传统，是所有民族建设都需要面对的问题。在以民族主义为前提的现代性中，传统的观念一直负载着深刻的矛盾性。（245—246 页）

这才谈到要点。他还得承认，传统除了被发明的部分，还有和它一样多的被继承下来的部分。而且不管继承的还是发明的，都对民族和民族国家的建设有益，对形成民族认同至关重要，并且是现代化得以开展的基石。他承认："如何在民族认同的定义内合理地利用传统，是所有民族建设都需要面对的问题。"只要有民族，就有民族建设的问题，就有民族认同的问题，就需要传统、合理地利用传统。这和资本不资本没关系。可惜作者在这里讲完后就忘记了，总是要回到他的基本立场：传统在现代的被重视是全球资本主义的内在要求。其实，就大多数非西方国家来说，民族主义的立场才是传统复兴的根本原因。

> 更传统的"保守主义"重新获得了声望，因为它们在一些社会的政治和 / 或经济成功中发挥了重要作用。特别重要的便是伊斯兰复兴，它促进了 1979 年伊朗革命的成功。还有就是同一时期的儒学复兴，主张权威主义的东亚社会将其成功归结于儒学的文化遗产，而儒学复兴也从中受益匪浅。回过头来看，1970 年代，文化民族主义取代了民族解放的观念，因为民族解放并不仅仅是关于文化的，或者在文化上来说并不是最重要的。（247 页）

儒学复兴在他看来是使更传统的保守主义重新获得了声望。1970年代以来工业东亚的成功在文化上被有些人归功于儒家伦理，这成为儒家复兴的一种助缘。这大概合于事实。他似乎认为，儒家复兴也是来源于文化民族主义，而 1970 年代以来的变化是文化民族主义取代了 1960 年代的民族解放思潮。但他并没有提出 1970 年代儒学复兴是怎样与文化民族主义相联系的证明。作为"左派"，他在讲这些话时都是含着对文化保守主义和文化民族主义的侧目，以及对"左翼"思潮失落的遗憾。

在容纳新的社会声音的过程中(特别是那些来自族群与国家的声音),全球左派也发生了变化,这使得左派越来越有可能容纳先前被认为是保守主义的思想。由生物学加以认定的身份标记(例如种族、族群、社会性别,以及与这些范畴相关的文化概念)已经转移到了话语层面的最前沿,而阶级等社会范畴则几乎从政治语言中消失了。对于政治领域的文化主张,多元文化主义几乎无法否拒。同时,左派的立场又不断混淆于后现代以及后殖民主义的语言。与全球化一样,后殖民主义于1990年代开始盛行。虽然后殖民主义批判对霸权问题极为敏感,但是它所讨论的问题局限于文化领域,以对欧洲中心主义或东方主义的批判取代了对帝国主义的批判。(247页)

"阶级"的范畴已经被丢弃,"族群"和"文化"占据了话语的前沿,多元文化、后现代、后殖民,"左派"和这些话语越来越混淆一起,这些文化研究的时髦取代了对帝国主义的批判,对于革命拥护者的作者,作为"左派",这是多么遗憾的事情啊。只是,在这里,我们不清楚他所说的"左派"更多容纳了保守主义的思想,是何所指。

塞缪尔·亨廷顿写于1993年的这篇文章,来源于一种现代性(即我所说的"欧洲现代性")即将瓦解的意识。那些向"西方"支配地位发起挑战的"文明"都是遥远历史的产物,但它们并非因此便成了过时历史的残留物。它们是现代的,正是它们在现代性中的成功巩固了它们关于传统(或文化认同)的主张。冲突发生于现代社会之间,每个社会都根据各自不同的文明历史而认定现代性。这种情况所带来的问题是,该如何解释现代性(即资本主义现代性)全球化的动力及意义,又该如何解释与之同时发生的特殊性和"差异性"主张的迅速增加。可能正是这一根本问题,可以让我们将其描述为后现代性,我认为它是更广义的全球现代性的一个方面。(248页)

德里克认为,在后现代性的时代,所谓文明的冲突,不是现代的西方与古老的非西方文明的冲突,因为这些所谓古老的文明已经是现代的,在现代性中成功了,所谓文明的冲突是根于不同传统的现代社会间的冲突。这就是全球现代性的现象。全球现代性就是资本主义现代性的全球化和现代性特殊性、差异性的同步增加,所谓文明冲突实际是这些差异的现代性之间的冲突。其实,这些冲突大都源自美国对对方的主动敌对敌视,然而,伊朗与美国的冲突,难道只是一般的现代社会或民族国家的冲突,没有任何文明如价值观的区别吗?至于现代化的动力,来自民族国家自身的要求,正是非西方的民族国家在以自身文化与现代化结合的追求过程中,形成了我称之为"差异现代性"的现象。然而差异现代性是否就是后现代性,这恐怕就不必然了。德里克大概是最喜欢用"后"字作前缀的理论家了。

有关本土传统的复兴,德里克特别从革命的角度予以评论:

> ……对革命历史的拒斥引发了一种文化民族主义,在1990年代时它越发清晰起来,从而对中国人思考文化和历史产生了深远的影响。虽然我这里讨论的问题可以溯源至晚清以降中国和欧洲之间的现代碰撞,但是它们自1978年以来所取的路径是对前半个世纪的主导潮流的一次逆转。(001页)

在他看来，文化民族主义的兴起是对革命历史的"拒斥"的结果，1978 年以来，即我们中国所谓十一届三中全会以来的中国历史是对前半个世纪的革命史的"逆转"，对革命的逆转导致了文化民族主义的出现和出场。他的立场显然是站在革命的一边，从而对四十年来中国"逆转"革命以后的发展始终抱有批评。而一个外在于中国的人，只凭其革命思维，把革命作为唯一的目的价值，是无法理解亿万中国人民要求从"不断革命"转型"建设发展"的内心需求的。不理解"文化革命"给亿万中国人民带来了什么，就无法理解邓小平改革的社会基础，而只能沉溺在对"革命"的理想化怀念之中。

> 我认为这一逆转并不仅仅是拒斥革命历史的产物，而是一种新近产生的权力意识，它随着东亚／中国社会作为资本主义世界体系的另一个可替代的中心而一同成功涌现出来。一个世纪以来，历史和文化遗产被看作一种阻碍发展的窘况，而在过去四十年间却摇身一变，被想象为国家富强和权力的源泉，被当作中国身份的标记而自豪地保存，甚至在全球范围内作为世界的启迪被宣讲，比如所谓的孔子学院。（001—002 页）

他认为，中国的改革开放不仅逆转了革命，而且走向成为资本主义世界体系的另一个中心；中国道路与西方有所不同，对于西方是可替代的选择，但仍然是资本主义世界体系的一个中心。他带着他一贯的讽刺语调说，四十年来，传统文化不再被视为发展的阻碍，而成为国家富强的想象资源，被作为中国身份的标记，自豪地保存。这些论点，若作为客观的描述自然可以成立，但作为一种讽刺，与他自己前面所讲的民族建设、民族认同的意义，就有着内在的冲突。

对历史和文化的评价及调用进行逆转,并不仅仅是东亚/中国社会的一种现象,而是全球意识形态转变的一部分。从对儒教、印度教、伊斯兰教以及福音派基督教的文明吁求,到本土世界观的复兴,过去的三十年见证了启蒙普遍主义霸权的退却,再到曾经被诬蔑为"历史垃圾桶"的各种历史叙事的开花结果。这些复活中更为强大的部分——强大是因为它们在全球资本主义中的成功——伴随着对一种替代性现代性(alternative modernities)的声称。这正是"全球现代性"的境况,资本主义的全球化具有讽刺意味地伴随着文化的断裂和不和谐。它表明,这是理解1980年代以来中国思想发展的最广泛语境。本书反对在中国和国外的中国研究中践行一种狭隘主义,而试图从方法论上提出将中国"世界化"("worlding" China):将中国纳入世界,并将世界纳入中国。(002页)

他认为,历史文化传统的地位在中国四十年来的转变,不是孤立的,全世界都如此,故称之为全球意识形态转变。即启蒙霸权的退却,和本土世界观的复兴。欧洲启蒙的普遍主义霸权的退却是好事,不值得惋惜。而本土世界观的复兴不仅是文化民族主义的,还具有替代现代性的意义,它不是空想,而是基于他们自己的现代化成功(虽然这些现代化的成功程度不同)。作者所谓全球现代性是指一种景观,是欧美现代性、非西方文化复兴,以及作为替代现代性几者之间的混杂。把中国纳入世界的历史文化版图来思考,这种"世界化"的理念固然不错,但如果只是把世界上的类似现象在表面上进行联结,把某一具体的国家和全球语境抽象地加以联结,就无法避免随意性,而离开了每个地区或国家的具体实际境况、其基于自己需求的发展,那恐怕就值得警惕了。具体而言,德里克和"左"翼后殖民批评家的主要方法首先是断定晚近以来的时代是全球资本主义的时代，然后把这一时期世界上某些现象和全球资本主义关联起来，说成是和全球资本主义"合谋"，这就是其结论。如阿罕默德和德里克，都认为后殖民主义"表面上批判西方实际上却与全球资本主义合谋"[1]，采取的也是同一类方法。所以德里克对后殖民主义的批评和他对儒家的批评很相似，如批评后殖民主义是反革命的等。

> 是否需要将现代性从欧洲中心主义的遗产中拯救出来，并将早先受到现代化话语压制及边缘化的文明和传统的遗产重新引入现代性内部？从根本上讲，这便是全球化作为一种文化现象的意义，它为我们开辟了新的空间，以便在文化上向植根于欧洲现代性历史的普遍价值和知识发起挑战。不过，这些挑战本身也是后欧洲中心主义的，因为它们预设了欧洲和北美在历史形成中扮演的关键角色。此外，这些挑战在与全球化的资本主义文明合谋时，也表现出了局限性。（40 页）

非西方文明和传统的复兴对欧洲中心主义的压制是一项挑战，对这种挑战他不能不加以肯定，否则就不是任何意义的"左派"了。但他又说这些挑战仍预设了欧美的关键角色，所以是后欧洲中心主义的，不是反欧洲中心主义的。特别是，他认为这些文明和传统的复兴与全球化资本主义合谋，是他不能不予批判的。这个合谋论，是他作为马克思主义者和革命拥护者对中国的改革开放的一项指控，也是对中华文化的当代复兴的一项指控。对欧洲中心主义的挑战所具有的积极意义，他只是轻描淡写地一带而过，他真正要强调的

---

① 赵稀方：《后殖民理论》，北京大学出版社，2009 年，164 页。

是非西方文明传统的复兴是与全球资本主义"合谋"的。指出非西方传统的复兴"姓资",是他最重要的主张。

> 如果文明的过去再次复活,那并不仅仅是因为革命已经过时,更重要的是,当全球化已经代替了现代化而成为描述当代变迁的新范式时,对目的论的质疑也日益凸显了出来。(44页)

这无异于说,告别革命不是一项错误的决策,因为革命已经过时。告别革命、传统复兴是由于全球化的时代已经代替了以前"现代化"的时代。这与前面他说的逆转革命,就不一致了。当然,他所说的全球化与一般所说的全球化有所不同,是指全球资本主义的混杂发展。

> 这里我们看到的是,本土知识在全球范围内的复苏,它们甚至受到了欧洲现代性中心的重视。我们很难不作出这样的推论,在时间上同时发生的这些复兴,是同一世界语境的产物,即使不同的社会环境和意识形态主张让它们具有了不同的本土形式。(44页)

这是他的主要的方法论。他的一切结论都是来自这种宏观的俯视与联想,把各个不同的具体案例关联在一起,用一个全球资本主义语境去说明,而不理会各个具体的例子具有不同的历史境况。这就使得其结论对这些具体案例的国家没有说服力,只不过成为学院"左派"的理论上的自我满足。如,当邓小平1992年南巡刚刚结束,市场经济刚刚开始建立,他就迫不及待地把中国文化界对孔子的肯定看作"全球资本主义的孔夫子",去和所谓世界语境链接。

他不去深入理解当时的中国为何对孔子重新认识和肯定,这会让生活在中国具体社会中的人感到啼笑皆非。

> 虽然我们在两个时期(19世纪末和当下)都可以感受到一种共同的全球化力量,然而存在于两个时期之间的巨大技术差异,使得全球性在广度、深度以及发展势头上截然不同。不过,我最想强调的是政治和文化差异。19世纪后期的经济全球化过程,恰好同步于民族主义和殖民主义在全球的扩张;而当代全球化不仅是后殖民的,而且是后民族国家的。(我指的是,全球化对民族国家进行重组,并且对民族国家进行更猛烈的攻击。)从文化上说,我们如果要把19世纪晚期描述为全球化激烈发展的一个时期,也需要注意到,这场全球化几乎就是欧美规范被全球化的代名词。并不是说彼时不存在差异,只不过差异在时间上被等级化了,欧美的经济、政治、社会和文化规范代表了历史在目的论上的终点。尽管这些假设并没有从当下的全球性概念中消失,但它们现在却不得不应付那些替代现代性的主张,因为后者预设了历史的不同轨迹。欧洲中心主义霸权的失势对于我们将全球化理解为一种范式是至关重要的。(52—53页)

在他看来,全球现代性的特点之一,即是欧洲中心主义的失势,欧洲现代性的撤离。全球性和全球化的不同,全球性与现代性的不同,就在于抛弃了欧洲中心的现代化目的论,即那种把现代化理解为向欧洲模式目的发展的单一理论和模式。这是19世纪后期的全球化。现在的全球世界则出现了差异的现代性,各种不同于欧洲模式的现代化开始出现,同时出现了替代欧洲模式的现代性主张。但是是否现代世界就是后国家的,则不必然,如印度是后殖民国家,但印度的晚近发展,谁能说与民族国家没有关系?他的如下描述倒是可以参考的:19世纪的全球化是欧美模式的全球化追求,而今天的全球化则是差异模式的全球化展开。后者才是作者所理解的全球化。

> 文化上的自负伴随着欧洲现代性的撤离(包括其最为重要的产物之一——革命的退场),或许是一种全球的普遍境况,但这并不能消除"历史复兴"(这个词在之前的讨论中不断地出现)在不同层面、深度和意义上的显著差异。某些复兴可能比其他更为重要,因为它们对现代性的未来具有潜在影响,或者提供了某种启发;换句话说,它们可能成为新的霸权、被复制的样板和价值的资源库,它们来源于本土遗产与经验,但又不仅仅局限于此,因而可以广泛地输出。(296页)

他承认,世界各地传统文化的复兴和欧洲中心主义的撤离,是全球的普遍境况,但不同的传统复兴具有不同的意义,各有差异。他没有说明,既然这些复兴都是全球资本主义的产物,为什么它们之间的意义又如此大的差异?他特别感兴趣的是,有哪些非西方文化的传统复兴可能成为现代性未来具有启发性的样板,具有可以输出的普遍性,而成为新的权力中心或霸权。然而,在地缘政治以外,关心这种新霸权产生的意义何在?

> ……请允许我简要讨论一些概念。这些概念代表了过去几十年为瓦解欧洲现代性所作的努力。但是具有讽刺意味的是,它们反而导致了资本主义在全球的胜利。资本的全球化并不能以欧洲的样式将世界同质化,相反,它导致了各种传统的复兴,

这些传统曾经一度被欧洲现代性打入历史的冷宫。传统的复兴对于全球现代性来说极为重要，它代表了欧洲现代性的崩塌。不过，仍然不甚明朗的是，传统的复兴与孕育了它们的历史究竟有着怎样的关系，它们究竟指向了什么样的未来。（272页）

问题是，各地传统文化的复兴并本来就不是要根本瓦解或颠覆欧美现代性，这本来就不是目的，而是在学习、复制欧洲现代性的同时，修正其对非西方文化的排斥，所以这里没有什么反讽。传统的复兴有许多历史原因，如殖民主义在20世纪中期以后的彻底退场和民族国家的解放，第三世界尤其是东亚的后发展国家的现代化成功，冷战结束释放了东方集团国家的意识形态捆绑从而回归传统，也包括全球东西方对欧洲中心论的质疑和反对。它们的指向无疑是西方中心论的进一步消解，使得世界多元发展的趋势更强。

二、多元现代性与替代现代性

关于"现代性"的讨论是西方文化的核心议题，多元现代性一般认为反映了人们对现代化单一认识的突破，具有积极意义。但是德里克对多元现代性颇多不满：

现在，文化复兴成为了"多元现代性"（multiple modernities）这一论断的基础。如果"多元现代性"这一术语（或者用一个相当的词，"替代性现代性"）通常指的是现在与未来的话，那么现代性在本质上具有多样性的看法也提出了关于过去的重要问题，即现代性或许可以被看作一种欧洲的产物，然后它从欧洲向外传播,进而征服了世界,并按照欧洲的模式重塑了世界。这一关于现代性历史的看法被认为是一种欧洲中心主义目的论,在今天受到许多人的摒弃,他们更相信"将欧洲地方化"这一口号。(19—20页)

由于"多元现代性"肯定了非西方的文化可以在欧洲现代性之外促成自己的现代性,这一概念自然在作为当代世界现代化现象的社会学解释概念的同时,成为对非西方的文化传统复兴的支持。不能说文化复兴是多元现代性的基础,应该说非西方社会的现代化成功实践才是多元现代性观念得以提出的基础。

"多元现代性"所引发的直接问题是,作为一种新范式,全球化在理解当代世界权力重构时取得了支配地位。全球化意味着,不论在文化上有多少种不同的立场,我们的世界总存在一些共同之处。这些共同之处体现在艾森斯塔特的"原初的西方方案"这一说法之中,它继续成为全球化讨论的"参考点",或者存在于维特罗克将现代性描述为一种"全球状态"中。全球化区别于现代性的不同之处,正在于它抛弃了欧洲中心的目的论,从而在现代性的展开过程中得以容纳不同的历史轨迹。但是这并没有回答一个问题——究竟是什么让这个世界具有了共通性,从而让共通性的主张比起过去的任何时候都显得更为有力。(57页)

很明显,多元现代性的提出,并不是强调各种现代化过程的共同性,而是突出在现代化的"原初西方方案"以外,其他模式作为方案的出现和成功,也就是差异现代性的出现。德里克以是否抛弃欧洲中心的目的论作为全球化与现代化的区别,他也肯定全球化抛弃欧洲中心论的积极性,肯定了现代化过程中不应排斥非西方的文化传统,而应积极容纳这些文化传统,这些都是我们所赞成的。但他质疑,全球化的根本动力还是欧洲现代性,欧洲现代性是所有现代性之具有共同性的统一基础,而其他的现代性只是提供了一些次要的差别。这一思想的提出,不论其本意为何(如可能是潜意识的西方中心论),还是可供思考的。

> 人们越来越不愿意强调,当前关于现代性的讨论是发生在当代资本主义这一政治经济背景之中,这恐怕是由于人们害怕思想上的简单化倾向、功能主义,或者哪怕是表面上的马克思主义(人们相信马克思主义已经不可信了)。这一语境不仅对于理解全球化的争论,而且对于我们聆听文化的差异性,都非常重要。我在此想强调"聆听"(hearing),因为文化差异虽然一直存在,但是正是这样一种聆听的意愿让我们的时代显得与过去不同,它将文化遗产作为全球现代性的条件,而非现代性的保守反响。尤其与此相关的是对资本主义欧洲中心观念的挑战,随着1970年代东亚社会成为资本主义力量的新中心,这一挑战也开始涌现出来。资本主义的地理布局得以重新勾画,并且资本主义的去中心化也表明了全球资本主义的到来。从这个角度看,"多元现代性"可能意味着现代性(在多种样式上)的激增,或者现代性的普遍化。(57—58页)

他始终强调现代性的讨论与当代资本主义的政治经济背景有关,这也许并非全无理由。因为1970年代对于东亚儒学的肯定性关注,确实是由于肯定儒学对东亚资本主义现代化成功的助力,从而使得儒学长久以来被普遍批判的状态得以改变，为儒学确立起在（资本主义）现代化中的肯定角色。但这更多的是作为一种理论的讨论，并没有实践的功能。他认为，与1950年代以前把儒学看作应对现代性挑战的保守力量不同，1970年代以后，尤其是进入全球现代性时代，非西方的传统文化成为全球现代性得以成立的条件。他认为，1970年代以来，世界资本主义的地理布局发生改变，东亚成为世界资本主义新的中心，资本主义不再只有欧洲一个中心，换言之，资本主义走上了去中心化的道路，这也被他理解为全球现代性的一个特点。到底是去中心，还是多中心？既然他说日本是中心，中国也是中心，则应该是多中心。资本主义的多中心换言之就是多元现代性。至于传统成为全球现代性的条件，近于同义反复，因为他对全球现代性的定义就是全球范围根于不同传统的复数现代性的出现。当然，这是与20世纪前半期非常不同的。另外，世界资本主义的概念在今天需要用别的概念来替换，这种过分突出全球化的阶级背景的概念并不能有效应对当今世界的挑战，这恐怕也是左翼批评家自己面临的一个挑战。

与全球化的论调相同，"多元现代性"强调文化差异，然而，这些以空间为支柱的文化差异本身就是现代化的产物。通过国家、文化、文明和群族的边界定义"多样性"，"多元现代性"在向现代性发起挑战的同时，又承认通达现代性可以具有不同的文化路径。虽然这是对较早以欧洲为中心的现代化话语的改进，但是它延续了后者的文化主义偏见。它将社会与政治差异贬入背景之中，即使它们不仅仅是历史的遗产，也是现代性的产物，并跨越了民族与文明的边界。将现代性结构于特定的文化实体中，不仅滋生了现代性最为保守的文化主张，并

且转而对其加以合法化。(58 页)

他总是认定,文化差异的具体表现形式,国家、文化、文明和族群的差异是现代化的产物,而不是纯粹传统的差异,这些差异与现代社会、政治的条件紧密相连,不仅仅是历史的产物。这些说法并不合理,文化、文明都不能说是现代化的产物,中国的国家和民族也不能说是现代化的产物。他反对文化主义,即只用文化来解释现代性的话语,这当然是合理的,因为既然是多元现代性,就既有多元的文化要素,也有现代性的要素。多元现代性本来就是关注通达现代性的不同文化路径,但这并不就使这个观念成为文化主义。

> 在不久前的一次讨论中,我提出全球现代性比模糊的全球化概念更能抓住现代性在当下阶段或形式上表现出来的问题,……与此不同,全球现代性最为重要的特征即是承认(如果不是接受的话)不同社会所具有的同时代性。(59—60 页)

事实上,他所理解的"全球现代性",还不如"差异现代性"的概念更能体现现代性在当下的特点,因为"全球"总是有一种单一的东西化遍全球的味道。如果想表达不同现代性的混杂,最好不用这个概念。

关于替代现代性,就是面对原发现代性在发展过程中日益暴露的问题,谋求找到替代的现代化路径。德里克认为:

> ……不论文化研究学者(或者民族主义者)如何批判与解构,由欧洲 / 美国所声称和开创的现代性(即殖民现代性),正是当下全球情境的一部分。资本的全球化同样定义了现代性

的局限。社会主义和第三世界民族解放运动植根于殖民现代性的矛盾之中，在一段时间里，它们许诺了一种不同于资本现代性的现代性，却最终被资本改造世界的力量所吞噬。其结果便是全球所有的空间向资本活动敞开，这正是全球化一词所描绘的这一过程的重要意义。（21—22页）

所谓矛盾应是指社会主义既反对资本主义的现代性，又主张一种不同于资本主义的现代性。这也就是这里所说的许诺了一种不同于资本主义的现代性。但为什么这些运动至少其20世纪的形式失败了？这就不能仅仅用资本力量太强来解释，而不去说明20世纪的这些运动包含了哪些内在的困难，从而失去了人民的支持信心。资本的概念可以是中性的，作者把全球化定义为全球空间向资本的活动开放，或者作为全球化过程的重要意义，并不是不可以，但市场的全球流通，作为经济全球化的内容，是不必有意识形态色彩的。

> 尤其在像中国大陆这样的后社会主义社会里，其讨论将现代性认同于当前的资本主义社会，往往认同于资本主义社会的技术发展而非其政治—伦理成就。殖民的历史与今天，本身也是资本扩张的内在部分，它们在这一过程中被重新整合到了全球化的目的论叙述中。正是这样一种现代性，在当下成为了全球追捧的对象。（22页）

他认为当代中国在技术发展方面认同欧洲现代性即资本主义现代性，但在政治和伦理方面不认同这种现代性。然而技术发展的现代性即中国人所说的"四个现代化"，是没有"主义"性的，是超越阶级和主义的，这怎么能说成认同当前资本主义社会呢？也正是由于中国不认同当代资本主义的政治—伦理内容,所以当代中国的自我定义是"中国特色的社会主义"。殖民的历史在民族解放的论述中是罪恶的历史,但把殖民作为资本的扩张、作为全球化的进程时,殖民就被全球化美化了。

> 具有讽刺意味的是,正是资本主义和民族主义这两种势力的全球化,让替代性现代性重拾权力,从而令一些人可以对欧美统治和霸权作出挑战。然而,与早先不同的是,他们必须要参与到全球资本主义经济中(其中,欧洲和美国仍然处于其核心),这样才能确立其差异性。这让他们成为后民族主义者和后资本主义者,在很多方面,他们同时是后现代的和后殖民的。(22—23 页)

如果"后"作为修饰语可以理解为后来者,也许可以接受这样的说法。照此说法,中国既是后社会主义,也是后殖民的,虽然中国经历的是半殖民时代。但是如果说中国也是也是后现代的,那也只能在是后发的、后来的现代化的参与者的意义上。但是,要知道,资本主义并不能自身带来替代现代性,民族主义也不能自身带来替代现代性。民族国家只能在参与经济全球化的过程中,经由自己的创造性努力,积极利用自己的本有文化,发现适合自己的发展道路,才能确立起其差异的现代性。

> 在历史上,民族主义既是殖民主义的产物,也是对它的一种回应。今天,替代性现代性的言论难以令人信服,因为在资本主义全球化之态势下,所谓的替代不过是全球主题的一个变异,以及欧洲(现在变得更美国化了)现代性之价值与实践

的变异。而另一方面,回顾现代性的前殖民时期——彼时,差异被认为理所当然——有助于从历史的视角来安置现代性的"变异"(variations),因为它们并不起源于那些模糊的前现代性概念中,而是起源于"传统"中,尽管这些传统已经被新兴的全球现代性重塑过了。(25—26页)

他对替代现代性总是充满微词乃至批评,认为替代现代性不过是欧美现代性的一种变异形式而已,在根本上没有摆脱欧美现代性,没有反抗现代性。但是欧美现代性中难道没有普遍性的东西而仅仅是属于欧美的东西吗?如市场经济难道只是欧美文化的现代性?科技难道只是欧美的现代性?承认市场和科技就是认同欧美现代性?而且,既然欧美现代性已经出现这么多的问题,对替代现代性的寻求难道不合理吗?难道只有彻底推翻现代性才是人类的当下的合理选择?这样的先例,我们只能想到柬埔寨的红色高棉。替代现代性是一种探索,正是反映了人们对欧美现代性的不满意,而谋求既符合自己国情、更符合人类要求的现代性,是合理的要求。

> 将现代历史全球化,创造了让中国历史"世界化"(worlding)的可能:它将中国史带入世界,同时将世界带入到中国史中。"世界化"是柯文(Paul A. Cohen)二十年前所提的"从内部研究中国历史"的反面。它要求我们在民族国家之外重思历史,注重跨民族和跨地方的问题,这也就为民族的历史化提供了语境。(32页)

世界化只是一面,一个国家不仅要世界化,还要主体化;文化学者的观察也要在地化,才是具体的。否则只是抽象的、形式的世界化。

三、全球资本主义批判

如前所说,全球资本主义批判是"左"翼后殖民批评的主要焦点,在这方面,德里克是主要代表人物。他说:

> 我们需要记住的是,当下我们所看到的,不只是传统的复兴,还有全球精英对科技现代性的热情拥抱。甚至对于传统的强调,也需要经由全球资本主义才能表述。(63 页)

其实并不见得,伊斯兰世界对传统的强调和肯定就不是经由全球资本主义的肯定得到表述,而是来自对《古兰经》真理的坚定信仰。当代中国对儒家传统的重视来自中国特色社会主义的实践的具体需求,这和世界上其他国家的传统的复兴不是出于同一个理由。

> 我认为这一陈述非常重要,因为它提供了一种可能性来反抗这一信念的全球化。现在,这一信念继续存在于多元文化主义的伪装之下,念念不忘文明作为现代性的替代性方案,从而让我们无法看清不同文化所共同面临的困境。从这一角度看来,所谓"心智的去殖民化"不应当只是靠进入一种想象的民族或族群文化来逃避欧美的文化霸权,而是应该猛烈抨击对发展的坚不可摧的信念,这一信念与全球范围内发生的事实背道而驰,伴随着资本的全球化,我们看到的是不断加剧的边缘化与不平等。(64 页)

对以"现代性"为基础的发展观念的质疑和批判是后殖民批评的重要特点之一。照此说法,我们不应该批判欧美的文化霸权,声张自己的文化价值，而应只去抨击"发展"的信念，其结果就是非西方世界永不发展。这就是我们经常看到的，旅行的外国人，总是希望保留未发展社会和文化中的一些"落后"东西，而在地的本国人民却谋求现代的发展，以提高他们的生活水准。因为这些人民是为了自己活着，而不是为了外国来猎奇的旅行者活着。外国人没有权力批评在地人民自己的发展要求，因为他们的生活是他们自己的。

> 比如"多元现代性"的观点，它通过各种方法延续了霸权式的现代化话语。我们同样需要关注多元文化主义如何组织知识，才能将跨越不同文化的阶级、性别以及族群／种族不平等一些复杂问题带入"文化"概念中。（67页）

说到底他认为多元现代性的话语并没有批判现代性、颠覆现代性，只有把阶级、性别这些"后学""左派"理念带入"文化"中讨论，才是有意义的。事实上，多元现代性的提出对欧美现代性的霸权的一统天下就具有挑战、批判的意义。

> 1978年以来，马克思主义丧失了很大一部分号召力（甚至失去更多的是一种活力），年轻一代转向了其他的史学理论，更多的是为了与民族主义方案保持同步，以求纳入全球资本主义经济之中。（68页）

民族主义有何不对？有何不可？与民族主义同步是中国的马克思主义脱魅的最必要一步。现代化有何不对？中国的马克思主义必须以追求民族的现代化来合理化自己。他总是把现代化说成全球资本主义，把发展中国家对国家现代化的追求说成对全球资本主义的寻求。不打破这个魔咒，中国的马克思主义就不能理直气壮地民族化、中国化。"资本主义"是阶级的意识形态用语，现代化或现代性是非阶级的历史用语，德里克总是习惯用意识形态的语言来谈历史。

> 具有讽刺意味的是，关于替代性现代性的主张，无论是一种殖民混杂体，还是后殖民原教旨主义，都被局限在资本主义的范围之内。与革命试图寻找资本主义现代性的替代方案不同，当前对于替代性或多元现代性的讨论，其原动力均来自于资本主义的成功，这一成功将资本主义作为其最终目标。事实上，虽然替代性现代性对于欧洲现代性最积极的产物秉持怀疑的态度，但是它很少质疑欧洲现代性最具破坏力的一面，即发展主义，其原动力正是资源积累和资源控制所导致的不断加剧的竞争。全球现代性与早先欧洲现代性的不同之处，便是本土主义传统的复兴，这些传统被欧洲中心主义的现代化话语（包括资本主义和社会主义）一度扫入了历史的垃圾堆。如今这些传统不再作为替代性现代性的障碍，而是作为其资源得以回归。具有讽刺意味的是，这些传统没有质疑发展的目的或模式，而是被转化为具有象征意义的差异性的代表，从而被抽空了实质性的内容。与本土多元文化主义类似，全球多元主义的重要性，并不在于它为全球资本主义提供了任何严肃的替代方案，而是它一直在要求新的管理技术与新的消费空间。（277页）

在当今这个世界，任何发展中的民族国家必须谋求发展，以发展为第一位，邓小平的"发展是硬道理"是中国二十多年来高速发展的真正基础和动力。只有作为游魂和没有民族国家感的人才会盲目要求一切国家质疑发展主义。况且，发展主义能和资本主义划等号吗？当然，目前世界的多元现代性和替代现代性的讨论绝大多数并没有完全超出资本主义的范围，但在文化上、价值理念上，替代现代性的探索难道没有积极意义吗？难道只有对资本主义进行暴力革命、实行无产阶级专政、实行单一国家所有制经济才是真正美好的替代现代性？要知道，这一套体系在苏联和中国早就经过实践的检验了，其结果已经由历史做了结论。在中国，替代现代性从一开始就不是来自资本主义的动力，而是来自社会主义的动力，来自中国谋求根据自己的传统和国情，在社会主义理念的范导下追求现代化的发展。至于对本土主义传统的复兴，如果是作为价值中立的客观描述，作者有些描述是可以接受的。如"全球现代性与早先欧洲现代性的不同之处，便是本土主义传统的复兴，这些传统被欧洲中心主义的现代化话语（包括资本主义和社会主义）一度扫入了历史的垃圾堆。如今这些传统不再作为替代性现代性的障碍，而是作为其资源得以回归"。总之，欧洲现代性是排斥非西方本土文化传统的，而全球现代性则把这些文化传统作为替代现代性的资源包容起来。

这些便是目前我们熟悉的后现代性的主题，它们同时存在于全球化的名义之下。它们对于整体性和元叙事的拒斥，对于那些受到现代性压制的群体来说，起到了解放作用，这些群体得以发出自己的声音或者受到大家的重视。虽然后现代性是发达资本主义社会最重要的"文化逻辑"，但是随着当代资本主义实践的全球化，这一逻辑也已经遍及全球。（280 页）

那么为什么不可以说,虽然替代现代性是全球资本主义的产物,但是随着全球现代性的普遍化,替代现代性的逻辑也应该普遍化,从而对欧美现代性的霸权起到解放的作用?

> 多元文化主义最初受到跨国公司的赞助,因为它们在寻找新的技术来管理日益增加的国际劳动力。不论这一初衷有多少自由主义的意味,不可否认的是,它所做的正是为跨国资本主义制造一种多元主义的公司文化。甚至可以说,正是这些文化妥协成为了资本全球化的条件,而非其后果。同样的,作为现代性矛盾产物的全球现代性,将比全球化的目的论更好地解释这一情况。也可以这样说,"文化转向"(cultural turn)的起源正是由于文化变成了自由浮动的所指,可以被随心所欲地使用。这种情况既体现在欧洲中心主义中,也存在于民族文化带来的问题中。(281 页)

把多元文化主义的出现仅仅看作跨国公司需要的文化,从而认定是资本全球化的文化,这种"左派"的阶级分析恐怕是太狭隘了。如果真的有跨国公司对多元文化主义感兴趣,那么只能说明,多元主义不仅有理论上、文化上的说服力,而且具有实践领域的可应用性,并且这种应用才是反殖民的。就这一点而言,对多元文化的抨击,其结果只能是跨国事务中继续坚持殖民主义的态度、欧美中心的态度,难道不是这样吗?

> 多元或替代性现代性的概念,通过将传统转换成现代性的单位,使得传统也成了现代性的产物。这样一来,那些迥然相异而又极其复杂的历史也就成为了现代性的遗产,资本主义现

代性便被进一步普遍化了。（283 页）

这就是说,当我们说传统的现代意义时,就把传统转变成了现代性单位,传统和历史就变成了现代性的部分,这种说法混淆了历史和历史的应用,抹杀了传统和现代的区别。

> 在对全球化加以意识形态上的应用时,现代性的全球化不应当被理解为原发现代性(originary modernity) 以一种肤浅的形式向外扩展并且影响到所有人——甚至包括那些并不受益的人。相反,更重要的是,它应当被理解为现代性主张的增殖。(283 页)

作者的这些描述是可以接受的,只是其内心并不是价值中立的。这种说法意味着,传统是现代性的增殖,传统被作为参与替代现代性的建构,越来越受到重视。但是,照作者自己的定义,全球现代性与现代化的全球化不同,不是原发的欧洲现代性扩散各地,而是容纳了各种历史轨迹的多元的现代性出现。因此,全球现代性并不是现代性主张的增殖,而是路径、方式的多样化,是对全球本土文明的更多容纳。

> 欧洲中心主义的普遍性主张或许已经死亡。但是我们很难对资本主义文明下同样的结论,它在过去创造了欧洲和北美,而当前仍然统治着世界,尽管它的起源可能早已被遗忘或忽略。我们必须严肃对待那些宣称不同历史与未来的主张。这些主张正是盖埃诺所说的,现代性压迫下"历史的复兴"。但是我们同样不能忽略,使得上述主张合法化的文化遗产已经

被彻底注入了资本主义社会的生产和消费的日常价值。在这些价值的发明与增殖中，欧洲和北美仍旧扮演着关键角色，即使它们已经不再是宣扬上述价值的直接代理人。(285页)

这是指，一方面东亚文化传统的复兴，是文化遗产被彻底注入资本主义生产和消费；另一方面如果说东亚传统文化造成了替代现代性，其中欧美现代性的关键要素仍然作为关键角色保持着。所以这些替代现代性并没有改变欧美现代性统治世界的事实，也没有取代、改变资本主义。那么替代现代性和多元文化就没有意义吗？它们对现代性压迫的出离，就没有意义吗？而且，我相信，随着世界历史的进一步发展，欧美扮演的关键角色将会进一步减少。

德里克所说的全球资本主义，主要是指生产的跨国化，"全球资本主义的经营者，放弃了对民族、边界、文化的控制，开始将地方归于全球，按照生产和消费的要求，进行重塑，以便创造出能够响应资本运转的生产者和消费者。"[1] 所以他主要是从经济层面批判全球资本主义。而他从不批评全球资本主义的政治层面，从不批评真正自觉代表全球资本主义的政治集团（西方世界）。他批评后发达的民族国家融入世界经济体系，却从不批评西方世界对中国的各种压迫压制，特别是政治上的压制。这使我们不能不发生疑问，这样的批评抓住了全球资本主义的要害吗？

对于"左"翼后殖民批评家，后现代主义是全球资本主义的意识形态，后殖民主义是与全球资本主义的合谋，包括儒家在内的各非西方文化的复兴也是与全球资本主义的共谋，总之，这个时代是全球资本主义的时代，这个时代所产生的各种文化现象都可以被视

---

[1] 赵稀方:《后殖民理论》，北京大学出版社，2009年，165页。

作与全球资本主义的合谋。从这一立场出发,上述思想和理论都可以被看作是右翼的。①

四、儒学复兴

由于德里克是汉学家,所以与其他后殖民批评家不同的是,他能够用中国的近现代历史和现代文化来展开其批评。他说:

> 我们所处的是一个逆转的时代。那些被现代化话语扫进历史垃圾堆的传统和意识形态,带着复仇的使命纷至归来。受到重构的全球关系的鼓动,它们通过批判欧洲中心主义而获得了合法性。儒学在当代中国的复兴,便是一个很好的例子。(42页)

在中国,传统曾经被革命所横扫,而革命是现代化话语吗? 在中国,前改革开放时代对传统文化的横扫力量最大,革命话语在"文革"达到高峰,拨乱反正的合法性来自全民对"文化革命"话语的全然厌恶,和"文化革命"实践的彻底失败。传统文化的平反,不是来自全球关系的鼓动,而是革命狂热退烧后的自然要求。传统的复兴之路,在中国有自己的内在逻辑。而他把中国改革开放以来的文化状态看作是传统对革命的复仇。这种革命中心论是太脱离群众了。在中国,所谓全球现代性和批判欧洲中心论,这已经是 1990 年代后期以后的事了。对我们而言,似乎可以说,国外"左派"的指控只是

----

① 赵稀方:《后殖民理论》,北京大学出版社,2009 年,30、38 页。

把中国的事象在表面上与其他国家的事象加以抽象的关联得出他们一厢情愿的结论而已。

> 在列文森之后，这一情况现在却被倒转过来，这或许是我们这个时代最具反讽意味的一件事情了：孔子被从博物馆中请了出来，而革命却要被放进博物馆了。这样做的人不是孔子的封建信徒，而是那些一度否定孔子的资产阶级，以及从革命中获利并仍在掌权的共产党人。（43—44页）

革命在历史上任何时期都是暂时的，革命不是目的，也不可能常态性存在，革命必须适时退场，用中国的话说，革命作为中心任务必须转变为日常建设，这得到了社会的一致欢迎。至于孔子，把他送进博物馆本来是 1950 年代国家的一种文化政策，而事实上，孔子从来没有真正走入博物馆，正如李泽厚所说，他存活在亿万人们的内心，早已成为他们的文化心理结构。把传统与共产党对立起来，把孔夫子与共产党对立起来，并且把这种对立僵硬化，这就是我们国外的学院革命者的立场。

> 1980 年代经历了一系列令人瞩目的逆流，那些我们过去以为是全球史中最基本的潮流发生了逆转。所谓儒家的复兴便是上述逆流之一。在长达半个世纪的时间里，研究中国的本土和海外学者将儒学扫入了历史的"垃圾堆"，无论是在资本主义还是共产主义的旗帜下，中国迈向现代性的进程让儒家这一意识形态无地自容。1980 年代早期开始，儒学的复兴却再次成为意识形态关注的核心。近三十年，在跨越太平洋的电波中，从新加坡到华盛顿美国人文艺术及科学学院总部，都充斥

着有关孔子的议论。过去十年中，孔夫子随着国家扶持建立孔子学院而走遍全球。与此同时，令人想起美国"新时代"的那些高谈阔论的通俗电视节目，则将儒学作为中国大众文化中一个模糊不清的组成部分。（99页）

逆转也好，逆流也好，对于欧洲中心主义的全球史观是逆，但对非西方世界，如工业东亚和中国则是顺——颠覆现代化西方中心的话语，打破西方现代化理论等一切西方强加给非西方的枷锁，走上自己的发展道路，回复对自己文化的自信，难道不是顺吗？ 1980年代早期为什么儒学又受到关注？根本原因是日本和东亚四小龙的现代化发展颠覆、打破了现代化理论要求非西方国家必须放弃自己的文化才能走向现代化的迷思，这完全是历史的现实击碎了现代化理论对非西方文化的魔咒。孔子学院随着中国经济的迅速发展，作为文化自信的代表性形式，走向世界，这难道不是很合理的吗？歌德学院在全世界的存在从未受到揶揄，为什么孔子学院会受到这种侧目和揶揄，甚至在西方国家受到抵制，这就是欧美现代性对后发现代性的排斥，对社会主义中国的排斥，也是殖民主义的残余。西方的左派批评家对西方国家对孔子学院的政治排斥和文化排斥不加批判，这不能不让人怀疑，我们的国外"左派"，反资本主义是假，反帝国主义是假，而反儒家是真，反各地本土文化是真。

也许可以说，中国大陆的"改革开放"是儒学复兴的主要原因，但是复兴却是从海外华人社会开始的，其中巨大的推动力来自中国以外的学者和决策者，而复兴直至1980年代末期才逐渐传到中国大陆。最初的问题是儒家是否与东亚社会的发展有关，因为至1970年代末，东亚社会已经成为资本主义世界经济的第三个核心(继欧洲和美国之后)。另外一个问题就是儒学对于中国或者东亚身份认同的重要性。1990年代,儒学的讨论在学术上发生了转向,其高潮是儒学研究作为一门独立的学术学科在过去十年中得到重建,伴随这一过程的是儒学作为大众文化的复活。(100页)

他完全忘记了,"五四"以来,中国内生的文化民族主义和文化保守主义从来都是主张儒学的合理肯定的,与什么全球资本主义没有任何关系。蒋介石1960年代的复兴中国文化运动,与全球资本主义并无任何关系。1989年江泽民参加孔子纪念会和讲话,为孔子平反,也和全球资本主义没有任何关系,不如说与中国自身的精神文明建设要求有关。其根本原因是革命的高烧热度退去,对文化的平实的认知重新成为广大人民的理性,东亚现代化的文化启示使人们不再限于狭隘和绝对的现代化理论,认识到东亚文化圈的现代化有另一条现实的成功路径,即积极利用传统,而不再是反传统。倒不如说,民族主义找到了复兴的现实道路和范例,而不再受"五四"必须反传统才能现代化迷思的捆绑了。而且,他最终还是不能不承认,儒学的转向在中国有其他的原因,而非全球资本的原因,这就是对中国身份认同的重要性,这才是儒学作为大众文化复兴的主要理由。

而1990年代以来中国大陆的复兴又为东亚发展添加了新的表现形式。如果儒学在文化与思想上都体现了一种东亚身份,尤其是中国身份,那么自1980年代以来它受到了更为普遍的接纳,从而得以为"替代现代性"的论点服务。(101页)

终于,在改革开放和邓小平南巡决断社会主义市场经济道路之后,中国很快成为世界第二大经济体,为东亚道路的发展模式增加了强有力的证明。现代企业制度和现代市场经济并不就是资本主义,儒学如果能够参与替代现代性的探索,这难道有什么不合理吗?

> 我认为,最为贴切不过的,是将1980年代以来的儒学复兴视为全球后殖民话语在东亚的一种表现形式。就我所知,参加儒学讨论的人还没有谁使用这种标识作自我描述。(101页)

如果这是指中国的话,不符合事实。在中国,总体上1980年代不是儒学复兴,而是儒学在不同于"文革"的新的形势下受到批判,先是把儒家作为"文革"之所以产生的封建主义的根源,然后受到韦伯理论影响把儒家视为现代化的障碍,这些都和全球后殖民话语无关。所以,这种表面化的论述完全不顾中国自己的发展逻辑。至于台湾,儒学自1950—1960年代以来本来就受到推崇和肯定,并不存在1980年代以来复兴的问题。韩国在1980年代也没有儒学的复兴,韩国驻中国的大使,在1990年代在中国发表其著作,明确主张以现代化反对儒学。

> 比起其他本土传统的后殖民复兴(及其对欧洲中心主义发起的挑战),儒学复兴更为有力地显示了后殖民批评所存在的意识形态陷阱,尤其揭示了意识形态可能与权力结构合谋。我在别处曾指出,虽然引人注目的后殖民批评试图向既有的权力结构发起挑战,但它却是通过表述全球资本主义的新文化构成而得以最终完成。就儒学复兴而言,它与当代权力结构的关系是直接而且明确的,因为在当下得到复兴的正是不同社会的

意识形态遗产,这些遗产在全球资本主义中占据了统治地位,并在某种程度上成为衡量全球资本主义特征的标准。(101—102 页)

这种分析完全是形式主义的,没有实质意义。如果这是指,在中国,对传统文化的重新肯定得到了政府的支持,那么作为经历"文革"的人,我想说,这正是政府的文化政策回归理性和常识的表现。或者政府对文化的认识有所提高,是政府向着文化领域中代表正确的看法靠近的表现,这难道不是应该鼓励和支持的吗?那种认为凡是政府支持的就要反对,凡是对政府的文化政策表示赞可的就是与权力合谋,这种"左派"的简单思维,除了表达其僵硬的幼稚,没有一点真正对中国社会生活的负责任意识,变成只是"左派"意识形态的随意运用而已。至于把伦理重建看作意识形态,就更是对中国社会生活需求的无知了。

……那么儒学复兴表明,东方主义不仅远未消逝,而且可能在全球资本主义时代再次成为赢家。儒学复兴致力于提倡一种脱离历史或社会情境的儒学,从而得以重新制造东方主义的本质化倾向,只不过这次是"东方人"自己干的。将"儒学"表述为具有霸权地位的全球资本主义话语,便是将东方主义带入了全球权力的中心,但它不是将"东方"客体化,而是将东方的主体性吹捧为一种可以仿效的普遍模型。(102 页)

就儒学而言,中国只是证伪现代化理论对非西方国家现代化道路的错误指引,从来也没有让自己成为具有霸权地位的可仿效的模型。那种只讲儒学的阶级性、只讲具体历史化或情境化的儒学,否认儒学具有普遍意义,说到底就是只能讲西方思想的普遍性,只认为西方思想有普遍性,只要讲儒学中有普遍真理,就是东方主义,就是本质化,这是不折不扣的西方中心主义。儒学在历史上就早已走出中国,走进韩国、日本、越南等地而证实了其所具有的普遍性,如果儒学只是和地方历史境捆绑在一起的东西,这又何以可能?

> 从1930年代开始,他们重申儒家传统的"内在价值",将儒学重新诠释为能够融合民主与科学的"伦理精神"价值体系。新儒家被他们的思想对手讥讽为与清末腐儒一脉相承的"保守派"。而事实上,称新儒家为"反现代主义者"更为贴切,因为他们对"科学主义"现代化的实证主义颇为怀疑,并且拒绝将现代化等同于西方化,而倡导一种中国的现代性(至1930年代,他们已经不是唯一这样做的人了)。(106页)

如果承认现代新儒学自1930年代已经开始出现,又怎么能说顺着新儒家思想发展的1980年代以后的儒学复兴只是全球化资本主义的文化表征呢?以梁漱溟为例,既然说新儒家倡导中国的现代性,又怎么能说是反现代主义?其实新儒家对科学和民主从不反对,要说拒绝将现代化等同于西方化,这种替代现代性的路向,怎么会被称为反现代化主义更贴切呢?

> 1980年代共产主义社会的危机有助于掩盖同时发生在资本主义社会的危机:当先前资本主义的核心陷于停滞之时(美国有明显可见的衰落征兆),强大的东亚经济崛起了,这会削弱资本主义的欧洲中心主义目的论,在1980年代末导致了全球化观点的上升。如果说这些社会的经济成功进一步确认了自

我的儒家身份,那么这一自我肯定之所以能够得到迅速认可,是因为资本主义自身也在经历转变,而伴随这一转变的则是一种危机感。全球资本主义在寻找一种意识形态以适应其全新的"无中心"结构,这样它便在儒家中找到一种可能性,以满足其或新或旧的种种需要。

即使儒学复兴在哲学上说可能是早期儒学讨论的后裔,但其出发点却是全球形势。最初,它并不位于任何华人社会中,而是在美国起动。资本主义的问题,它的新形势和它的诸种矛盾,对于作为一种话语的儒学复兴起到了塑形作用。(109页)

说到底,资本主义是历史的现象,抽象地反对资本主义,把一切联系到资本主义,然后加以批判,这是形式主义的。资本主义并不是在任何时空都只有反面的意义。何况被作者认定为资本主义的东西不见得应该如此定义。哲学上的儒学复兴,由早期新儒家到第二代新儒家甚至第三代新儒家,都和全球资本主义没有关系,而且可能是相反的。如梁漱溟就主张先接受资本主义然后走向社会主义。至于文化上对儒学的重新肯定,更多的是来自中国现代发展的历史经验和客观要求。当然,作者所说的情况在欧洲和美国可能是有的,即把儒学作为东亚资本主义(现代化)伦理的支持,作为一种社会学的解释,参与对韦伯理论的讨论。这不是一厢情愿,是面对东亚发展的客观形势所作的一种解释,其着眼点,其实不是资本主义而是现代化和现代社会。全球资本主义并不是一个人格。这种分析在学院话语外没有意义。

官方主办并不一定意味着官方能够控制这些讨论会上的观点。事实上,官方的动机因情况不同而各异。正如朴正熙的例子所示,政府领导人总的来说对儒家事业表现出一种怀疑(如果不是嘲讽)的态度。另一方面,与会者显然也不想受任何官方的限制。来自中国台湾、新加坡和韩国的学者的怀疑态度令他们引人注目,他们怀疑儒学与现代化之间的联系;即便他们承认这一联系,也通常对其后果表示怀疑。不过,这些活动代表了国家与知识分子话语合作的一个极其恶劣的案例。如果其目的在于肯定东亚／中国意识形态在当代资本主义体系中的位置,它已经成功地达成了这一目标。儒学复兴的内容或许可以帮助我们更好地理解这一活动的含义。充满矛盾的儒学复兴成为了一座矗立的路标,表明儒学意识形态与勃兴的全球资本主义之间的切合。(114页)

这些似是而非的说法俯拾皆是。其实,在1980年代,官方和一般学者对儒学和现代化的关系都是怀疑的,包括儒家学者。可见,对东亚地区而言,儒学促进现代化这一命题总体上是被怀疑的,这种普遍的怀疑也表明急于把各种对儒学的肯定和全球资本主义联结在一起是缺少事实支持的。而部分儒家学者为何积极地看待这个问题呢?那是因为,这个讨论虽然并不能证明儒学普遍地促进现代化,但却证明了在东亚必须反传统才能现代化这一文化思想是错误的。这对"五四"以来一直背负着阻碍现代化的罪名的儒家,当然是好事情。

儒学复兴所生产的汗牛充栋的文献基本上重复着一个同样的问题:过去三十年以来,儒学与成功"现代化"的非共产主义东亚社会之间,究竟具有怎样的关系。即使大多数的参与者都承认,问题事实上是资本主义而非现代化,但是坚持使用后一术语表明了对讨论中无所不在的发展问题所持的态度,它植根于将现代性认同于资本主义,并始终将资本主义作为现代化话语的前提。(115页)

与"左"派突出自己的问题意识不同,在我看来,大多数讨论并不是刻意回避"资本主义",而是他们对东亚地区自己的发展理念,本来就是注重"现代化",并没有关注"资本主义"。作者可以说完全说反了。"左"派的特色就是把一切关于"现代化"的讨论都直接等译于"资本主义",把一切对国家现代化的追求作为对资本主义的追求。从中国的例子来看,这是明显的混淆。

> ……卡恩认为,中国台湾和韩国代表了一种"英雄般"的发展(日本也包括在内,但是日本经济已经开始面临严重的制度问题)。这些社会代表了"新儒家文化与迅速涌现的超工业世界经济之间的一种特殊关系"。(116—117页)

这些1980年代早期归于工业东亚的讨论在社会学领域有其正当的学术意义,而"左派"学者则急于把学术讨论意识形态化,以便把"资本主义"或"社会主义"的标签安于其上。

> 卡恩把自己和自己的方法描述为"文化主义者"或者"新文化主义者"("新"是因为"我们相信文化的基本适应性,以及抵制基本变革的取向")。对于东亚社会来说,这意味着"当华语区域内不同亚文化的旧有模式受到改变(而没有被完全摧毁)时,每种亚文化能够选择自己的工业化路径"。这正是第二次世界大战以来发生的事情,它"颠覆"了传统上认为中国

人不能够工业化的观点,"中国人在任何和所有情形下都能够工业化"。根据卡恩的观点,"新儒家社会"能够"比其他文化取得更高的增长率",因为"儒家道德"中嵌入了两种相互关联的特征:"创造有责任心、有动力、负责和有知识的个体,以及对义务、组织身份、忠诚于各种组织(比如'家庭、商业公司或者政府中的一个部门')的高度意识"。在面对平等和组织有效性等问题的现代社会中,"新儒家文化"比"新教伦理"拥有更大的优势。(117—118 页)

这些面对工业东亚成功的解释,都是以事实为基础的,如果韦伯对西欧资本主义的成功的文化解释是可以严肃对待的,那么像卡恩这些工作同样应该加以严肃对待。

不过,伯格比卡恩走得更远,他对"西方"资本主义进行了历史化:"东亚能不能成功地产生一种非个人主义的资本主义现代性模式?如果可以的话,现代性、资本主义和个人主义的关联就不是不可避免的或者内在的;与此相反,它可以被解读为偶然历史状况的结果。"这一问题似乎有些不证自明,伯格已经"相信""这些国家与西方比起来非常不同,我们可以称它们为资本主义现代性的'第二种例证'"。(120 页)

伯格所说的非个人主义的资本主义现代性模式,就是意在指出一种替代现代性的可能。

"后儒家假设"从一开始便暗含一个前提,"后儒家"社会至少在当时便在其文化遗产中找到了治愈发达资本主义社会

病症的药方。（125 页）

从来没有人认为这是找到了"治愈"发达资本主义社会的病症，而是被作为部分治疗这些病症的可能方式。"发达资本主义社会"就是欧美现代性。

　　1982 年与外国儒学专家的讨论表明，一种经过深思熟虑的意识形态被称为"李光耀主义"。为什么抛弃了这一想法转而青睐儒学，我们不得而知。不过清楚的是，尽管儒学在社会与政治上具有造成分裂的潜在可能，但是它被选定为一种道德教育，以便治愈新加坡随着发展而产生的社会疾病。（128 页）

其实，李光耀的重视儒学根本不是着眼于全球资本主义，而是国内的政治治理和伦理教育。这才是包括中国在内的东亚政府的立场。而且，1980 年代后期，当韦伯理论进入中国，以现代化批判儒学成为对儒学的新批判以外，儒学研究者并没有被儒学与东亚现代化的联系所激动。儒学研究者真正找到了辩护基点的是，韦伯对价值理性的说法，这是中国儒学自我辩护、自我确证的新武器，跟全球资本主义没有任何关系。

五、中国儒家学者在 1980—1990 年代的思考

　　为了佐证以上我所说的论点，我不能不在以下引述我在这一时期的主要论述。抱歉的是，限于篇幅，我对其他儒家学者的论述就只能割爱了。

早在 1988 年,我在整理了工业东亚的讨论之后即指出,曾写下了这样一段话,指出:

> 就我个人来说,重视这个讨论的动机并不在如何具体促进经济改革,毋宁在文化态度上。因为,即使肯定儒家伦理有助于工业东亚的发展,也不意味着儒家伦理在任何文化时空中都具有这种功能。杜维明指出,不受现实政治干扰的商人能够调动儒家伦理的积极性,但官督商办的儒家企业却在现代化过程中具有消极作用;儒家伦理在自由开放的环境中能发挥积极创造精神,但与某些政治文化的结合时则有消极的作用。工业东亚所提供的新的经验事实和韦伯命题的重新思考的一个直接启示乃是:认为儒家传统与现代化绝对排斥的观念是难以成立的;在中国文化熏陶下成长并通过不同方式接受儒家价值的人,在自由开放的环境中是可以创造出卓越的经济成就的,所谓批判儒学才能实现现代化,推翻传统才能现代化,这些提法虽各有其论据,但在东亚经验面前显然不具有普遍有效性。因此,重要的问题也许不在于对儒家的文化进行批判,而在于深化结构的改革,促进传统精神资源实现创造性的转化,使中国人的能力与智慧充分发挥,以加速中华民族的现代化。

以上讨论,并不表示我无保留地接受韦伯理论和肯定儒家伦理促进了东亚现代化,只是企图说明,如果我们是严肃认真地以学术研究的态度对待韦伯理论,我们就应当以同样的态度来认真研究脱胎于韦伯理论的工业东亚的讨论,特别是韦伯式的文化论观点,使我们的传统与现代化的讨论更深入一步。我更要指出,本章只是在韦伯理论的框架内提出问题,就是说,是在"功能系统"中来讨论的。换言之,仅仅是在传统文化是否对现代化（特别是经济发展）有所贡献这个狭小的范围内讨论的。而儒家伦理，作为一种人文价值，即使它并不促进也不阻碍现代化的经济发展，与现代化不相干，也并不表示儒家伦理没有价值，因为判定人文文化的价值的尺度并不是某种政治经济的功能。①

这两点明确表达了我们当时对韦伯命题讨论的基本立场，即使我们参与韦伯命题的讨论也从未受限于这种功能的讨论，而从未忘记儒学作为人文价值的主要功能。我们的角度始终是重视其文化的意义，而并不是儒家文化是否实际地促进了工业东亚的成功。

1989 年我指出：

> 在中国文化中，文化与历史传统是保障价值理性的重要基础，因此，在近代化的过程中，由文化危机引发的激烈的反传统思潮势必在相当程度上导致价值失落的危机，从而破坏价值的连续性与民族的文化自信力，伤害现代化秩序建构过程本身。
>
> 当旧有的源远流长的传统的神圣性的观念破碎了，价值的危机也就不可避免了。近代历史发展的复杂性使这种危机时隐时现，这也是近代文化保守主义特别强调道德关怀的基本原因。在过去一个短时间内（"文化大革命"），人们天真地相信"彻底决裂"一切传统是马克思主义世界观的本质特征，它代表了一种与传统精神资源没有任何继承性的价值系统。然而事实上人类的价值必然具有连续的、超越具体时代的普遍

---

① 此文收入我的《人文主义的视界》，广西教育出版社，1997 年，181—182 页。《人文主义的视界》一书后来出版了北京大学 2005 年的修订本《传统与现代——人文主义的视界》，和 2010 年生活·读书·新知三联书店的"陈来学术论著集"本。

性。要幻想建立一种与过去的价值完全不同的价值体系,只能是自欺欺人。人类对于价值理性的需要是不会因为人为地破坏某种既定传统的权威而中断的,这种需要会借助于另一种权威(如意识形态或政治领袖的权威)展示出来。而这种价值的权威形式也依然在某种程度上以某种"圣人"和"经典"的观念为前提才能实现其功能。但是,如果这个被借用的权威同时是政治权威,那么这种借用也要付出代价,即伦理价值的权威必然会随意识形态与政治运动的变动发生剧烈的动荡和波动。无论如何,民族的精神权威应当植根于深厚的文化传统中。今天我们应该重新考虑对"过去"的态度,至少在一定程度上与过去的权威重新接续起来,这个权威不应是纯粹政治象征的权威,而是伦理—精神的权威。在这个意义上,包括恢复和维护植根于深厚文化传统并体现这种价值的"圣人"与"经典"的某种权威,非但不是提倡复古的崇拜,恰恰是基于对中国特殊历史文化的发展和对现代社会的理性检讨而确认的需要。而这不仅将为现代化过程创造一个有益的人文环境,而且还有助于提高作为现代化过程主体的人的道德—文化素质而对现代化本身作出自己的贡献。①

可见,1980 年代末我们对"过去"的关注,与全球资本主义没有任何关系,而是强调"基于对中国特殊历史文化的发展和对现代社会的理性检讨而确认的需要。而这不仅将为现代化过程创造一个有益的人文环境,而且还有助于提高作为现代化过程主体的人的道德—文化素质而对现代化本身作出自己的贡献"。其中已经包含了

---

① 陈来:《人文主义的视界》,80—81 页。

对现代性的检讨,而不是欢呼儒学融入现代性。我们对儒学的肯定是出于关注价值的连续性与民族的文化自信,今天儒学在中国的复兴,与我们当时所说的方向完全一致。

1992年,在讨论儒家与中国现代化时我指出:

> 应当说明,以上所说的"现代化"是顺着帕森思以来的思路,在这个脉络下,"现代化"只是一个偏于经济功能的概念。事实上,文化的价值是不能仅据经济功能来判断的。因此,即使基督教和儒家的伦理与产生或者同化资本主义不相干,也绝不意味着基督教伦理与儒家伦理在"现代"社会中失去价值。当然,即使儒家伦理有促进经济发展的功能,也并不因此可以排除在其他方面所应接受的批判。另一方面,以上所说的儒家伦理,也多为与韦伯讨论的层次相一致,而落实在世俗儒家伦理上面,无法全面讨论作为中国文化核心的儒家价值系统。所以,"中国文化与现代化"或"中国文化传统与现代化"是一个范围远远超过经济发展问题的课题。而处于"五四"以来不断激进化的反儒思潮影响下,我更要强调的是,站在一个经过反思而更具丰富内涵的"现代化"的文化立场,关注到现代人仍需要终极关怀、价值理想、人生意义、社会交往,儒家文化价值体系的承继与转化,至少对中国文化主导的社会就仍有十分重要的意义。因此,对于人文学者来说,重要的问题不仅是要解释已经发生的现象,更要反省现实,思考未来。市场经济的转向在根本上是向工具理性意义的"理性化"发展,而工具的合理性不仅不必然地导致价值的合理性,反而会引致价值的非理性。面对转型期投机资本主义的充斥与价值理性的全面失落,旁顾发达社会的种种弊病,我们在支持市场转向和推进其理性

化程度的同时,还需要从一个更高的角度来思考儒家文化传统与中国化现代化发展的问题。事实上,一切宗教传统都与现代化有冲突,都必然对现代化发展中的物欲横流、价值解体、人性异化、人际疏离、文化商业化等消极因素持批判态度。同时,我们又须承认现代化是一个不可避免的发展,在这样一种情境中,与世俗世界具有过分紧张关系的宗教,就显得不适应;而儒教这种在世俗中求神圣、注重与世界适应的、重视道德与文化的体系,可能会在同化的过程中与市场工具理性形成比较合理的紧张。①

可见,在 1990 年代初期,在市场经济启动时期,我们对儒家的讨论,也从不限于儒家伦理与经济发展的讨论,而是更加关注儒学作为价值理性在现代社会的意义、对现代化的纠正、对工具理性的平衡,是从终极关怀、价值理想、人生意义、社会交往的方面积极肯定儒家文化价值体系的承继与转化。所以我们的立场不是参与全球资本主义,而是对冲全球资本主义。

1993 年我指出:

> 对中国文化在 21 世纪的走向,必须在一个全球的经济——文化视野里加以考察,离开了这样一个大背景,我们就无法高瞻远瞩、超越浅近的功利眼界。虽然"21 世纪是中国的世纪"的预言大多数中国人还不敢领受,但"亚太世纪"的提法在当今世界已颇受瞩目。1990 年代亚太的发展中,中国无疑占了一个重要位置。放眼未来,亚太地区将可能成为带动世界发展

---

① 陈来:《人文主义的视界》,191—192 页。

的中心地带。从而,中国在亚太乃至世界的地位,将由此发生一个根本的转变。随着中国经济现代化的迅速开展,中国文化根于传统的复兴已提到了议事日程。因此,基于改革进程全方位展开的不可逆转,从上面一种认识和展望出发,比较 20 世纪的行程和 21 世纪的可能发展,就中国文化而言,也许可以这样说,20 世纪是"批判和启蒙"的世纪,21 世纪则将是"创造与振兴"的世纪,而世纪之交正是整个民族生命"贞下起元"的转折点。把握这一文化转型的特点是我们认识文化现象、思考文化发展的重要出发点。从世界范围来看,虽然带有西方文化特点的现代化过程还要持续相当长时间,但未来亚洲(包括东亚、东南亚、南亚)的振兴将进一步破除欧洲中心主义,西方文化霸权将逐渐解体。在全新的多元文化格局中,人们将不再主要关切西方文化的引进应用,不再把西方作为普遍性的典范,在非西方的世界,根于自己文化传统的发展将日益显示其强大的生命力。从国内的发展看,随着建立社会主义市场经济方向的确立,作为改革初期的文化动员,1980 年代初以来的"传统与现代"的论争在今后将不再重要。我们将面对改革不可逆转的进程中重建民族精神、重建价值体系的巨大现实课题,"振兴中华"将从科技的振兴、经济的振兴走向包括精神的振兴在内的全面的振兴。①

1993 年我们已经预感到中国的地位将要发生根本改变,随着中国经济现代化的迅速开展,中国文化根于传统的复兴即将到来;我们也看到亚洲和中国的振兴对破除欧洲中心主义、西方文化霸权的作

① 陈来:《人文主义的视界》,293—294 页。

用。而我们对中国传统文化的关注，与全球资本主义无关，而是面对改革不可逆转的进程中重建民族精神、重建价值体系的巨大现实课题，和中华民族的伟大复兴。这才是中国的逻辑。

在1994年我曾指出：

> 东亚近代思想史的显著特征是，一方面轻视、否定自己的传统；另一方面，即使对传统有所肯定，也是在西方现代性的意义下寻找、肯定传统中值得肯定的要素，如在文化上只注意传统文化中哪些类似西方的因素可以有助于资本主义的长成或工具理性的发展。然而，以日本和"四小龙"为典范的东亚经验表明，东亚现代化有着自己的特色，或者自己的现代性，如重视群体和权威、重视教育、看重现世等，这些都与东亚的传统有关。更重要的是，面对未来，东亚应当进一步从传统的精神资源中汲取营养，以帮助解决时代的课题，建设东亚更加谐和的现代世界。

> 关于东亚传统价值对当今世界的意义，在晚近的讨论中，学者似乎更多的是注意东亚社会经济成功所由以共同分享的价值取向，这些当然也是东亚现代性的一部分，但这仍是在经济功能的坐标中看待价值问题。而我们则需超出工具理性的层次，面对当今世界的问题，注重未来东亚世界的整体需要。正如本杰明·史华慈（Benjamin Schwartz）所指出的，事实上，儒学的价值虽然不必是东亚国家后发现代化的障碍，但东亚现代化过程所得益于儒家伦理的观念取向，并非儒家伦理的核心本质。而要摆脱韦伯式的对现代化的工具性了解，建立合理（不仅在工具上合理，而且在价值上合理）的现代东亚文化，就必须更加关注真正代表儒学核心的文化实践、社会理想和文化

取向的普遍性价值。①

所以,我们从来不把注意力集中在儒家与现代化经济发展上,而始终强调儒学的价值资源对解决世界问题、时代课题,对建立和谐的东亚文化的意义,关注"真正代表儒学核心的文化实践、社会理想和文化取向的普遍性价值"。强调所谓儒家伦理对东亚现代性的促进,并不是儒家伦理的核心。

> 近几十年来,受西方现代性的影响,东亚社会把工具理性的发展置于首位,学者所重视的是世俗化的儒家伦理在东亚经济发展中的促进功能,重视的是儒家实学思想中的经验倾向,特别排斥东西精神传统中具有普遍性的价值观念,崇尚那些经验形态的观念或具有经验指向的、具体的操作规范,从而错误地认为只有具体的、经验的东西才能与现代化相衔接,认定普遍性的价值与现代性无关,也没有现代转化的能力。这些都是"传统—现代"的对立性思维所误导的。在 1990 年代的今天,我们必须跳出这种旧的思考模式,站在更高的层次上,重新认识现代东亚社会的文化问题。②

一句话,我们在 1980—1990 年代从未由于工业东亚的成功和韦伯命题的再思考而把思想集中于工具理性,而始终强调儒学作为价值理性的现代意义。

---

① 陈来:《人文主义的视界》,251—252 页。
② 同上,256—257 页。

正如我在 1996 年所说的：

事实上，如果仔细体察 20 世纪处于弱势而始终不屈的维护儒学价值的呼声，便可理解，儒家伦理所以在近代社会转型后仍每每处于焦点话题乃是理有必然的，其必然性植根于现代化转型过程中"道德性"与"现代性"的分裂以及对克服此种分裂的要求。因此，20 世纪历程中儒学价值的不断被肯定，本质上并不是所谓后殖民话语在中国的一种表现，更不是什么全球资本主义霸权话语或对于资本主义现代化的意识形态意义的肯定，而是理论上对多元文化价值的肯认和实践上对现代化过程的治疗，是对价值理性和精神文明深切关怀的表达，对理想人生与理想人格锲而不舍地追求的体现。在中国还是对民族文化认同的强烈要求，同时也是对启蒙叙事的道德的人文反思。①

正是在这里，也就是在二十年前，我对 1995 年发表在《中国社会科学季刊》的德里克的文章《似是而非的孔夫子：全球资本主义与儒学重构》已经作了初步的回应。

20 世纪造成有关儒学的论争的最强有力的根源，可以说始终围绕在现代社会的公民道德与伦理秩序和人生理想的问题。无论佐久间象山"东洋道德西洋艺"，或张之洞"中学治身心，西学应世事"乃至冯友兰、贺麟的思想，尽管在吸收近代民主、自由的方面强调不够，但都决不是一种文化情感上的对传

———————————

① 陈来：《传统与现代——人文主义的视界》，北京大学出版社，2005 年，93 页。

统的怀恋，而是基于对传统道德性之普遍性格的信念及对现代化经验对道德性侵害之提防。所谓文化保守主义或道德保守主义与文化激进主义的分歧并不在要不要社会改革，要不要吸收西方近代文明。而是，文化激进主义和自由主义要求彻底摒弃传统以拥抱市场工商业、城市文明、个人主义、自由、民主、资本主义竞争性、功利主义等为内容的现代性；而所谓文化保守主义则始终认为科学、民主、市场经济、民主政治都不能自发产生公民道德或导致共同体的伦理秩序，不能满足人生价值的需要，并认为近代社会抑制不力的个人主义和功利主义足以危害群体生活和社会道德。现代性是现代社会之所以不同于传统社会的要素，但实存的现代社会并不能仅靠现代性而存在。近代以来主张正面理解儒学价值的呼声一致认为，现代社会中公民道德与伦理秩序的维护和贞定决不能采取反儒批孔的方式，必须守护价值传统和道德权威，从而体现为各个时期各种形式的对儒学普遍性道德价值的肯定。[1]

可见，中国儒学者关注的焦点是对资本主义和现代性的警觉，是对传统道德性之普遍性格的信念及对现代化经验对道德性侵害之提防，是对现代性的对冲。这些都反映了当代中国社会的具体状况和具体需要，与全球资本主义并没有关系。我们强调，现代性不能自发产生公民道德或导致共同体的伦理秩序，不能满足人生价值的需要，现代性内涵的个人主义和功利主义足以危害群体生活和社会道德。这些必须由儒学的价值加以矫治。

---

① 陈来：《传统与现代——人文主义的视界》，95 页。

六、国学的回归

回到第四节末尾继续我们的讨论。德里克批评杜维明：

> 与此相似，虽然杜维明将此精神性作为资本主义精神和生态危机的解药，他的著作基本上没有对资本主义作严肃的批判，似乎资本主义的物质危机可以通过抽象的精神性加以缓解。他确实在不同的场合说过，如果不对"达尔文式弱肉强食"的资本主义加以控制的话，人本主义就不得不自杀，但是在不同的时候，他又轻易地赞美儒家价值对东亚资本主义发展所作出的有意或无意的正面贡献，将"儒家道德"的实用性作为"资本形成的替代性方式"。（135 页）

但杜维明也没有盲目参与儒学与工业东亚的讨论，而是表现得很为谨慎。杜维明作为儒家学者有自己的关怀和问题，严肃批评资本主义并不是他的工作范围，"左"派不能用自己的工作要求儒家学者。

> 就杜维明对儒学的信奉来说，他在全球文化中给予儒学这一位置和声音，我们是完全可以理解的；但是我们必须记住，他通过儒学阐述的全球文化，自始至终都充斥着欧美的文化霸权和植根于全球资本主义的支配关系。杜维明也批判欧洲中心主义。他指出，当前时代，欧洲中心主义已经让位于发展的多线性概念。在他看来，正是这一新开放性而非资本主义的危机，促成了"西方"对于儒学的新兴趣。这不禁令他的读者感到好奇，虽然他讲过有必要对印度的氏族主义和夏威夷的本土主义阐述儒学，但是为什么他拼尽全力向资本主义的"现

代"价值宣讲儒学,而在实践中却对资本主义威胁下面临灭绝的本土文化生态和价值的存续闭口不提! 想一想他说的儒学对于资本主义的功用,以及他对新加坡的期望,我们再来读一读他笔下的理想的儒学国家,这肯定是一件非常有意思的事情。(136—137页)

既然杜维明对欧洲中心主义进行批判,又怎么能说杜的阐述自始至终充斥着欧美的文化霸权呢?杜维明说得不错,引起世界对儒学的关注,并不是资本主义的危机(事实上他对1980年代资本主义的危机的描述是没有说服力的),而是现代性对东亚文化传统的开放。

> 就我所知,没有一种讨论指出,儒学,尤其是作为一种共同话语的儒学,必然要受制于来自不同社会群体和利益的挪用和阐释,这样一来,它所表述的就不再是整体性,而是斗争。(141页)

儒学有不同的诠释,这在历史上并不鲜见,至于从不同利益集团的角度加以挪用,这仍然是阶级话语,无非是说不同阶级对儒学有不同的挪用。那么请指出例子来讨论吧。历史上的学术儒学或精神儒学总体上是属于士大夫阶级群体,没有必要再作阶级分析;但现代儒学很难用阶级集团来分析。儒学内部的阶级斗争?这似乎太有想象力了! 当然,对已经习惯了阶级分析的人来说,阶级斗争的解释才是他最关注的。

> "在现代,儒家伦理话语越来越多地被挪用来为非儒学问题服务。"一个更为重要的问题是:近来的这次再发明究竟是关于什么的?或者说,当前儒学被挪用,究竟是为了什么目的?

我认为,1980 年代的儒学复兴可以被理解为对两种话语的阐述:作为正在浮现的全球资本主义之功能性组成的儒学话语,以及作为中国知识分子身份认同问题的儒学话语(先于前一种话语)。正是前者为后者提供了一种思想空间(以及推动力),并且为这一进程重新定向(如果不是将儒学完全吸收了的话)。(142 页)

他也承认,儒学话语作为中国知识分子的身份的表达,本来是独立于全球资本主义的,先于全球资本主义讨论的,亦即与之无关的,于是不能说 1980 年代儒学复兴只是全球资本主义的表达。但他又强调全球资本主义为中国知识分子的身份话语开拓了空间,把儒学带往了全球资本主义的话语,其实在中国,儒学基本上和全球资本主义话语没有关系。

我们可以确认的是,在不承认任何过去的儒学假设的情况下,儒学已经根据当代东亚资本主义的需求进行了重构。正是基于现代化的这种儒学重述(在这一意义上来说,即资本主义现代化),成为了新的儒学话语的特征。杜维明已经说得很清楚,这一重述不仅受到理论或者学术考虑的引导,也同时满足着国际贸易和商业的需求。(143—144 页)

他承认儒学的重述是受理论或学术考虑的引导,事实上这是儒学重构的主要推动力。但儒学的当代重构不可能与过去的儒学假设切割,完全不承认过去的儒学的人性立场、道德立场。他没有指出他说的是哪一种儒学重述,20 世纪以来的儒学早已经作了重构,如所谓新儒家熊十力、梁漱溟、冯友兰等,乃至唐君毅和牟宗三,但他们没有一个是根据东亚资本主义的需求来重构的,新儒学当然并不根本反对资本主义,但资本主义与新儒家话语的特征没有任何关系。

> 对于那些替代性资本主义的宣称,这一讨论的参与者事实根本没有从理论上对韦伯作出严肃的挑战;被挑战的不过是韦伯关于中国的论断。这种挑战不过是一种韦伯化的儒学——换言之,在儒学中找到韦伯在新教中指出的那些相同特征,因而"证明"韦伯所诊断的资本主义的阻碍其实是资本主义的另一种动力。不是韦伯的诊断,而似乎是他诊断的内容,受到了质疑。这一儒学"挑战"所没有触及的,或者事实上从中受益的,正是资本主义本身。从理论前提上来说,这种讨论仍然忠实于现代化理论,因为其基本前提依旧是韦伯式的。当现代化理论已经越来越无法解释世界,且这一点已经日益明显时,这一讨论事实上是对现代化理论的一种支撑。许多作者与其说对现代性进行了"传统化"(traditionalize)——他们都是如此声称的,不如说事实上他们是对传统进行了现代化。(144 页)

的确新儒家并没有发展起关于替代现代性的讨论,他们的关注是在心性之学。而参与工业东亚的讨论挑战了韦伯的中国论断,对于儒家学者,这本身就是严肃的挑战,因为这涉及对于儒学的认识。这些学者关心的是对东亚现代化成功的解释,而不是挑战资本主义本身,从而他们当然就不会涉及挑战资本主义,像马克思那样。所以这种指责是没有意义的。

回到杜维明提出的关于权力的问题，以及福柯关于话语的论述，儒学话语是全球资本主义内部的一个权力话语，它受到"发达工业社会"衰退和不确性的围攻，从而在"后儒家社会"中找到了一个新的复兴和扩张空间。或许这并不是一种巧合，东亚在成为一种"模式"时，几乎同时出现了关于"泛太平洋"（Pacific Rim）的话语，以及对于全球资本主义的新意识。如果不是一种新的社会天堂的话，东亚模式至少也是一种社会控制和劳动力掠夺管理的新模型。以它在美国的受欢迎程度来说，作为一种"东方"文本，它宣扬的是社会人性和管理合二为一的新时代哲学。（146页）

虽然，这不一定是巧合，在1980年代以来的某一期时期，不同地区的本土文化都找到了与现代化相联结的自己的方式，走上了自己的工业化道路。但是每一个地区本土文化的复兴，其具体理由都与其他国家不相同，有其自己的理由。把这笼统称之为全球资本主义的新意识，只不过是"左派"阶级分析形式化的一种俗套之滥用。如，即使是儒家式管理思想，不仅不是劳动力掠夺的管理，恰恰是与之相反，提供了另一种管理的态度。

儒学本来可以用于批判现代性，但是通过定义儒学的"核心价值"，杜维明和其他学者却有意回避彻底批判资本主义，反而将儒学呈现为资本主义疾病的"补救办法"。这样一来，儒学便被转化为"社会工程"的一个工具，它为公司和家长制家庭输送更合作（和驯良）的公民。1980年代儒学话语的发展，伴随着第三世界知识分子扮演文化专家和信息供给人的角色（比如赫尔曼·卡恩），为全球资本主义的意识形态服务。（151页）

儒学当然可以用来批判现代性，但是在中国这样的国家，1980年代是现代化刚刚发起的时代，社会需要的不是反现代化和批判现代化，而是启动现代化的征程。到1990年代初期，有了邓小平的南巡讲话，市场经济才真正得以发展，我们的"左派"却要儒家学者在1980年代批判现代化，这简直就是南辕北辙。所以，确有这样的人，着眼于资本主义的改良而重视儒学，主要是欧美学者。但中国不是，儒学在中国的重新被认识，就知识分子而言，并不是为全球资本主义意识形态服务，而是文化认同，伦理重建，价值整合，其理由是国内的、国族的、文化的。不能用欧美学者的特定意识和视角去等同于中国人自己的视角，或把它普遍化想象为全球的事实。而且，没有对中国学者的儒学论述作任何研究，没有调查，只就一个在美国教书的杜维明的话加以断章取义，这是主观的办法。

> 相反，我关心的是，将儒学附着于资本主义发展的意识形态之上，或者附着于民族认同的总体语境中，是否会抹杀中国认同的不同方式。这一结果对于儒学或者儒学研究来说并没有益处，因为将儒学转化为东亚社会的普遍文化特征，其推动者在某种意义上完成了儒学的东方化过程。作为哲学传统和民族遗产的儒学，在与资本和国家的纠缠中便不可避免地笼上了一层阴影。（151—152页）

德里克总算还承认儒学话语作为民族认同的话语的意义，其实这在习近平时代看得更为清楚。不是别人，正是作者将儒学捆绑在资本主义发展的意识形态上，从而抹杀儒家复兴在中国的自我的内在理由。事实上，对儒学研究而言，把中国儒学的当代复兴解释为对全球资本主义的适应或是全球资本主义的部分，对儒学研究本身没有任何帮助,只成为"左派"学者文化研究的一种陈词而已。对于当代中国来说,传统的复兴,除了经济起飞对人民在文化自信上的支持外,在政治层面上的理由,是基于政治路线的改变、政治合法性重构、意识形态的转型、民族精神的塑造、伦理道德的重建、中华民族复兴的需要。在社会层面是人民大众对心理、精神、信仰、文化的需要。中国的传统复兴,政治和社会层面的理由远远大于、强过于企业管理的理由,儒学也好,国学也好,它们的复兴都是基于同样的理由。不了解这些背景,只用"民族认同"这样的抽象范畴是无法具体理解中国的,把中国与世界其他国家的现象随意比附,更是不可能真正说明中国的。①

现在来看"国学"。德里克说:

> 虽然国学以国家来定义其认识论范围所具有的独特性(它声称这是一种"中国"的认知方式),但它所宣称的认识论上的特殊主义,绝不是独一无二的。认识论上的本土主义(epistemological nativism),或者坚持以民族来定义认识论(ethnoepistemology),是当代全球现代性的广泛特征。(243页)

全球现代性是比全球资本主义要好听一点的词语,虽然这对于作者是同义词。他把国学看作一种认识论,一种特殊主义的认识论,是不太符合中国对这个词汇的用法的。国学是一种知识体系、学术体系、文化体系,是中华民族认识世界、认识社会的结果,而不是认识本身。如果说文化的本土主义或以民族的立场来定义文化,那也是

---

① 可参看我的《孔夫子与现代世界》一文,收入陈来:《孔夫子与现代世界》,北京大学出版社,2011年,9—12页。

各个不同的国家有其不同的理由,最明显的就是习近平2013年以来对中华文化的强调,也可以说是文化的本土主义或以民族的立场来定义文化,但这是着眼于中华民族的伟大复兴,和全球现代性的资本主义有何关系?

　　作为一个思想领域,国学是晚清自发民族意识的产物,而它所倡导的学问则是为了界定和保存一种中华民族认同。由于国学学者拒绝现有的、鲜活的中国认同(它本身也是一种历史的遗产),他们便担负起构建新认同的责任:在古代文献中"发现"的认同,不可避免地是在当下发明的,因为对这些文献的解读本身也是不同的,并使得它们与当下发生联系的"复兴",又让它们再一次经历了转型。换言之,国学在其出现时受到了本土主义范式的塑形,而这一范式需要蕴藏于文献及古代个体典范中的本土学术为现代国家服务,成为现代国家的基础和维护者。也正是这一本土主义范式将中国认定为汉民族。就起源而言,国学意味着与"汉民族研究"相关的东西,它强调"国"这一词的族群意义而不是国家意义。无论它如何服务了汉民族主义,这种等同对本土学问的影响并不一定都是积极的。早先独一无二的学问现在转变成众多学问中的一种,它需要保护并予以保存,因为它具有界定民族身份的作用;但出于相同的理由,它的影响力和重要性又受到民族归属性的限制。(257—258页)

这段话其中有客观的描述,如国学概念起源于晚清的民族意识,为保存民族的认同,属于本土主义。但说国学者拒绝鲜活的中国认同,则不知所谓。事实上,"认同"的概念并不能真正或完整说明国学者和其他晚清学者的"爱国"思想,晚清国粹派提倡"保种、爱国、存学",通过"保存"中国文化,以求促进国民的爱国心。此时国学概念之提出,主要是政治取向的,国学论说是当时救国论述的一部分。所以认为晚清国学只是为汉族服务,没有国家意义,肯定是不对的。[1] 虽然革命派的国学者主张反满,但更多学者主张爱国。辛亥革命以后更不可能只强调族群而不是国家的意义了。

> 国学以及其他社会中相似的事业,而并非"文化保守主义",可能被更精确地描述为"文化民族主义"的例子,因为在其要求变革的过程中,它们绝不是保守的。(259页)

国学者各自的立场可能有区别,但总体上说,国学既是"文化保守主义",也是"文化民族主义"。

> ……国民党的统治为本土的秩序观念提供了温床。国民党谴责那些文化堕落的现象(假定它们是自由主义与马克思主义的产物),将之归诸外来思想的引入,并且试图在本土价值观和传统中找到一种消毒剂。由此产生的一个重要结果便是再次建立起以民族"精神"为核心的价值观。而这一精神可以在孙中山的儒家价值中找到。(261页)

这个例子也说明,对传统的肯定并不能随意地和全球资本主义相挂钩,在中国,它始终和本土的文化与道德秩序有关,针对的是社会变

---

[1] 参看我的《近代"国学"的发生和演变——以老清华国学研究院的典范意义为视角》,《清华大学学报》,2011年3期。

化转型时期道德的堕落。这个逻辑有一贯性,正如 1980 年代中国
把文化堕落归于西方影响一样。而建立民族的核心价值观,是所有
民族国家建设的共同需求,对有长久道德传统的中国更是如此。①

> ……与国学相关的学术复苏说明国学已经在某种意义上
> 摆脱了欧洲中心式的现代性霸权。然而,否认现代性中存在一
> 个中心,这本身就代表了一种困境:我们失去了判断知识是否
> 正当的共同标准。失去一个共同的批判标准,将会使学术更易
> 受制于意识形态,而不论这些主张是来自国家、阶级还是其他
> 社会群体。国学应该成为新型学术研究的出发点,它研究自身
> 的历史,也研究在全球范围内出现的民族学术。(267 页)

这里的逻辑是不清楚的,摆脱了欧洲中心的现代性霸权,为什
么就一定意味着陷于困境?现代性可以有多个中心,这些中心仍可
以有共同标准。日本、韩国是东亚现代性的代表,他们和欧洲美国
没有共同标准吗?甚至,中国和美国没有共同标准吗?作者的主
张,让人觉得,他的思想是现代性还是要有一个中心,最好还是欧美
中心来继续扮演共同批判标准。可是,欧美现代性自身难道不是具
有强烈意识形态性质的吗?以欧美现代性为中心就不会受制于意
识形态?情况可能正好相反。

> 不过,相信中国的发展在某种程度上可以与所谓的中国文
> 化联系起来的文化主义假设一直存在,因为它迎合了中国独特
> 性的观念。当"发展的努力"最终取得成功时,这一文化主义

---

① 关于"国学"热的兴起,请参看我的《如何看待国学》,《光明日报》,2010 年 8 月 3 日。

的观念便开始流行起来。一些审慎的中国人已经认识到，其中一个后果便是用源远流长的文化抹杀较近的历史，似乎古老的文化可以抵抗一切物质、社会与政治变迁。这一文化也轻易地将现代化归于技术与科学，并拒斥现代化的其他方面（比如那些让现代化变得有价值的政治与社会价值），因为这些价值与本土价值互相冲突，或者只能经过"中国特色"的改造，才可以被重新接纳。这体现了文化复兴具有的管制功能。（299页）

这是毫无疑问的，中国的发展必然和她的文化密切关联，不管你把他叫作文化主义假设或什么假设。但这不意味着，肯定传统文化就抹杀了近代文化，也不等于说就会认为传统文化可以抵制一切变迁。变迁有可取者与不可取者，传统亦有可变者与不可变者，中国当代文化十分强调批判地继承，保持了它所需要的开放性。最近的表述是"创造性转化和创新性发展"，表示它并不是抵制变迁，而是与时俱进。至于批评中国文化拒斥民主、自由恐怕更没有道理，中国文化自身没有的，并不等于说这个文化必然排斥他们，最明显的就是科学。中共十八大把这些价值都写入了"社会主义核心价值"，应该也是证明。至于说自由、民主这些政治价值和社会价值让现代化变得有价值，而却被中国所拒斥，我不知道，一个号称马克思主义者的"左派"学者，对"资本主义"的上层建筑如此肯定，还要说儒学没有批判性，这究竟是怎么回事。一个可能的解释就是，他所说的全球资本主义和他批评的全球资本主义只是经济的范畴，而不包括任何政治的范畴，当然也就无涉于政治的批判性了。

好了，对本书的评论，我们应该可以适可而止了，虽然其中还涉及到"全球现代性"的历史叙述和后殖民批评的方法讨论，因与儒学研究没有直接关系，就不在这里讨论了。最后我要说，邀请德里克教授来清华国学院访问讲学，表现了我们的开放性，我们也非常感谢德里克教授给我们带来的很多新鲜的思想观点，使我们的视野更加"世界化"。不过，在儒学和国学的问题上，我们有自己一贯的主张和看法，也有必要提出来作为对他的观点的回应，有利于他更多地了解中国。这种交流应该是对他的最好的感谢。

论儒家的实践智慧

　　中国哲学的传统非常重视实践智慧,可以说,实践智慧一直是中国哲学的主体和核心。儒家自孔子以来,更是强调哲学作为实践智慧的意义。儒家哲学思想的特点是:突出人的实践智慧,而不突出思辨的理论智慧;儒家的实践智慧始终是强调以道德为基础,从不脱离德性;同时,儒家的实践智慧又突出体现在重视修身成己的向度,亦即个人内心的全面自我转化;最后,儒家哲学思想总是强调实践智慧必须化为实践的行动,达到知行合一的境界。

一、道德德性

　　众所周知,现代哲学越来越关注的"实践智慧",与其字面意义的直接性不同,乃是根源于古希腊哲学特别是亚里士多德的哲学。亚里士多德哲学中的 phronesis,英译曾为 prudence,中文译本以往亦多译为"明智"。而现在更多的学者从哲学诠释上接受把这个词译为"实践智慧"。它在亚里士多德的《尼各马科伦理学》第 6 卷被作为人类认识真理的五种方式之一,这五种方式即技术、科学、实践智慧、智慧和理智。当然,自从海德格尔和伽达默尔以来,当代哲学中有关实践智慧的讨论已经超出亚里士多德的意义,但仍以亚里士多德的讨论为出发点。① 现代西方哲学对亚里士多德这一概念的关注主要是针对科技理性对生活世界的宰制，以寻找出一种既非技术制作又非理论智慧的合理性实践概念。

在亚里士多德哲学中，"智慧"的地位本来高于"实践智慧"。但他也指出："人们称阿那克萨戈拉和泰利士为智慧的人，而不称为实践智慧的人。人们看到他们对自身有益之事并无所知，而他们所知的东西都是深奥的、困难的、非常人能及的，但却没有使用价值。因为他们所追求的不是对人有益的东西。实践智慧是针对人的事情。"② 很明显，智慧所追求的东西的深奥难懂的，对人没有实际益处；而"实践智慧"（phronesis）追求的则是对人有益的东西，这种有益主要是指人事的善，所以实践智慧紧密联系着善的实践。而"智慧"（sophia）则只是思辨的、理论的理智，即理论智慧，不是实践性的，没有实践力量，它只有真与假，而不造成善与恶。③ 在这个意义上，儒学追求的特色就是实践智慧。

实践智慧的本意是强调德性实践中理智考虑、理性慎思的作用，是应对具体情境的理智能力。然而亚里士多德哲学中的"伦理德性"与作为理论德性之一的"实践智慧"之间的关系，往往是不清楚的，实践智慧有时被理解为工具性的方法，这也是近代以来在西方哲学中实践智慧脱离德性而成为聪明算计的一个原因。

由于 phronesis 多被译为"明智"，因此，狭义地看，在古代儒家哲学中，与 phronesis 较相近的概念是"智"。当我们说到哲学作为实践智慧时，我们也自然想到中国最古老的词典——约公元前 3 世

① 参看洪汉鼎：《论实践智慧》，《北京社会科学》1997 年第 3 期。
② 《尼各马科伦理学》，1141b，苗力田中译本，中国社会科学出版社，1990 年版，122 页。下引此书，简称苗译本。
③ 同上，1139a，苗译本 116 页。

纪成书的训诂词典《尔雅》的解释。《尔雅·释言》:"哲,智也。"近一百多年以来,中文用来翻译 philosophy 的"哲学"之"哲",古代即以"智"为之释义,认为哲就是智,二者为同义词。在这个意义上,也可以说,古代中国早已经把哲学理解为智慧之学,虽然中国古代并没有独立的一门"哲学"。①

　　"智"字从知,在春秋时代又通用于"知",公元 2 世纪的词典《释名》说"智,知也,无所不知也",可见"智"是智慧,"知"是知识,智不是普通的知识,而是高级的知识和能力。智又以见为前提,见是经验,《晏子》:"见足以知之者,智也",《五行篇》也说:"见而知之,智也",表示智慧需要经验为基础,而不是脱离经验的理性活动。另一方面,在公元前 4 世纪以前,中国哲学中的"智"多是指就知人而言,指与人的事物、人的世界相关的实践性能力和知识,有益于人的事物,而不是对宇宙世界普遍事物的知识。如《尚书》说"知人则哲"(《尚书·皋陶谟》),《论语》中记载,孔子学生问"知","子曰知人"(《论语·颜渊篇》)。孟子也说:"智所以知圣人。"(《孟子·公孙丑上》)表示哲学是认识人的智慧,从而哲学与人的生活、人的本性、人的生命活动以及人道的法则有关,可见这里讲的"哲""智"即是实践智慧。《周易》特别注重行动的实践智慧,把智慧表达为:"知进退存亡而不失其正者,其唯圣人乎!"(《周易·乾·文言》)"知"进退存亡的具体节度而不离于善,此即是行动的实践智慧。因此,"哲"、"明"、"智"在中国古代皆有智之义。

　　孔子谈仁很多,谈智较少,他说"智者不惑",这里的智即是明智。《中庸》讲三达德,智甚至排在首位,居于仁之前,可见《中庸》

---

① 章太炎也认为,哲训知,但若把哲学看作求知的学问,则未免太狭窄了。可见此知乃是智慧。章说见其《国学概论》,中华书局,2008 年,34 页。

对智的重视。中庸之道是理性对实践情境的一种把握,由经验而来,《中庸》对智的强调和亚里士多德论实践智慧是一致的。《中庸》里还有一个重要的观点,就是主张"好学近乎智"。我们知道孔子虽然较少谈智,但孔子非常重视"好学",而按照《中庸》"好学近乎智"的看法,孔门提倡的"好学"和"智"是一致的,这提示了一个重要的通向实践智慧的诠释方向。

"好学"与智的关联性性,在孔子关于"六言六蔽"的论述中最突出地表达出来:

> 子曰:"由也,汝闻六言六蔽矣乎?"对曰:"未也。""居,吾语汝。好仁不好学,其蔽也愚;好知不好学,其蔽也荡;好信不好学,其蔽也贼;好直不好学,其蔽也绞;好勇不好学,其蔽也乱;好刚不好学,其蔽也狂。"(《论语·阳货》)

这一段话很重要,从德性论来说,它表示每一个别德性对人的意义,不是独立的,而是与其他德性相辅相成地发挥其作用的,诸德性的相辅相成才能造就君子或圣人的中和不偏的人格。而在德性的相辅相成的结构里,"好学"占有其突出的地位。仁、知、信、直、勇、刚这六种德性都是伦理德性,但是孔子强调,对伦理德性的追求不能离开好学,所有的伦理德性若要中和地发挥其积极的作用,不能离开好学的德性,不能离开好学的实践,否则这些伦理德性发生的作用就会偏而不正。[1] 由此可见,好学不仅是一种优秀的能力和特长,也是一种心智的取向,而这种能力和取向明显是指向于知

---

① 这也正如亚里士多德所说的,苏格拉底说德性离不开明智时,他就是完全正确的,《尼各马科伦理学》,1144b,苗译本,132页。

识的学习与教育过程,指向明智的能力。这样就把伦理德性和理智德性结合起来了。在这个意义上,"好学"扮演的角色和好学所积累的能力也正是亚里士多德的"实践智慧"。这和亚里士多德主张的实践智慧的作用以及主张所谓整体的德性中不能缺少理性的观点一致。在这个对比中我们才能深入理解"好学近乎智"的意义。

不过,在古典儒家思想中对"智"的理解中,最重要的还是孟子"是非之心,智也"的思想。孟子的这个思想就把"知"与"明"引向了对是非的道德辨识。"是非"是道德的概念,于是"智"在孟子哲学中成为主要的道德德性。这个意义下的实践智慧是对于辨别善恶、判断是非的智慧。汉代的儒学继承了孟子这一思想,并确立了智和仁义并立的地位,而宋代以后,"智"在儒学中一直是四项道德主德(仁义礼智)之一。这便与亚里士多德有所不同,因为在亚里士多德那里,作为一种理智状态,实践智慧不是德性,而是能力;但比起技术来说,实践智慧又是德性。亚里士多德把德性分为伦理德性和理智德性,又把他所说的理智德性分为五类,实践智慧即是此五类之一。他也说"这就清楚地表明实践智慧是一种德性而不是一种技术"[1],但他始终认为实践智慧不是伦理德性。现代哲学中海德格尔对亚里士多德实践智慧概念的诠释也完全忽视其德性的意义。

而在孟子哲学中,智既是理智,也是伦理德性。后来明代的哲学家王阳明也明确肯定良知就是是非之心,是最根本的德性。[2] 还

---

[1] 《尼各马科伦理学》,1140b,苗译本120页。
[2] 西塞罗认为智德是善恶与不善不恶之事的知识,阿奎那也认为实践智慧是智德,既是伦理德性,也是理智德性。参看潘小慧的著作《德行与伦理》,闻道出版社,2009年,91页、87页。

有一点，亚里士多德主张由实践智慧增进人的幸福。亚里士多德说实践智慧针对对人有益的事情，其所谓有益也包含着幸福，而亚里士多德的幸福包括外在的善。但孟子的德性论并不包含任何生活幸福或外在善的观念，完全集中于道德的完满。可见儒家的实践智慧明确是道德德性。儒家关注的幸福是康德所谓的道德幸福，而外在的善或身体的幸福在中国哲学中尤其是儒家哲学中则不受重视。

二、修身工夫

不过，儒家的实践智慧不限于对智德的提倡与实践，而是包含了丰富的内容。首先，在思辨与实践之间，在孔子已经明白显示出了偏重，即重视实践而不重视思辨。孔子的学生认为孔子很少谈及性与天道，是孔子重视实践的明显例证。孔子对名的重视也只是重视名的政治实践功能，而不是名言概念自身的抽象意义。早期儒家就已经确立了这种性格，在理论与实践之间，更注重发展实践智慧，而不是理论智慧，其原因正是在于儒家始终关注个人的善、社群的善、有益于人类事务的善。退一步说，孔子即使关心宇宙天道，也决不用"理论化的态度"（海德格尔把脱离生活实践的哲学态度叫作非理论化态度）去谈论天道，而是以实践智慧的态度关注如何在人的生活世界与天道保持一致。整个儒学包括宋以后的新儒学都始终把首要的关注点置于实践的智慧而不是理论的智慧。当然，在儒家的体系中理论的智慧也是重要的，如《周易》代表的对宇宙的理解是儒家世界观的重要基础，宇宙的实体与变化是儒家哲学应当关心的，但站在儒家的立场上并在天人合一的框架下，对宇宙的关心不会完全独立于实践智慧，而是可以服务于实践智慧。

另一方面,儒家的实践智慧始终坚持智慧与德性,智慧与善的一致,而不是分离。亚里士多德所说的实践智慧是理性在道德实践中的作用,这种理性作用体现于在善的方向上采取恰当的具体的行为,这是实践智慧作为理性具体运用的特性。在亚里士多德,伦理德性要成为行动,离不开实践智慧,故所有行为都是二者结合的产物。儒家所理解的实践智慧既不是技术思维,也不是聪明算计,更不是一种工具性的手段,不属于功利性的原则,明智不是古希腊所说的只顾自己、照顾自己的生活,① 而是一种道德实践的智慧。在亚里士多德,对实践智慧的说法往往含混不清,如他既说实践智慧必须是对人的善,② 又说善于考虑是实践智慧的最大功用。③ 他说道德德性使活动的目的正确,实践智慧使我们采取实现目的的正确手段,这里所说的正确手段不是道德意义的,而是理性意义的。在这个意义上,实践智慧既不是道德德性,也不能提供善的目的,只是实践的具体方法。当然,亚里士多德也强调离开了实践智慧,道德德性的实践就不能掌握中道,认为合乎实践智慧,伦理德性才能把事情做好,伦理德性必须有实践智慧的具体指导,从而实践智慧一定是做好事的。然而,无论如何,一个完整的道德实践必须有实践智慧作为理智的参与,由伦理德性完成,故可看出亚里士多德的实践智慧是强调实践中理性的具体作用,而不是强调伦理德性的导向作用。

还可以看出,在亚里士多德哲学中,实践智慧的指向是"做

---

① 西塞罗认为智德是善恶与不善不恶之事的知识,阿奎那也认为实践智慧是智德,既是伦理德性,也是理智德性。参看潘小慧的著作《德行与伦理》,闻道出版社,2009 年,1142a,124 页。
② 同上,1140b,苗译本,120 页。
③ 同上,1141b,苗译本,122 页。

事"（doing），① 把握恰当的时机作出行动的决断，而无关于"做人"（being），这就与儒家不同。儒家所展开的实践智慧主要的指向是修身、"做人"（learning to be a person）。或者换另一个说法，希腊的实践智慧重在"成物"，而儒家的实践智慧重在"成人"（to be a true person）。所以在儒家看来，亚里士多德的德性论是不完整的，他的实践智慧虽然与科学、技术、制作不同，但仍然是一种外向的理智理性，指向做事的行为，doing right things；而不包含自身德性的修养，being a good person，故不包含任何内在的觉解。所以，亚里士多德的实践智慧是做事的理性，此理性应有价值的理性来为之导向，而不能说伦理德性由实践智慧指导，因为伦理德性才能真正是求善，而实践智慧是工具性的。当然，亚里士多德的另一句话是对的，"伦理德性使目的正确，实践智慧使手段正确"②，可惜他自己的说法往往不一致，按这个说法，在实践上，道德德性提供大的善的方向、目的，而实践智慧的作用应当是提供精细的行为指导。儒家哲学的实践智慧在这方面更为清楚而有其优越之处。

中国现代哲学家冯友兰指出，从中国哲学的观点看哲学，哲学的功能在于改变或提高人的精神境界，获得一种看待世界的全新的方式，因此提高心灵境界是中国哲学实践智慧的一个目的。精神的提升，内心的和谐、自由、宁静，这种心灵自我的转化是实践的根本目标。

实践智慧不仅表现为把精神的提升作为哲学的目的，而且表现为为了实现这一目的所探索的各种工夫手段、方法。儒家所说的心灵转化的方法不是古希腊的对话或沉思，而是以道德修身为根本的

---

① 实践智慧是涉及行为的，1141b—15；实践智慧是关于行动的原理，1144b—25。分别见《尼各马科伦理学》苗译本 123 页、132 页。
②《尼各马科伦理学》，1144a，苗译本 139 页。

精神修炼。哲学的智慧必须为人的自我超越、自我提升、自我实现提供方向的指引和修持的方法。自我的转化即是内在的改造,是气质的根本变化,超越自己现有的状态,使生命的存在达到一个更高层次的存在。

因此,一个重要的区别是,儒家哲学对哲学的了解是实践性的,而这种对实践的了解,不限于认识外在世界、改变外在世界,而更突出认识主观世界、改造主观世界。所以儒家的实践智慧包含着人的自我转化与修养工夫,追求养成健全的人格,《大学》就是这一实践智慧的纲领。《大学》以"止于至善"为目的,即是确立实践活动的根本目的是至善(如亚氏之最高善),确立了儒家实践智慧的求善特性,而求善的具体修养工夫有慎独、正心、诚意、致知、格物。其中的致知就是扩充和发展实践智慧,而扩充实践智慧有赖于在具体事物和行为上为善去恶,如止于仁、止于敬等,此即是格物。诚意是追求好善如好好色,达到自慊的内心境界,而诚意的工夫又称为慎独的精神修养,诚于中而行于外。总之内心的修养是儒家实践智慧的重点。当然,儒家的实践智慧在全部上包含治国平天下,即对现实政治世界的改造和整理,但这种整理以"己所不欲,勿施于人"为中心,而且《大学》讲得很清楚,自天子以至庶人,一切人、一切事都必须以修身为本。

修身是累积扩大实践智慧的根本途径,人格的锻炼是儒家最看重的实践方面。《中庸》把慎独作为主要的独立的工夫,由内在的中去建立行为的和,"修身以道","修身则道立";同时,《中庸》强调君子的实践不离人的生活世界,愚夫愚妇可以与知,因为"道不远人,人之为道而远人,不可以为道",实践智慧要求理性的运用不可离开人伦日用常行的世界。《中庸》又提出"时中",而"时中"是"在事之中",是"随时而中","做的恰好",是针对个别事物、特殊境况的,这正是实践智慧在做事的恰当运用的状态。《中庸》最后要达到的是诚者不勉而中、不思而得、从容中道的圣人境界。

《中庸》主张的实践智慧还展现为"慎思明辨",与亚里士多德的不同在于,亚里士多德的慎思就是善于正确考虑具体的情境,亚里士多德的慎思作为实践智慧的主要成分之一,主要是关于行为的考察,而不是关于自我的考察反省,《中庸》的慎思首先要求的是对自我内心的考察反省。

儒家修身的实践智慧又被概括为"为己之学","为己"的意义就是"己"的发展、转化,而美德的培养和精神修炼都是以"成己"为宗旨的。这些致力发展美德的精神修炼也即是基督宗教所谓的精神性。《中庸》说:"诚者非自成己而已也,所以成物也。成己,仁也;成物,知也。性之德也,合外内之道也,故时措之宜也。"在这里的知即狭义的智,指向成物,这与古希腊是一致的,但广义的实践智慧是成己与成物的合一,既包含着以诚成己,也包含着成物之智,而成物之智联系着时措之宜,后者正是亚里士多德做事的实践智慧,即做事的中庸之道,恰到好处。但在儒家,这一切成物的时措之宜是以修身成己为基础、为根据的。

三、知行合一

儒家实践智慧的一个特色是关注实践主体。因此从儒家的立场,广义理解的实践智慧应当包含修身的向度,重视德性的修养是儒家德性伦理学与亚里士多德德性伦理的一个根本不同。这种立场包含着把哲学作为一种生活方式的理解,从而实践的智慧不仅仅是做事恰当合宜的智慧,是面对人生整体的智慧。此外,亚里士多德的实践智慧只说了理性对行为的具体的指导,而真正的生活实践需要处理知—行的关系。因为实践智慧的作用可以说正是要把"德性所知"与具体境遇连接一起而成为完整的行动,把价值承诺落实在行动上。在儒家来看,不仅是德性所知,经典世界中的一切叙述若要通向现实世界,必须由实践来完成,实践的智慧必须化为实践的行动。实践智慧作为"知"本身就要求把自己展开为"行"。

在儒家思想中,"实践"本身就常常意味着道德修身的践行活动。《中庸》提出了"博学慎思明辨笃行",其中就包括了"笃行",这也是《中庸》实践智慧的重要方面。《中庸》中显示出,作者认为"中庸"与知(智)关联较多,智既是道德德性,也是实践智慧。而实践智慧必须包括对已知美德的践行、实行。

宋代以后儒学中的"实践"概念广为运用,而实践和躬行连用甚多。后世的历史编纂学家认为,北宋新儒家以"实践之学"为宗旨,[①] 南宋儒学的特征被称为"默然实践",朱子哲学被概括为"其学以求诚为本,躬行实践为事"[②],这些历史编纂学家认为宋明理学就是"以实践为宗旨"[③],理学家强调"圣贤所重在实践"[④],"穷理以致知,反躬以实践"[⑤],成为理学对实践重视的明证。

现代新儒家哲学家梁漱溟尤以"实践"针对理智智慧。在他看来,认识真理的方式有四种,即科技、哲学、文艺和修养,修养即修持涵养。他说:"孔子与实践中自有思考在内,亦自有哲学在内,但只为生活实践的副产物,最好不从思想理论来看待之。为学生讲

①《宋元学案》卷三十一《吕范诸儒学案》。
②《宋元学案》卷五十九《清江学案》。
③《宋元学案》七十三《丽泽诸儒学案》。
④《宋元学案》八十六《东发学案》。
⑤《宋元学案》九十《鲁斋学案》。

论时当指示各自反躬体认实践,默而识之。"[1] 他认为:"把儒家孔孟切己修养之学当作哲学空谈来讲而不去实践,真乃一大嘲弄。""儒家之为学也,要在亲切体认人类生命之极高可能性而精思力践之,以求践形尽性。""儒家期于成己,亦以成物,亦即后世俗语所谓做人。"[2] 所以,他所了解的哲学的实践便是"反躬内向"。这也涉及儒家对哲学的理解。按照梁漱溟的理解,哲学并非如西洋古代所说的爱智,而是"生命上自己向内用功进修提高的一种学问",是一种强调修身和变化、提高自己生命的实践智慧。他认为"古书中被看做哲学的那些说话,正是古人从其反躬内向的一种实践活动而来"[3]。所以他又说,儒家的哲学可称为人生实践之学,是一种生命的学问,哲学必须是一种自我的实践和活动,强调儒家哲学作为人生实践活动的重要方面。

明代哲学家王阳明指出:"凡谓之行者,只是着实去做这件事。若着实做学问思辩的工夫,则学问思辩亦便是行矣。学是学做这件事,问是问做这件事,思辩是思辩做这件事,则行亦便是学问思辩矣。若谓学问思辩之,然后去行,却如何悬空先去学问思辩得?行时又如何去得做学问思辩的事?行之明觉精察处,便是知;知之真切笃实处,便是行。"[4] 亚里士多德的实践智慧是指向行动的慎思明辨,而王阳明所说的"思辩是思辩做这件事",意思与之相近;其所说的"行之明觉精察处便是知","知之真切笃实处,便是行",既是强调实践智慧是对行动的明觉精察,也同时强调实践智慧作为知必须和行结合一起。

① 《梁漱溟全集》第七卷,山东人民出版社,1993 年,498 页。
② 《梁漱溟全集》第七卷,159 页。
③ 《梁漱溟全集》第七卷,756 页。
④ 《王文成公全书》卷六《文录三·书三·答友人问》,中华书局,2015 年,252 页。

在古代中国思想中,孔子以前都使用"德行"的观念,有时简称为德。古代"德行"的观念不区分内在和外在,笼统地兼指道德品质和道德行为,重点在道德行为。其实,早期儒家便在德的问题上与亚里士多德有差别,即,虽然孟子集中关注"德性"的问题,但孔子和其他早期儒家重视"德行"的观念,主张德行合一,知行合一,而不主张把德仅仅看作内在的品质,强调要同时注重外在的行为,可见儒家的实践智慧必须强调践行的意义。同时智不是仅仅做选择,做判断,或进行推理,知必须关注行、联结到行、落实到行。如果知而不行,那不是意志的(软弱)问题,而是实践智慧本身发展的不够,扩充得不够,还没有达到真正的实践智慧"真知"。

如前所说"致知"即是扩充实践智慧,明代的王阳明指出智或知应当是良知,而良知必须知行合一。因此,在儒家的立场上,实践智慧是伦理德性,也是道德知识,故实践智慧必须包含着知行合一的方面。这和现代哲学的海德格尔有些类似。海德格尔以实践智慧为良知,以召唤自己实际的生存作出决断,以回到本真的生存。因此儒学对哲学的理解,不是关注超感性领域,更不重视理论构造、抽象推理和逻辑演绎,儒家的哲学观显然不是海德格尔所批评的"理论化态度",儒家强调的是在生命世界中的生命体验、生命实践,而这个生命实践是以人和道德实践为中心的。

四、成物之道

最后略谈一下儒家实践智慧思想中的成物之道。自孔子以来,儒家的实践智慧强调以道德为基础而不脱离道德德性,然而,由于前孔子时代产生的《周易》是儒家尊奉的经典,于是,在儒家尽力把对《周易》的诠释向德行方面转化的同时，《周易》自身带有的吉凶意识和世俗智慧也影响到儒家的智慧思想，从而使得儒家的实践智慧也一直包含了这个涉及做事的"成物"部分。

在古希腊乃至亚里士多德的实践智慧思想中，包含了工具性的审慎计度，在后来的伦理思想史上，也可以看到把审慎、精明等作为重要德性的思想，注重做事的成功之道、聪明和机巧。其实在古希腊如伊索克拉底的思想中明智就是审时度势、随机应变的行动能力，反映了实践智慧的日常性、世俗性一面。这与实践智慧是针对具体事物的特性有关，古希腊的明智是实现具体目的的手段的一种智性能力，也是把握实践情境具体尺度的智慧。

亚里士多德在《尼各马科伦理学》第六卷中说道："甚至人们善于计较以得到某种益处，我们也称之为一种明智"，"总的说来，一个明智的人就是一个善于考虑的人"，"明智是善于照顾自己"。他甚至还表达出这样的思想，即明智是有经验"怎么照料自己的生活"，他说"顾自己是明智的一类"，"明智不等于聪明，但却包含着聪明"[1]。这些地方提到的明智也就是实践智慧。孟子论智时提道："所恶于智者，为其凿也。如智者若禹之行水也，则无恶于智矣。禹之行水也，行其所无事也。如智者行其所无事，则智亦大矣。"（《孟子·离娄下》）。可见孟子认为明智不能是聪明谋划，他甚至吸收道家思想以反对这种聪明谋划。

与古希腊传统的世俗性实践智慧相比，除了孟子以外，儒家思想中也包含类似的方面。对于儒家来说，这一类的实践智慧包括三个方面，一个是《周易》的变化智慧，一个是《中庸》的节度智慧，一个是世俗的成功之道（也就是韦伯所说的非伦理的世俗智慧）。这

---

[1]《尼各马科伦理学》，1140b、1142a、1144b，苗译本，120、124、131 页。

三者共同构成了儒家的成物之道。限于篇幅，这里只就《周易》系统的实践智慧略谈一点。

就儒家智德的广义内涵而言，其重要内容是明辨是非，不受迷惑；而其另外的内容则包括识利害、通变化、正确决断、趋利避害、求得成功。这些内容主要是由《周易》系统所带来的。《周易》的基本思想是吉凶利害，而非德性修身，但关注吉凶利害是人的实践领域所需要的，故儒家也予以重视。这一类是"非道德"的实践智慧，而"非道德"（non-moral）不是"反道德"（immoral），故这种道德中立的实用理性在中国文化中也受到道家等各家的推重，反映了中国的智慧的重要方面。在亚里士多德，实践智慧不是道德德性，只是一种非道德的理智状态，实践智慧针对人的幸福，这些都与《周易》对吉凶智慧的追求相通，故可以说《周易》的智慧更接近于亚里士多德的明智。但《周易》有两个层面，卜筮的操作针对具体事项，而《周易》的通变智慧并不针对具体的事项，这是与亚里士多德不同的。

如《周易·系辞传》说："是故吉凶者，失得之象也，悔吝者忧虞之象也，变化者进退之象也。""知变化之道者其知神之所为乎？"《周易》追求的是在变化中"吉无不利"。吉凶亦即是祸福，知祸福就是明智。贾谊说："深知祸福谓之智，反智为愚。亟见窈谓之慧，反慧为童。"（《新书·道术》）。董仲舒说："智者见祸福远，其知利害蚤。物动而知其化，事兴而知其归，见始而知其终，……如是者谓之智。"（《春秋繁露·必仁且智》）而总体上说，经过《十翼》的发挥诠释，在儒家思想中，《周易》的智慧已主要不是处理个别具体事务的成败利害吉凶，而是着眼在掌握和理解重大的变化之道，以开物成务，如《系辞传》所说"知变化之道者其为神之所为乎"，"通天下之志"，"成天下之务"。

总之,从现代哲学的讨论所针对的问题如技术理性的统治而言,儒家的实践智慧比起亚里士多德的实践智慧有其特色,也有其优越之处,即毫不犹豫地强调道德的善是人类实践的根本目标,重视人的精神修养和工夫实践。当然,儒学的实践智慧虽然重视向内的工夫,但不离事事物物,且能发为积极的社会政治态度与实践,促进社会改造和政治改良。然而,这就是《大学》八条目中"治国平天下"的范围了,正如亚里士多德的实践智慧广义上也包括政治学一样,[1] 这就不在本文讨论的范围之内了。

---

[1]《尼各马可伦理学》,1141b,苗译本,123 页。

关于桑德尔论共和主义德行的思考

——对《民主的不满》的评论

桑德尔教授《民主的不满》一书，我阅读之后，从中获得了很多有关美国政治历史的知识，也从儒学的角度产生一些想法，以下我谈几点：

第一，有关政府的道德中立性。桑德尔此书开篇即坦承如下的感觉："从家庭到邻里到国家，我们周遭共同体的**道德根基正在瓦解**。"[①] 这种情形的出现，在他看来，应归根于当代盛行并居于主导地位的自由主义政治理论，特别是中立性政府的理论，"它的核心观念是，对于公民拥有的道德观和宗教观，国家应持守中立。"重要的是，他指出，这看起来似乎是美国政治与宪政传统的一贯特征，其实这种自由主义是最近五十年才发展起来的，而美国立国以来一直是共和主义传统占重要地位的。

自由主义主张政府是中立的，在公共生活中不应表达任何道德信念，政府应放弃道德指导，不必关心公民德性的培养，它所要求的只是保障个人的权利，而个人权利不能为普遍利益而牺牲。（12页）与自由主义相反，桑德尔赞成共和主义理论，这种共和主义以

---

① [美] 迈克尔·桑德尔著、曾纪茂译：《民主的不满》，江苏人民出版社，2012年，4页。以下引此书只随文括注页码。

自治观念为核心,强调公民间就共同善(common good)展开协商,致力塑造共同体的命运,要求公民拥有某些品质或公民德性、重要的归属感、对集体的关心,重视公民和共同体的道德联系。(6页)因此,在哲学上,共和主义主张的自我不是分离的、个体的人,不是无负荷的自我(the unencumbered self),而是注重个人的义务,如团结的义务、宗教的义务。(15页)他认为,自由主义的义务立场过于狭小,因为据罗尔斯的观点,"除了不行不义这一普遍的自然义务之外,普通公民对其同胞没有任何特殊的义务"(16页),不仅对其同胞,对其共同体也没有义务。因此这样的自由主义很难说明公民责任,比如忠诚与责任。照桑德尔看来,我们乃是我们所是的具体的人,我们对家庭的忠诚,对城市、国家、民族的忠诚,这些关联共同体的道德责任非常重要,而这些是自由主义无法说明的。我们作为家庭的成员,作为城市、国家的成员,对于所生活其中的共同体负有团结的责任,负有由这些成员身份所决定的、先于个人的道德责任,故基于这种成员身份而来的道德责任要远超过"自然义务"。桑德尔认为自由主义的人的观念太稀薄了,甚至无法支持福利国家对其公民所要求的公民责任。

共和主义以美好社会(the good society)观念为优先,肯定共同善的政治,主张在公民中培养自治的共同善所必须的那些品质和德性,如归属感、承诺,这些对于自治的实现都非常重要。共和主义把这些道德德性作为关注的对象,不认为这些只是个人的事情。(28页)如1940年在有关国旗宣誓是否违反宗教信仰的案件中,大法官法兰克福特的判决词便体现了这样的观念:"自由社会的最终基础是团结感带来的黏合纽带,所有那些培养心灵与精神的机构可能有助于聚拢民族的传统,一代一代地传递下去,并由此创造那构成一个文明的宝贵的共同生活的延续性,正是这种机构培养了这种

团结感。"（61 页）

桑德尔对自由主义中立性立场的批评，他所表达的共和主义维护共同体的主张，都是我们所赞同的，儒家的立场与共和主义的德行主张有亲和性。

第二，关于公民德行。政府要不要支持培养"公民品质"（147页），公共生活要不要保持道德声音的在场，共和主义对此的回答是肯定的。桑德尔此书并非只是提出一种共和主义的立场，而是把这种立场在美国政治史中作为一条主线展现出来，从而具有历史的说服力。桑德尔梳理了美国 18 世纪以来的政治话语，使我们看到重视"德行"、"公民德行"一直是美国重要的政治思考方式。如梅森说"如果德行是共和国至关重要的原则，那么没有节俭、正直、严格的道德，共和国就不可能长期存在"（148 页），本杰明·富兰克林更说道"只有有德行的民族，才能获得自由"。从而，对丧失公民德行的担忧成为共和主义经久不衰的主题。共和主义政治的理想是革新公民的道德品质，强化公民对共同善的归附，如亚当斯说"造就人民的品质，正是伟大政治家的分内之事"（149 页）。这种理解至少在形式上很像从早期儒家（《大学》）到梁启超的"新民说"。共和主义理解的美国革命的目标，内在地植根于一种价值观，如伍德所说，是"为了整体更大的善而牺牲个人利益构成了共和主义的本质，并且包含了美国革命的理想主义目标"。对他们来说，公共利益不仅是个人利益的综合，政治的关键不在于追求竞争的利益，而在于超越它们，"寻找作为一个整体的共同体的善"（150 页），共和主义反对把汲汲谋利作为核心价值观，相信普通公民德行能够胜于自利心（152 页），以公民德行来维护自由，相信政府应由有德者统治，政府应以超越私人利益总和之上的共同善为目标，不放弃以共和政治塑造公民的主张。（154 页）这些与儒家的立场都有相通之处。

共和主义特别从自治的角度来看待这一点,他们主张"自由需要自治,自治有赖于公民德行"(148页)。

当然,不同的共和主义者强调的德行重点不同。汉密尔顿更强调爱国主义对公民的塑造,他对一般的无私德行能否激发对国家的忠诚表示怀疑(158页),希望培养的公民品质不是传统的公民德行,而是对民族、国家的归附,认为"公民越是习惯于日常的政治生活中接触到全国性政府,公民的视线与感情越是熟悉它,它获得社会尊重和皈依的可能性也就越大"(156页)。当然,共和主义主要不是把政府作为国民道德提升的工具,更寄希望于教育、宗教和小共同体。而联邦党人重视的德行是保守主义的德行,如秩序、服从、克制,相信民主政府的秩序与稳定有赖于宗教与道德。早期共和主义偏爱农业和农民,认为农民的劳动生活是德行的基础,如杰斐逊所表达的"耕种土地的人是最有价值的公民,他们是最有活力、最独立、最有德行的人"(170页)。看起来,美式自耕农社会是早期共和主义的基础,古典共和主义的德行是19世纪美国自耕农的德行,故强调公民德行有赖于单纯的农业经济,与城市无关。与此相联系,他们把商业看成与德行对立的,是腐败、奢侈和分离公共善的根源。(189页)

20世纪初开始,共和主义对公共生活的认同开始越来越与城市有关,1914年圣路易斯的庆典,"在城市居民中激发起共同的公民感和共享的目的感","随之涌现的完全是神圣的公民感,对其他公民的信任与关爱,生活在这座城市的自豪感"(246页)。改革家的目标是在城市塑造"有教养的、有道德的、有社会责任心的公民"(244页)。西奥多·罗斯福强调扩展美国公民的自我理解,灌输"广阔而深远的爱国精神",认为"我们民族的主要问题是获得恰当类型的好公民","民主政府不能对人民的品质漠不关心",要激发那些公民品德，"对义务的积极奉献"，"诚实、勇敢、共同感"的美德，强调必须超越一心只考虑物质利益的生活。(255页)关于民主和公民德行，克罗利甚至提出"民主把人民的道德与公民能力的提升作为最高目的"，"民主的关键不是迎合人民的欲求，而是提升他们的品质，拓宽他们的同情心，以及扩展他们的公民精神。……民主的原则就是德行。"(257页)于是，不仅"自由"有赖于德行，"民主"也是以德行为目的，这种对民主的理解特别容易使儒家找到政治的共鸣。

值得注意的还有较近时期的里根时代，既主张市场发挥巨大作用，又重视道德在公共生活中的地位，后者召唤公民的、集体的伦理，召唤共同体的价值，家庭、邻里、爱国的精神，这也是强调与个人主义不同的国民共同体的理想。这一政策得到了文化保守主义的支持，这一时期的文化保守主义以"共同体的保守派"(communal conservative)为代表，强调政府要关注公民的品质。法维尔提倡以复兴基督教道德来拯救美国，而威尔主张"治理国家就是塑造灵魂"，强调培养自由政府所依靠的公民品德、气质、习惯、风俗，威尔所说的品德即"好公民，基本要素是谦和、社会同情，以及愿为公共目的牺牲私人欲求"(362页)。1984年里根争取连任时宣称"我们已经开始恢复伟大的美国价值——工作的尊严、家庭的温暖、邻里的力量"(364页)，以及宗教的力量，这就不仅涉及个人德行，更涉及美国社会文化的价值观，因为，"家庭的温暖"已经不是公民德行，而是价值。里根所说的三条似乎就是美国社会的核心价值。而共和主义明显主张共同体对个人的价值优先性。

如本书所说，共和主义关注的德行是以"自治"为核心，其所说的"共同善"也多以自治为基础，这样的德行不能不有其限制，因为自治似乎是一种政治的概念，这个意义上的德行如政治参与也是政治的,而不纯粹是道德的。另一方面,自治的传统应是以美国乡村农业或郊外社区的共同体为模式的,这一模式对大城市生活能否适用?共和主义如何看待那些不以自治观念为基础的品质、德行?共和主义的好公民以自治为基础,可否有一种不以自治为核心的共和主义?

第三,关于公民德行的进一步讨论。本书经常出现的一个关键词是公民德行(civic virtue),不过在我看来,公民德行究竟只是指公德,还是兼包括私德和公德,本书中这个概念对读者而言并不是很清楚的。公民德行是人作为"公民"而发生的德行要求,而私德则是指人作为"人"而发生的道德要求。在亚里士多德的《政治学》中区别了"公民的品德"和"善人的品德"。公民的品德是指作为政治团体的公民身份所应有的道德,亚里士多德说:"好公民不必统归于一种至善的品德,但善人却是统归于一种至善的品德的。于是,很明显,作为一个好公民,不必人人具备一个善人所应有的品德。"他还说:"好公民的品德不能全都符合善人的品德。"① 可知善人的教育不同于一般公民的教育,善人的品德即儒家所提倡的君子德行,比公民的品德要求更高、范围更广,而公民的德行要求相对而言则较低。因此,桑德尔所说的共和主义德行究竟是亚里士多德所说的公民的德行,还是善人的德行?政府应不应该倡导善人的德行?

近代西方思想对个人和社会之道德的区分,始见于边沁对"私人伦理"与"公共伦理"的区分,此后密尔在其《论自由》中特别区分"个人道德"和"社会道德"。② 日本受此影响,在明治二三十年代关注过公德讨论。中国近代思想家梁启超在戊戌运动后到日本,

---

① [古希腊] 亚里士多德:《政治学》,商务印书馆,2012 年,124 页。
② [英] 约翰·密尔:《论自由》,商务印书馆,2007 年,90 页。

受到其影响。梁启超区分公德和私德,认为私德是个人的品德、修养,而公德是指有益于于国家、社会的德行。公德是有益于社群团体的德行,私德是个人完善的德行。梁启超从爱国的民族主义出发,把个人对群体的自觉义务看成公德的核心,这是和中国近代民族国家的受压迫而欲自强的时代要求——救亡图存密切相关的。①共和主义也有类似的例子,像汉密尔顿,强调对国家的忠诚,而忽略"一般无私的德行"的意义,把政治生活和社会生活似太割裂了。而博耶所说的"有教养的、有道德的、有社会责任心的公民"便具有较宽的包容性。罗斯福、克罗利、威尔主张培养的德行中都含有比自治的公民更广的方面,如诚实、勇敢、谦和。如果共和主义的德行仅仅是公德,那么如何认识私德、培养私德,如何确定私德与公德的关系,现代社会的政府是否应该推进培养私德,共和主义应有明确回答。从桑德尔此书所述可见,一些自由主义者也承认我们可能为一些义务所约束,但他们坚持这些义务只适用于私人生活,而对政治没有意义。其实,即使对政治生活没有明显意义,也不见得只是对私人生活有意义,而是可以对社会、文化生活有意义。桑德尔指出,为什么要坚持把作为公民的我们和作为人的我们分开呢?我们要问,为什么要把公民德行和人的德行分开,只关注培养公民德行呢?除了个人的德行,共和主义赞同的价值是什么?

托马斯·潘高从桑德尔此书中抽取了美国共和主义一直强调的公民德行,共 23 条(421 页),这使我想起富兰克林的 13 条德行,② 这些德行似乎都是以新教伦理或清教德行为主,那么,是否美

---

① 参看我的论文《梁启超的"私德"论及其儒学特质》,载《清华大学学报(哲学社会科学版)》,2013 年 1 期。
② [美] 富兰克林著、姚善友译:《富兰克林自传》,北京十月文艺出版社,2005 年,109—111 页。

国两百年来共和主义主张的德行,是与一定的宗教背景相关联的?富兰克林的 13 条德行曾得到马克斯·韦伯的特别关注,认为这是新教伦理的集中代表。① 如果美国共和主义的德行主要是新教的德行,或者像富兰克林提倡的、适合在近代社会获得个人成功的德行,属于"资本主义精神",而不能涵盖天主教、犹太教即整个基督宗教的善人德行传统,这样的共和主义德行有没有局限?从桑德尔此书来看,美国历史上的共和主义强调是德行主要是**勤奋、节俭**和**忠诚、团结**,前两者是新教的工作伦理,后两者是自治共同体或社群主义的德行,这四项德行应该说都是适合现代社会的德行,但从德行伦理(virtue ethics)来看还是有局限的,即未能广泛涉及个人完善的德行。儒家的德行论是更厚的德行论,从儒家的角度看,共和主义的德行还不够厚。

对比中国,如果从儒家德行论的角度来看,当代中国个人生活主要需要三组德行:

> 仁爱、道义、诚实、守信、孝顺、和睦
> 自强、勤奋、勇敢、正直、忠实、廉耻
> 爱国、利群、尊礼、守法、奉公、敬业 ②

前两组属于"私德"即个人基本道德,古代儒家称为君子德行;后一组属于"公德",即个人基本公德。而自由、公平是社会价值,不是个人道德。比较而言,儒家所倡导的德行比较厚。培养个人基本道

---

① [德]马克斯·韦伯著,于晓、陈维纲译:《新教伦理与资本主义精神》,生活·读书·新知三联书店,1987 年,35 页。
② 参看拙著《仁学本体论》十二章第五节"儒家美德的传承与转化",生活·读书·新知三联书店,2014 年,467 页。

德,在世界其他国家,多由各个宗教根据其经典确定,政府不需要参与其中。但在中国文化的历史上,儒家的价值观是两千多年来传统中国社会文化的主流价值观,是中国文明自身的传统,儒家士大夫则是历史上承担了传承固有文明、从事道德教化的主体,而儒学并不是宗教。《大学》开首说"大学之道,在明明德,在新民,在止于至善",故中国文化传统始终认为政府作为共同体的代表负有风俗教化的责任,负有塑造价值观的责任,负有提升成员道德品质、精神面貌、文化素质、礼仪素养的责任。这仍然影响着当代中国政府对政治的理解,也是当代中国国情与世界其他国家不同的重要之点。

第四,关于德行与权利。如果西方政治思想的中心原则是个人权利优先和个人自由优先,如果认为把一种共同的善的观念要求所有的公民,将违背基本的个人自由,那么,儒家永远不可能认可此种权利优先的态度。儒家与西方各宗教伦理都强调社会共同的善、社会责任、有益公益的美德。因此,儒家的精神立场可以接受《经济、社会及文化权利国际公约》和《公民和政治权利国际公约》的所有内容,但却是在责任、义务、共同善的背景和框架中来肯定其内容。从而,公民、政治、经济、社会各种权利在逻辑层位上,在与历史情境密切关联的实现次序上,更在责任与权利的根本关系上,儒家的安排会与西方文化不同,其立场肯定是非权利优先、非个人优先的。

权利观念的最高体现是人权。人权已经成为世界范围内被普遍接受的价值和理想。但是人权的观念在不同的文化中地位不同。在现代西方特别是美国的教育中,人权已成为首要的内容。中国没有逃避宗教迫害的背景,没有与殖民者进行斗争求得独立的历史,没有市民阶级与贵族斗争的历史,而中国自古以来,特别是儒家传统,始终不是把个人对国家的要求和权利放在首要地位。儒家思想中规定了统治者和政府所应承担的保障人民的义务,但其重点在经济社会权利方面。儒家思想在几千年中更是作为士大夫的思想,士大夫则是知识分子和官员,这使得儒家思想始终内在地把对社会承担的责任和美德以及对公共事务的关切作为首要的要求,而儒家民本主义又要求士大夫始终对民生有高度的关注。于是"忧国忧民"成了儒家知识分子的精神传统和内在关怀。19世纪中叶以来的中国历史,面对外来的冲击与压迫,使知识分子的这种精神更为强化。因此,处在发展中的社会、受儒家传统影响的中国知识分子会乐于认同人权思想,但这种接受和认同不会是超越了他的固有的忧国忧民的社会意识和责任观念优先的伦理态度,从而使得人权观念不会无条件地成为他的第一原则,而始终会与他的传统的文化价值取向处于复杂的互动。事实上,这对世界各大宗教传统都是如此,不独儒家为然。这种多元文化的体现是当今推动全球伦理和文明对话的过程中应当受到注意和尊重的前提与背景。

儒家理想的政治是以美德为基础的政治,强调政治事务不能脱离美德。从政治与道德的关系来看,孔子认为政治是不能脱离道德的,故在这里不存在政治的中立:政治必须以伦理原则为其自身的基础,脱离了伦理,脱离了道德概念,政治将不复为政治,政治必须放在价值的善恶中予以掌握。现代政治哲学主张,政治独立于道德,即政治主张、制度、原则可以脱离社会的道德文化,政府不应当主张任何一种道德伦理原则。① 其实这是虚伪的,政治的去道德化,在现实上是很危险的,它会把政治只变成一人一票的选举游戏,使政治对社会、秩序、伦理、道德都无所承诺,导致社会政治生活的道德缺席,若再没有传统道德力量作为砥柱,政治便可能把社会引向道德混乱。一个政府也许不必同特定的某一学派、流派、教派捆

---

① 参看万俊人:《政治哲学的视野》,郑州大学出版社,2008年,152—153页。

绑在一起,但对社会生活基本规范和做人美德,对传统的基本价值必须明确加以认同和发扬,离开了这些,不仅就谈不上政治的正当,连政治本身都会成为问题。

中国文明是世界历史上唯一连续性存在的文明,在这个意义上,中国与其说是一个西方意义上的"民族—国家",不如说是一个"文明—国家"。经历了百年的困顿与曲折,今天的中国正在谋求中华文明的复兴,中国政府正在推动保存中国传统价值观、弘扬中华传统美德,这不仅具有一种可与美国共和主义相比的特点,而且更体现出作为一个文明的自觉意识。因此它所倡导的德行不限于公民德行和政治参与,而是全面指向儒家美德,并谋求这些美德的实践在时代的变化中进行创造性发展。共和主义重视的共同体,在经验性上可以是家庭、社区、民族、国家,在当代中国,中华民族包含几十个族裔族群,中华民族的政治共同体的建构正是伴随着1840年鸦片战争以后反抗帝国主义的压迫而发展起来的,因此,当代中国所强调的共同体必然首先是超越族裔族群的政治共同体即政治国家。当然,正如查尔斯·泰勒所说,在革命后文化认同重构的过程中,若"国家"太强,导致"社会"式微,则不利于认同的重建,[①]这是需要加以注意的。这些对全面理解当代中国的政治文化都是很重要的。

---

① 参看韩升:《生活于共同体之中——查尔斯·泰勒的政治哲学》,中国社会科学出版社,2010年,248页。

诠释学中的"前见"

——以《真理与方法》为中心的分析

自从伽达默尔的哲学诠释学兴起以来,学者们多已知"前见"是哲学解释学的一个较受重视的观念。其实,根据伽达默尔自己的叙述可知,前见的概念或类似的概念在西方哲学史上早已有之。伽达默尔所说的前见,德文为 Vorurtei,它受到拉丁文 praeiudicinm 的影响,这个字在法学上是指前判断,即终审前的判决。根据伽达默尔的哲学,理解开始于前理解,而据他说这一观念乃是一种古老的传统观点,如柏拉图的回忆说便是此种观点最初的神秘形式,后来亚里士多德在其《后分析篇》中引用了这样的话:"每个合理的学说和教导都依赖以前得来的认识",伊壁鸠鲁也说,要在前概念里去认识真理标准。[①] 可见这个问题有其古老的根源。以下本文从对《真理与方法》的相关部分细读入手,梳理诠释学中的前见论述,以就教于方家。

一、启蒙运动的"前见观"

虽然前见的观念在西方哲学史上早已有之,但伽达默尔真正面

---

① 洪汉鼎:《诠释学与中国经典注释》,燕山出版社,2015年,34页。

对的对立面其实是近代的启蒙运动的"前见观"。他说：

> 如果我们追随启蒙运动所发展的关于前见的学说，那么我们将发现关于前见有下面这样一种基本划分：我们必须区分由于人的威望而来的前见和由于过分轻率而来的前见(das Vorurteil des menschlichen Ansehens und das der übereilung)。这种划分的基础是前见起源于具有前见的人。或者是他人的威望、他人的权威诱使我们犯错误，或者是我们自己过分轻率①。

他指出，1689—1690 年的《前见注释》和《理性学说引论》已经出现过这种前见的区分，瓦尔希 1726 年编的《哲学辞典》也区分了两种前见，列奥·施特劳斯的《斯宾诺莎的宗教批判》认为"'前见'这一词最恰当地表达了启蒙运动的伟大愿望，表达了想自由地、无偏见地进行考察的意愿"②。

伽达默尔认为，在启蒙运动看来，"权威是前见的一个源泉，这符合于启蒙运动那个著名的原则，康德曾把这个原则表述为：大胆使用你自己的理智。……因为启蒙运动的批判首先是针对基督教的宗教传承物，也就是《圣经》。由于《圣经》被理解为一种历史文献，所以《圣经》批判使《圣经》的独断论要求受到威胁。现代启蒙运动相对于所有其他启蒙运动所特有的彻底性在于：它必须反对《圣经》及其独断论解释以肯定自身。因此诠释学问题特别成了它

---

① [德] 汉斯－格奥尔格·伽达默尔著，洪汉鼎译：《真理与方法——哲学诠释学的基本特征》，商务印书馆，2007 年，370 页。
② 同上，369 页。

的中心问题。"①

按照启蒙运动的立场，要反对一切权威，既然权威和前见是连接一起的，前见也是必须去除的。针对以前的文化历史，启蒙运动提出不承认任何权威，要求把一切都放在理性面前加以判断。这无异于说，启蒙运动反对以往的一切权威，不承认以往的一切权威；但严格地说，这不是不承认任何权威，因为它主张以理性为最高权威。

就启蒙运动的实际历史指向而言，其所谓权威主要是针对基督教的：

> 因此我们需要一种特别的批判努力，才能使自己摆脱书写下来的东西所具有的前见，并像对所有口头陈述一样，区分其中的意见和真理。启蒙运动的普遍倾向就是不承认任何权威，并把一切都放在理性的审判台面前。所以，书写下来的传承物、《圣经》以及所有其他历史文献，都不能要求绝对的有效性，传统的可能的真理只依赖于理性赋予它的可信性。不是传统，而是理性，表现了一切权威的最终源泉。被书写下来的东西并不一定是真的。我们可以更好地知道它们。②

"书写下来的传承物"，在我看来，是伽达默尔诠释学思想中很重要的一个概念。传承物亦有译为流传物，书写的传承物是传统的有形载体。书写传承物是历史流传下来的文本，具有历史赋予的权威性。在西方历史上，最重要的书写的传承物就是《圣经》。《圣经》

---

① [德] 汉斯-格奥尔格·伽达默尔著、洪汉鼎译：《真理与方法——哲学诠释学的基本特征》，370页。
② 同上，371页。"传承物"一词在1999年译本中作"流传物"。

不仅具有历史赋予的权威,作为宗教传承物,它还被赋予了神性真理的权威,而启蒙运动所要打破的正是基督教及其圣典的权威。照这里所说,前见首先是指历史文本中的判断见解。

《圣经》作为文本,从一开始便联系着理解的问题,而理解又关联了前见:

> 这就是现代启蒙运动反对传统的普遍准则,由于这一准则,现代启蒙运动最后转为历史研究。正如自然科学使感性现象的证明成为批判的对象一样,启蒙运动也使传统成为批判的对象。不过,这并不一定是说,我们在任何地方都把这"反对前见的前见"认作是自由思想和无神论的最终结论——如在英国和法国那样。其实,德国启蒙运动大多都曾经承认基督宗教的"真实前见"。因为人类理性太软弱,不能没有前见去行事,所以,曾经受到真实前见的熏陶,乃是一种幸福。①

也就是说,启蒙运动反对传统,批判传统,反对基督教的前见和亚里士多德的传统前见,使得启蒙运动导向了历史研究。不过启蒙运动也不是铁板一块,德国的启蒙运动就承认基督教的前见有真实的一面,这似乎也表明伽达默尔对传统和前见的宽容,在来源上与德国的这一传统有关。他说:

> 对一切前见的根本贬斥——这使新兴自然科学的经验热情与启蒙运动结合起来——在历史启蒙运动中成了普遍的和彻底的倾向。

---

① [德] 汉斯-格奥尔格·伽达默尔著、洪汉鼎译:《真理与方法——哲学诠释学的基本特征》,371 页。

这里正是某种哲学诠释学尝试必须开始其批判的关键。消除一切前见这一启蒙运动的总要求本身被证明是一种前见，这一前见不仅统治了我们人类本性，而且同样支配了我们的历史意识，而扫除这一前见就必然为某种正当理解有限性开辟了道路。①

关于启蒙运动对前见的贬斥，他指出：

首先关于前见区分为权威的前见和轻率的前见，这一区分显然是基于启蒙运动的基本前提，按照这一前提，如果我们严格遵照方法论规则使用理性，我们就可以避免任何错误。这就是笛卡尔的方法论思想。轻率是我们在使用自己理性时导致错误的真正源泉。反之，权威的过失在于根本不让我们使用自己的理性。权威和理性之间的相经排斥的对立，正是上述区分的基础。②

前见区分为"权威的前见"和"轻率的前见"，这意味着两种前见都不是依据理性，权威是不允许使用理性，而轻率是错误地使用理性。因此，抛弃前见，完全依靠理性，才是启蒙运动的结论。就后一种而言，这是指，如果我们严格地按照理性规则使用理性，就可以避免轻率的错误。换言之，轻率是理性本来可以避免的，这种前见不是必然的。这一立场从传承物的角度说，启蒙运动追求正确、无成见地合理理解传承物，包括《圣经》。那就是说，启蒙运动并不是简单地

---

① ［德］汉斯－格奥尔格·伽达默尔著、洪汉鼎译：《真理与方法——哲学诠释学的基本特征》，375 页。
② 同上，377 页。

要打倒《圣经》，而是寻求建立对《圣经》的无成见的理解，并由此走向了历史研究。如果就伽达默尔对《圣经》的提法来看，前见是指历史文本的权威和人民意识中对这种权威的肯定，以及以《圣经》内容为真理的前见。

> 对于古老东西，对于权威东西的错误的先入之见，乃是本身必须要打破的东西。所以启蒙运动认为路德的宗教改革行为在于："使人的威望的前见，特别是对哲学家王（他意指亚里士多德）和罗马教皇的前见，得到根本的削弱。"……因此，宗教改革带来了诠释学的繁荣兴盛，正是诠释学才教导我们在理解传承物时正确使用理性。不论是教皇的学术权威，还是求助于传统，都不能替代诠释学的工作，因为只有诠释学工作才知道保护文本的合理意义以反对所有不合理的揣想。①

可见，这里所谓"前见"，就是先入之见，权威的、古老的见解，启蒙运动主张必须打破这些前见。由于启蒙运动与宗教改革相表里，因此启蒙运动反对的前见特别是指罗马教皇的前见和亚里士多德哲学传统。打破教皇和传统的权威，用启蒙的诠释学去求得文本的意义。所以他说："施莱尔马赫对于前见的传统区分的变更，乃是启蒙运动完成的标志。偏颇只意味着个人的一种理解限制：'对于近乎某个人自己观念的东西的一种片面的偏爱。'"②

> 一切理解都必然包含某种前见，这样一种承认给予诠释学

---

① [德] 汉斯－格奥尔格·伽达默尔著、洪汉鼎译：《真理与方法——哲学诠释学的基本特征》，377—378 页。
② 同上，379 页。

问题尖锐的一击。按照这种观点,情况似乎是:尽管历史主义对唯理论和自然权利学说进行了批判,但历史主义却立于现代启蒙运动的基础上,并不自觉地分享了它的偏见。也就是说,它的本质里包含了并被规定了一种启蒙运动的前见:启蒙运动的基本前见就是反对前见本身的前见,因而就是对传承物的剥夺。①

对传承物的剥夺,就是与传统进行决裂。这里不仅指出了启蒙运动的前见是什么,而且强调一切理解必然包含前见,追求没有前见的理解是不可能的。

不仅启蒙运动自身充满了前见,也使得前见的概念成为否定的意义:

  概念史的分析可以表明,正是由于启蒙运动,前见概念才具有了那种我们所熟悉的否定意义。实际上前见就是一种判断,它是在一切对于事情具有决定性作用的要素被最后考察之前被给予的。在法学词汇里,一个前见就是在实际终审判断之前的一种正当的先行判决。对于某个处于法庭辩论的人来说,给出这样一种针对他的先行判断(Vorurteil),这当然会有损于他取胜的可能性。所以法文词 préjudice,正如拉丁文词 praeiudicium 一样,只意味着损害、不利、损失。是这种否定性只是一种结果上的(konsekutive)否定性。这种否定性的结果正是依据于肯定的有效性,先行判决作为先见的价值——正如

<hr />

① [德] 汉斯－格奥尔格·伽达默尔著、洪汉鼎译:《真理与方法——哲学诠释学的基本特征》,368 页。

每一种先见之明的价值一样。①

这一段概念史的分析清楚地说明了前见概念因启蒙运动发生的否定性变化。他也说明,前见是在事物未被考察前的一种判断,是被给予的,不是任意选择的。

那么,浪漫主义承认过去和权威,它的主张会不会比启蒙运动的主流主张要好些呢?照伽达默尔看来并非如此。他认为浪漫主义精神也折射了启蒙运动的标准,从而共同分享了启蒙运动的认识方法,把启蒙运动的认识论前提永恒化了。他认为浪漫主义也分享了启蒙运动的前见,"它同样是与作为这两者基础的传承物的意义连续性决裂了"②。照伽达默尔看来,启蒙运动根本上对前见的概念是排斥的,启蒙运动要去除的先入之见主要是权威的前见,特别是宗教的前见和哲学的前见,"诋毁一切权威不只是启蒙运动本身所确立的一种偏见,而且这种诋毁也导致权威概念被曲解"③。伽达默尔还提出,启蒙运动和浪漫主义把传统和权威都看作启蒙原则的"抽象对立面",看作理性自由、自由的自我的抽象对立面。④

总之,启蒙运动的总要求是消除一切前见,而这种主张就是一种前见,这一前见支配了人们的历史意识,只有扫除启蒙运动的这一前见,才能为正当理解开辟道路。⑤

① [德] 汉斯-格奥尔格·伽达默尔著、洪汉鼎译:《真理与方法——哲学诠释学的基本特征》,368—369 页。
② 同上,375 页。
③ 同上,380 页。
④ 同上,382 页。
⑤ 同上,375 页。

二、海德格尔与前理解

前见的问题被海德格尔更为哲学地进行了处理,而伽达默尔非常重视海德格尔对包括前见之内的前理解的分析:

> 海德格尔写道:"……当然,这种可能性只有在如下情况下才能得到真实理解,这就是解释(Auslegung)理解到它的首要的经常的和最终的任务始终是不让向来就有的前有(Vorhabe)、前见(Vorsicht)和前把握(Vorgriff)以偶发奇想和流俗之见的方式出现,而是从事情本身出发,处理这些前有、前见和前把握,从而确保论题的科学性。"[①]

首先,海德格尔认为真实理解最重要的是排除前有、前见、前把握对理解的错误影响,以保证从事物本身出发来进行认识。前有即人所身处的历史文化背景,前见即理解之前已有的观点,前把握即人们已有的预设。[②] 那么什么是前有、前见、前把握的错误影响呢?用其原话,就是不让它们以流俗之见的方式出现。那么应当以什么样的方式出现呢?

> 海德格尔所描述的过程是:对前筹划(Vorentwurf)的每一次修正是能够预先作出一种新的意义筹划;在意义的统一体被明确地确定之前,各种相互竞争的筹划可以彼此同时出

---

① [德] 汉斯－格奥尔格·伽达默尔著、洪汉鼎译:《真理与方法——哲学诠释学的基本特征》,363 页。

② 关于海德格尔所说的理解的前结构,可参看张汝伦:《意义的探究——当代西方释义学》,辽宁人民出版社,1986 年,150—152 页。

现；解释开始于前把握（Vorbegriffen），而前把握可以被更合适的把握所代替：正是这种不断进行的新筹划过程构成了理解和解释的意义运动。谁试图去理解，谁就面临了那种并不是由事情本身而来的前见解（Vor-Meinungen）的干扰。理解的经常任务就是作出正确的符合于事物的筹划，这种筹划作为筹划就是预期（Vorwegnahmen），而预期应当是"由事情本身"才得到证明。这里除了肯定某种前见解被作了出来之外，不存在任何其他的"客观性"。标示不恰当前见解的任意性的东西，除了这些前见解并没有被作出来之外，还能是什么别的东西呢？但是理解完全地得到其真正可能性，只有当理解所设定的前见解不是任意的。这样，下面这种说法是完全正确的，即解释者无需丢弃他内心已有的前见解而直接地接触文本，而是只要明确地考察他内心所有的前见解的正当性，也就是说，考察其根源和有效性。①

前把握和前见解应是接近的概念，简单地说，都属于前理解结构。上面所说表达了海德格尔的思路，即理解过程并不需要完全排除前见解，因为解释开始于前把握，亦即前把握是一切解释活动的前提。没有前把握，解释就无从开始。② 另一方面，虽然解释开始于前把握，但前把握在解释开始后可以被更合适的把握所替代；而这个替代过程构成了理解和解释的运动。伽达默尔接受了海德格尔的这

① [德] 汉斯－格奥尔格·伽达默尔著、洪汉鼎译：《真理与方法——哲学诠释学的基本特征》，364—365 页。
② 照洪汉鼎的理解，海德格尔所阐述的，包含这样的思想：理解是我们自己的一些前结构与理解对象的内容的一种相互对话和交融的结果。参见洪汉鼎：《〈真理与方法〉解读》，商务印书馆，2019 年，234 页。

些思想,在这里,又提出了前见解的正当性问题,解释者在解释开始时无需丢弃内心已有的前见解,但应当考察这些前见解的正当性、有效性,也就是说考察哪些前见解是由事物本身而来的,以便排除不是由事物本身而来的前见解的干扰。如果不加考察,前见解就是任意的,就不能达到真正的理解。这就指出前见解不都是正当的、有益于理解的,要考察前见解,排除不正当的前见解。伽达默尔受此思想影响很大。在一定意义上说,启蒙运动重视的是书写下来的东西所具有的前见,而海德格尔更重视理解者的前见。

总之,海德格尔在其《存在与时间》一书中,肯定了任何理解和解释都依赖于理解者和解释者的前理解。[①] 同时,他认为前见中也有流俗之见,需要正确处理。伽达默尔从这里出发,建构了他的理解理论,坚持占据解释者意识的前见和前见解,是历史的给予,并不是解释者可以自由支配的;他对部分不合理的前见,也有分析(见后)。

"事情本身",是现象学的语言,用解释学的语言就是文本,伽达默尔对此的理解是"凝目直接注意'事情本身',这在语文学家那里就是充满意义的本文"[②]。而解释学的工作就是对文本的理解。不是从事情本身来的前见解应指读者自己的前见解。这种前见解可能对理解形成干扰。以外来语言的文本为例,我们自己的习惯用语和文本的用语之间,即是前见解如何与文本的理解交互作用。

所谓某些前见解的干扰,首先是指前见使人不理会传承物的所说:

---

① [德] 汉斯-格奥尔格·伽达默尔著、洪汉鼎译:《真理与方法——哲学诠释学的基本特征》,7 页。
② 同上,364 页。

正是隐蔽的前见的统治才使我们不理会传承物里所述说的事物。海德格尔曾经论证说,笛卡尔的意识概念和黑格尔的精神概念仍受那种从当下的和在场的存在去解释存在的希腊实体本体论所支配,这一论证虽然确实超出了近代形而上学的自我理解,但并不是任意的和随心所欲的,而是从某种"前有"出发,因为前有揭示了主体性概念的本体论前提,因而使这些传承物真正得以理解。另一方面,海德格尔在康德对"独断论的"形而上学的批判中发现某种有限性形而上学观念,这一观念对于他自己的本体论筹划乃是一种挑战。这样,由于他把科学论题置入对传承物的理解之内并甘冒此险,从而"确保"了论题的科学性。这就是理解中所包含的历史意识的具体形式。①

这里申明,"自己的前见"往往会使人不理会"文本的见解"。同时他也强调,按海德格尔的思想,即使是近代大哲学家的概念也仍然受希腊哲学所支配,即是从某种前有出发的;而这种前有有助于揭示文本见解的前提,使得文本真正得以理解。另一方面,前有又是一种挑战,激发了更合适的前把握去替代它。

如此适合于用语的前见解的东西,也同样适合于我们用以读文本的内容上的前见解,这种内容上的前见解构成了我们的前理解。这里我们也可以同样地探问,我们究竟怎样才能够摆脱文本自己的前见解的诱惑力。的确,这不能是一般的前提即在文本中所陈述给我们的东西将完全符合于我自己的见解和

---

① [德]汉斯-格奥尔格·伽达默尔著、洪汉鼎译:《真理与方法——哲学诠释学的基本特征》,368 页。

期待。正相反，某人说给我的东西，不管是通过对话、书信或书籍或者其他什一般都首先有这样一个前提，即他在那里所说的东西和我必须认识的东西，乃是他的见解，而不是我的见解，因而无须我去分享这种见解。但是，这种前提并不是使理解变得容易的条件，而是一种对理解的阻难，因为规定我自己理解的前见解仍可能完全不被觉察地起作用。如果它们引起了误解——那么在没有相反的看法的地方，对文本的误解如何能够被认识呢？文本应当怎样先行去避免误解呢？ ①

这就提出，我们有"我们的前理解"，文本有"文本的前理解"，解释学的核心任务就是要恰当处理二者在理解中的关系。在语言学中，用语的前见解也是不被觉察地起作用，这同样适用于我们的前见解。自己的前见解无意识起作用，且往往引起误解，可见对前见解要加以分析。至于文本的前理解应即文本的前见，只是伽达默尔在后面很少使用这个概念。

　　如果我们更仔细地考察这种情况，那么我们会发现，即使见解（Meinungen）也不能随心所欲地被理解。正如我们不能继续误解某个用语否则会使整体的意义遭到破坏一样，我们也不能盲目地坚持我们自己对于事情的前见解，假如我们想理解他人的见解的话。当然，这并不是说，当我们倾听某人讲话或阅读某个著作时，我们必须忘掉所有关于内容的前见解和所有我们自己的见解。我们只是要求对他人的和文本的见解保持开放的态度。但是，这种开放性总是包含着我们要把他人的见

---

① [德] 汉斯－格奥尔格·伽达默尔著、洪汉鼎译：《真理与方法——哲学诠释学的基本特征》，366 页。

解放入与我们自己整个见解的关系中,或者把我们自己的见解放入他人整个见解的关系中。①

这清楚地表明,伽达默尔发展了海德格尔,提出"他人的见解"(或"文本的见解"),要和"自己的前见"放入一种关系,彼此开放。只坚持自己的前见,或忘掉自己的前见,都是不正确的。

> 谁想理解,谁就从一开始便不能因为想尽可能彻底地和顽固地不听文本的见解而围于他自己的偶然的前见解中——直到文本的见解成为可听见的并且取消了错误的理解为止。谁想理解一个文本,谁就准备让文本告诉他什么。因此,一个受过诠释学训练的意识从一开始就必须对文本的另一种存在有敏感。但是,这样一种敏感既不假定事物的"中立性",又不假定自我消解,而是包含对我们自己的前见解和前见的有意识同化。我们必须认识我们自己的先入之见(Voreingenommenheit),使得文本可以表现自身在其另一种存在中,并因而有可能去肯定它实际的真理以反对我们自己的前见解。②

这是说,**理解是"文本的见解"和"自己的前见解"互相作用**。只坚持自己的前见解而不倾听文本的见解,是不对的,这将导致错误的理解。但这不是要消除自己的前见解,而是让自己的前见解同化到二者的互相作用中。

伽达默尔指出:

---

① [德] 汉斯-格奥尔格·伽达默尔著、洪汉鼎译:《真理与方法——哲学诠释学的基本特征》,366 页。
② 同上,366—367 页。

它将意识到自己的那些指导理解的前见,以致传承物作为另一种意见被分离出来并发挥作用。要把这样一种前见区分出来,显然要求悬搁起它对我们的有效性。因为只要某个前见规定了我们,我们就知道和考虑它不是一个判断。我们怎样区分这种前见呢? 当某个前见不断地不受注意地起作用时,要使人们意识到它可以说是不可能的;只有当它如所说的那样被刺激时,才可能使人们意识到它。而能如此提供刺激的东西,乃是与传承物的接触(Begegnung)。因为引诱人去理解的东西本身必须以前已经在其他在(Anderssein)中起作用。正如我们前面说过的,理解借以开始的最先东西乃是某物能与我们进行攀谈(anspricht),这是一切诠释学条件里的最首要的条件。我们现在知道这需要什么,即对自己的前见作基本的悬置。①

这里,"自己的那些指导理解的前见"就是"自己的前见","传承物作为另一种意见"就是"文本的见解"。怎么区分出自己的前见? 就是要求悬搁起自己的前见,并且与传承物进行接触的时候去意识到它。很明显,这里所说的悬置起自己的前见,应该也是指要倾听文本的见解与提问。

三、哲学诠释学的前见辨析

有学者认为,伽达默尔解释学的前结构有三个要素,前见、传

---

① [德] 汉斯－格奥尔格·伽达默尔著、洪汉鼎译:《真理与方法——哲学诠释学的基本特征》,407 页。

统、权威。其实,在解释学的立场上,可以说权威和传统都是前见的形式或源泉,他更多的是从前见的角度去讨论权威和传统的。

伽达默尔指出,启蒙运动对权威的批评有合理性,因为权威可能是一种偏见的源泉。"但是,这并不排除权威也是一种真理源泉的可能性。当启蒙运动坚决诋毁一切权威时,它是无视了这一点。"① "事实上,诋毁一切权威不只是启蒙运动本身所确立的一种偏见,而且这种诋毁也导致权威概念被曲解。"他提出,权威不是提倡服从,而是与认可有关,"这就是教师、上级、专家所要求的权威的本质",他们所培养的前见,也可以成为客观的前见。② 通过对权威的去否定化,为前见恢复了名誉。从这里的说法可见,既然有客观的前见,那也就有主观的前见,如权威的偏见。所以,为权威和前见正名,是说不能否定一切权威和前见,但也不是肯定一切权威和前见,而是承认有正当的权威和前见,有非正当的权威和前见。

根据浪漫主义对启蒙运动的批评,也可以说,传统是权威的一种形式,伽达默尔说:"由于流传和风俗习惯而奉为神圣的东西具有一种无名称的权威,而且我们有限的历史存在是这样被规定的,即因袭的权威总是具有超过我们活动和行为的力量。"③ 他还特别指出:

> 一切教育都依据于这一点,即使随着受教育者年龄成熟、教育者失去他的作用以及受教育者自己的见解和决定取代了教育者的权威,情况仍然是这样。这种进入生命史成熟期的运动并不意味着某人已在下面这种意义上成为他自己的主人,即

---

① [德] 汉斯－格奥尔格·伽达默尔著、洪汉鼎译:《真理与方法——哲学诠释学的基本特征》,380 页。
② 同上,381 页。
③ 同上。

他摆脱了一切习俗和传统。例如,道德的实在性大多都是而且永远是基于传统和习俗的有效性。道德是在自由中被接受的,但决不是自由的见解所创造或者被自身所证明的。其实,我们称为传统的东西,正是在于没有证明而有效。①

他认为,道德永远基于传统,道德传统的有效性不需要任何合理的根据和证明,而是理所当然地制约我们的。② 他还指出,实际上,传统不是自由的对立面,而经常是自由和历史本身的一个要素。③ 伽达默尔对传统的这些认识非常深刻,体现了他对启蒙思维的深度反思,针对启蒙运动否定一切传统,这里肯定了传统的有效性,特别是在道德领域的有效性。

关于前见:

> 诠释学问题在这里有它的出发点。这就是为什么我们先考察启蒙运动对于"前见"这一概念贬斥的理由。在理性的绝对的自我构造的观念下表现为有限制的前见的东西,其实属于历史实在本身。如果我们想正确地对待人类的有限的历史的存在方式,那么我们就必须为前见概念根本恢复名誉,并承认有合理的前见存在。④

这是说,前见看起来是有限制的,但它属于历史本身,人类的历史

---

① [德] 汉斯－格奥尔格·伽达默尔著、洪汉鼎译:《真理与方法——哲学诠释学的基本特征》,381—382 页。
② 同上,382 页。
③ 同上,383 页。
④ 同上,377 页。

存在本来是有限的,所以历史的有限性并不是前见应当被否定的理由。所以不仅要为权威和传统恢复名誉,也要为前见从根本上恢复名誉。前见是不可避免的,但为前见根本恢复名誉并不是认为一切前见都是合理的,"合理的前见"概念很重要,它既肯定了不应完全否定前见,也内涵了前见可以分为"合理的前见"和"不合理的前见"。

伽达默尔明确指出:

> 所以,"前见"(Vorurteil)其实并不意味着一种错误的判断。它的概念包含它可以具有肯定的和否定的价值。这显然是由于拉丁文词 praeiudicium 的影响,以致这个词除了否定的意义外还能有肯定的意义。说有 préjugés légitimes(正当的成见)。这与我们今天的语言用法相距很远。德文词(Vorurteil)——正如法文词 préjugé,不过比它更甚——似乎是通过启蒙运动及其宗教批判而被限制于"没有根据的判断"这一意义上的。给予判断以权威的,乃是其根据,其方法论上的证明(而不是它实际的正确性)。对于启蒙运动来说,缺乏这样一种根据并不意味可以有其他种类的有效性,而是意味着判断在事实本身里没有任何基础,即判断是"没有根据的"。这就是只有在唯理论的精神里才能有的一种结论。正是由于这一结论,一般前见丧失了信誉,而科学认识则要求完全排除前见。①

前见不等于错误,把前见等同于错误是启蒙运动的认识。启蒙运动

---

① [德] 汉斯-格奥尔格·伽达默尔著、洪汉鼎译:《真理与方法——哲学诠释学的基本特征》,369 页。

认为前见是没有根据的,没有任何事实基础的,从而导致了对前见的完全否定,伽达默尔对此进行了明确的批评。

从这里,伽达默尔提出了一个观点:"与传统相联系的意义,亦即在我们的历史的诠释学的行为中的传统因素,是通过共有基本的主要的前见(Vorurteile)而得以实现的。诠释学必须从这种立场出发,即试图去理解某物的人与在传承物中得以语言表达的东西是联系在一起的,并且与传承物得以讲述的传统具有或获得某种联系。"① 这就是说,传统的作用,主要是通过共有的"前见"实现的。而共有是指理解者与理解对象在联系一起。这不仅指与被理解的文本联系一起,而且要求与文本传承过程形成的传统获得某种联系。这就超出了启蒙运动和海德格尔的诠释学主张。

他还说:

> 我们前面已把这称之为前见的作用(Ins-Spiel-bringen der Vorurteile)。我们开始原是这样说的,即一种诠释学处境是由我们自己带来的各种前见所规定的。就此而言,这些前见构成了某个现在的视域,因为它们表现了那种我们不能超出其去观看的东西。但是,现在我们需要避免这样一种错误,好像那规定和限定现在视域的乃是一套固定不变的意见和评价,而过去的他在好像是在一个固定不变的根基上被突出出来的。②

前见的基本作用是,它规定了我们的诠释学处境,构成了我们现在的视域及其界限。同时,我们要明白,规定了处境和视域的前见,作

---

① [德] 汉斯-格奥尔格·伽达默尔著、洪汉鼎译:《真理与方法——哲学诠释学的基本特征》,401页。
② 同上,416页。

为意见和评价并不是固定不变的。

上面我们看到,伽达默尔承认,前见是不可避免的,前见可分为"我们的前理解"和"文本的前理解",但是他强调,前见并不都是有益理解的,所以他还区分了"客观的前见"和"主观的前见","合理的前见"与"不合理的前见"。他进一步说:

> 所以我们能够这样来表述某种真正历史诠释学的中心问题及其认识论基本问题:前见的合理性的基础在于何处?什么东西可以使合理的前见与所有其他无数的前见区别开来?因为克服后一种前见乃是批判理性义不容辞的任务。①

克服后一种前见,就是指不合理的前见要加以克服。

他又说:

> 但是,对一个文本或一部艺术作品里的真正意义的汲舀(Ausschöpfung)是永无止境的,它实际上是一种无限的过程。这不仅是指新的错误源泉不断被消除,以致真正的意义从一切混杂的东西被过滤出来,而且也指新的理解源泉不断产生,使得意想不到的意义关系展现出来。促成这种过滤过程的时间距离,本身并没有一种封闭的界限,而是在一种不断运动和扩展的过程中被把握。但是,随着时间距离造成的过滤过程的这种消极方面,同时也出现它对理解所具有的积极方面。它不仅使那些具有特殊性的前见消失,而且也使那些促成真实理解的

---

① [德] 汉斯-格奥尔格·伽达默尔著、洪汉鼎译:《真理与方法——哲学诠释学的基本特征》,377 页。

前见浮现出来。①

为了说明前见并不都是合理的,他在这里区分了"特殊性的前见"和"促成真实理解的前见",提出时间距离对理解的积极方面是,让特殊性的前见消失,使促成真实理解的前见浮现。这就不仅讨论了前见的区分,还指出了去除不合理前见的方式。特殊性前见消失应该是指作品里那些具体的历史因素在时间距离中被淡化、过滤了。

甚至,他还区分了真前见和假前见:

> 时间距离常常能使诠释学的真正批判性问题得以解决,也就是说,才能把我们得以进行理解的真前见(die wahre Vorurteile)与我们由之而产生误解的假前见(die falsche Vorurteile)区分开来。因此,诠释学上训练有素的意识将包括一种历史意识。②

真前见应该即是促成真实理解的前见,假前见应包括特殊性的前见。③ 他认为时间距离能够使真假前见区分开来。

来看这段话:

> 解释者不可能事先就把那些使理解得以可能的生产性的

---

① [德] 汉斯−格奥尔格·伽达默尔著、洪汉鼎译:《真理与方法——哲学诠释学的基本特征》,406 页。

② 同上。

③ 何卫平指出:理解历史和传统而没有偏见是不可能的,问题不是带不带偏见,而是带什么样的偏见,有合理的偏见,也有不合理的偏见,启蒙运动不加区别地否定一切偏见,而伽达默尔并不认为理解中的一切偏见都是合理的。他区分了合理的与非合理的偏见,主张前者应该去除,后者则应保存。见何卫平:《通向解释学辩证法之途》,上海三联书店,2001 年,191 页。

前见与那些阻碍理解并导致误解的前见区分开来。^①

那些使理解得以可能的生产性的前见便是真前见,而那些阻碍理解并导致误解的前见便是假前见。

洪汉鼎指出:前理解或前见是历史赋予理解者或解释者的生产的积极因素,生产的积极因素是指产生知识的积极因素,它为理解者或解释者提供了特殊的视域。视域就是看视的区域,它包括了从某个立足点出发所能看到的一切。谁不能把自身置于这种历史性视域中,谁就不能理解传承物的意义。^②

有学者认为,所谓真的前判断就是与我们的理解相一致的前判断,它是一种"合理的和增长知识的前判断",它能够使我们在所遭遇的传统中扩展和精确化我们自己的理解。假的前判断属于使我们产生误解的流俗之见。在我们所接受的前判断中,它们是未予区分地交织在一起的。我们就不可能为避免误解而有选择地只接受真的前判断。相反的,我们只有承认前判断在总体上的合法存在,并发挥其作用,才能辨其真假。^③ 也有学者认为,伽达默尔一方面为偏见(前见)正名,一方面又区分了真假前见,说明他并非抽象地肯定一切前见在理解中都具有合理性。……但问题是人不可能在去掉非合理的前见之后再进入理解。^④

那么,怎么区分真假前见,又如何在理解活动中,去假存真呢?区别真假前见的方式有二,一个是通过事情本身来调整,一个是通

① [德] 汉斯-格奥尔格·伽达默尔著、洪汉鼎译:《真理与方法——哲学诠释学的基本特征》,402 页。
② 同上,"译者序言" 8 页。
③ 潘德荣:《西方诠释学史》,北京大学出版社,2013 年,337 页。
④ 何卫平:《通向解释学辩证法之途》,206 页。

过时间距离来过滤。① 后一点我们在下节会再讨论。

可见,伽达默尔的前见说,不仅仅是继承了海德格尔以前见为理解的条件,而且分析了不同的前见,论述了如何使用前见,运用前见,同化前见,以及在视域融合中不同前见的互相作用关系,使得他的前见理论相当复杂。如他区分了"使理解得以实现的生产性前见"和"阻碍理解并导致误解的前见"②,又把前见区分为"我们得以进行理解的真前见"和"我们由之而产生误解的假前见"③,这两种区分的意思是一致的。

四、视域融合中的前见

视域融合的观念产生之后,前见的问题被深化了。研究者对这一范围内的讨论给予了较多注意。

首先,解释者和传承物的相互作用。伽达默尔谈道:

> 这样,这种循环在本质上就不是形式的,它既不是主观的,又不是客观的,而是把理解活动描述为传承物的运动和解释者的运动的一种内在相互作用(Ineinanderspiel)。支配我们对某个文本理解的那种意义预期,并不是一种主观性的活动,而是由那种把我们与传承物联系在一起的共同性(Gemeinsamkeit)所规定的。但这种共同性是在我们与传承物的关系中、在经常

---

① 何卫平:《通向解释学辩证法之途》,207 页。
② 汉斯-格奥尔格·伽达默尔著、洪汉鼎译:《真理与方法——哲学诠释学的基本特征》,402 页。
③ 同上,406 页。

不断的教化过程中被把握的。这种共同性并不只是我们已经总是有的前提条件，而是我们自己把它生产出来，因为我们理解、参与传承物进程，并因而继续规定传承物进程。①

又说：

> 这里再次证明了，理解首先意味着对某种事情的理解，其次才意味着分辨（abheben）并理解他人的见解。因此一切诠释学条件中最首要的条件总是前理解，这种前理解来自于与同一事情相关联的存在（im Zu-tun-haben mit der gleichen Sache）。②

对理解活动而言，"解释者的前理解"是首要的前提条件，但只有前提条件还不够，还要有"传承物的运动"，和二者的相互作用。二者的相互作用就是所谓"传承物的运动和解释者的运动的一种内在相互作用"，这才构成了理解活动。

> 由于我们是从历史的观点去观看传承物，也就是把我们自己置入历史的处境中并且试图重建历史视域，因而我们认为自己理解了。然而事实上，我们已经从根本上抛弃了那种要在传承物中发现对于我们自身有效的和可理解的真理这一要求。③

前一句说的是施莱尔马赫的置入主张，后一句则说明他自己的立

---

① ［德］汉斯－格奥尔格·伽达默尔著、洪汉鼎译：《真理与方法——哲学诠释学的基本特征》，399 页。
② 同上，400 页。
③ 同上，413 页。

场,即不是要在传承物中发现真理,而是我们将参与创造真理。他继续批评此种置入说:

> 当我们的历史意识置身于各种历史视域中,这并不意味着走进了一个与我们自身世界毫无关系的异己世界,而是说这些视域共同地形成了一个自内而运动的大视域……
>
> 所以,理解一种传统无疑需要一种历史视域。但这并不是说,我们是靠着把自身置入一种历史处境中而获得这种视域的。情况正相反,我们为了能这样把自身置入一种处境里,我们总是必须已经具有一种视域。因为什么叫做自身置入(Sichversetzen)呢?无疑,这不只是丢弃自己(Von-sich-absehen)。当然,就我们必须真正设想其他处境而言,这种丢弃是必要的。但是,我们必须也把自身一起带到这个其他的处境中。只有这样,才实现了自我置入的意义。例如,如果我们把自己置身于某个他人的处境中,那么我们就会理解他,这也就是说,通过我们把自己置入他的处境中,他人的质性、亦即他人的不可消解的个性才被意识到。①

置入论并不能使我们获得所需要的作者的历史视域,因为置入之前我们已经具有一种自身视域,所以所谓置入其实是把自身视域一起带到作者的处境去,而不可能只是进入作者的视域。自身的视域和作者的视域共同形成一个大视域。这应该就是上节所说的共有的前见。

从上面所引的"我们自己把它生产出来,因为我们理解、参与

---

① [德] 汉斯-格奥尔格·伽达默尔著、洪汉鼎译:《真理与方法——哲学诠释学的基本特征》,414 页。

传承物进程,并因而继续规定传承物进程"可知,在伽达默尔看来,传统是给予的,它又在我们的理解中被重新规定着。我们并不是简单接受了传统,而是在理解中完成对传统的持续塑造。理解的首要任务便在于此:"在我们所接受的前判断中区别出真的前判断和假的前判断,把真的前判断融入理解的再创造过程中。"①

因此,应该说,历史(传统)规定了我们,我们又重新规定了历史(传统)。在理解中历史被重新塑造了,基于我们的视域。传统(历史)的视域和今天(我们)的视域相互作用,互不取消。②

然而,解释者的前见和传承物的前见之间是有历史距离和差异的,如何对待这种差异呢?

> 这完全不是由于后来的意识把自身置于与原作者同样位置上(如施莱尔马赫所认为的)所造成的,而是相反,它描述了解释者和原作者之间的一种不可消除的差异,而这种差异是由他们之间的历史距离所造成的。每一时代都必须按照它自己的方式来理解历史传承下来的文本,因为这文本是属于整个传统的一部分,而每一时代则是对这整个传统有一种实际的兴趣,并试图在这传统中理解自身。③

换成前见的语言,解释者的前理解和文本作者的理解,二者之间存在着历史距离造成的差异,而伽达默尔并不想像施莱尔马赫那样要置身作者处境那样去消除。不过,"每一时代都必须按照它自己的

---

① 潘德荣:《西方诠释学史》,336 页。
② 同上,341、343 页。
③ [德] 汉斯-格奥尔格·伽达默尔著、洪汉鼎译:《真理与方法——哲学诠释学的基本特征》,403 页。

方式来理解历史传承下来的文本",这"自己的方式"是什么？是指历史赋予的前见,还是指自己在现代所持的立场？或兼指二者？应是指自己与历史有距离的方式,且带有自己理解传统目的的方式。

> 因为这种意义总是同时由解释者的历史处境所规定的,因而也是由整个客观的历史进程所规定的。就是像克拉顿尼乌斯这样的作家——虽然他还没有把理解放入历史研究中——也已经完全自然地朴素地考虑到了这一点,因为他认为,作者并不需要知道他所写的东西的真实意义,因而解释者常常能够而且必须比这作者理解得更多些。不过,这一点具有根本的重要性。文本的意义超越它的作者,这并不只是暂时的,而是永远如此的。因此,理解就不只是一种复制的行为,而始终是一种创造性的行为。①

这是讲解释者的理解和作者的理解的关系,理解不需要还原作者的理解,解释者的理解往往超过作者的理解,文本的意义超过作者的理解。这是要我们不必过多重视文本作者的原意,而把重点放在解释者的创造性理解上面。解释者的境况,既有解释者当下的历史处境,也有千百年来历史传承过程的影响。

所以,在伽达默尔看来,"文本的意义不是由作者所决定的,而是由处于不同境遇之中的读者和文本的互相作用所决定的。……文本的意义和理解者一起处于不断的形成和交互影响的过程之中。"②

---

① [德]汉斯-格奥尔格·伽达默尔著、洪汉鼎译:《真理与方法——哲学诠释学的基本特征》,403 页。
② 何卫平:《通向解释学辩证法之途》,184 页。

现在,时间不再主要是一种由于其分开和远离而必须被沟通的鸿沟,时间其实乃是现在植根于其中的事件的根本基础。因此,时间距离并不是某种必须被克服的东西。这种看法其实是历史主义的幼稚假定,即我们必须置身于当时的精神中,我们应当以它的概念和观念、而不是以我们自己的概念和观念来进行思考,并从而能够确保历史的客观性。事实上,重要的问题在于把时间距离看成是理解的一种积极的创造性的可能性。时间距离不是一个张着大口的鸿沟,而是由习俗和传统的连续性所填满,正是由于这种连续性,一切传承物才向我们呈现了出来。①

解释者和传承物作者的距离,不需要解释者置身作者当时的概念去克服,而应把这个距离看作理解的创造所以可能的条件,这也就突出了以我们自己的概念和观念思考的合理性与重要性。他同时指出,所谓时间距离造成的差异的鸿沟,其实并不是鸿沟,而是由习俗和传统的连续性所填满了的,这种文化传统的连续性,才使各种传承物向着现代的我们呈现出来。可以这样理解,正是文化传统的连续性造成了我们理解的前见,这些前见使得传承物能够呈现给我们。不过,照其逻辑,虽然传统使得传承物呈现出来,但自己的理解方式非常重要。

　　其次,理解者与文本的对话。

　　有学者认为,历史传承物在历史上会出现迥然不同的解释,这些差异来自作者和读者的不同历史性。如何对待这种历史性,传统解释学认为要克服这种历史间距造成的主观成见,伽达默尔认为要正确适应这一历史性,认为理解不是复制,无所谓历史的真实面目,

① [德] 汉斯－格奥尔格·伽达默尔著、洪汉鼎译:《真理与方法——哲学诠释学的基本特征》,404 页。

理解总带有自己的成见。"问题不是消除偏见,而是合理地评价偏见。"[1] 其实,在我们看来,仅仅合理地评价前见是不够的。

> 正是由于这些不可控制的前见,由于这些对我们能够认识这些创造物有着太多影响的前提条件,我们才走近了这些创造物,这些前见和前提能够赋予当代创造物以一种与其真正内容和真正意义不相适应的过分反响(überresonanz)。只有当它们与现时代的一切关系都消失后,当代创造物自己的真正本性才显现出来,从而我们有可能对它们所说的东西进行那种可以要求普遍有效性的理解。[2]

按照上一段所说,正是我们的前见为我们理解传承物提供了前提,我们才能接触这些传承物,与之攀谈;同时,我们自己的前见又往往可能对理解传承物的真正意义造成不利影响。前见对现时代的不利影响去除之后,传承物的本性才能显现出来。

> 因此视域(Horizont)概念本质上就属于处境概念。视域就是看视的区域(Gesichtskreis),这个区域囊括和包容了从某个立足点出发所能看到的一切。把这运用于思维着的意识,我们可以讲到视域的狭窄、视域的可能扩展以及新视域的开辟等等。……诠释学处境的作用就意味着对于那些我们面对传承物而向自己提出的问题赢得一种正确的问题视域。[3]

---

① 章启群:《伽达默尔传》,河北人民出版社,1998 年,105 页。
② [德] 汉斯-格奥尔格·伽达默尔著、洪汉鼎译:《真理与方法——哲学诠释学的基本特征》,405 页。
③ 同上,388 页。

由此,研究者指出,伽达默尔把一切对文本的理解都看作文本与理解的对话,在此结构中,文本被视为向解释者提出的问题,而理解文本也就是理解这个问题,我们的理解乃是对所提问题的回答,在回答中我们敞开了自己的意义。①

也有学者认为,按照诠释学的主张,为了回答文本提出的问题,我们自己必须开始提问,即在我们的视界内重新构造文本提出的问题。这个重新构造的问题,既包括过去历史的概念,也包括我们对它的领悟。这就是两种视界的交融。问题回答的过程,也就是视界融合的过程,视界融合产生新的视界,超出了原来文本作者和读者的视界,达到了更好更高的层次。②

如洪汉鼎指出的,这样一个过程,被理解为:"文本是从它的意义、前见和问题的视域出发讲话,我们也同样是从我们的前见和视域出发理解,通过诠释学经验,文本和我们的视域被互相联系起来。""由于这种联系,文本进入我们的视域,我们能面对文本提问,并且把文本观点理解为我们自己向文本提问的回答。于是文本和我们得到某种共同的视域,即视域融合。"③

由此可见,文本意义和理解者的理解,一起处于不断的生成过程中。理解不是主体一次性的行为,而是一个"事物本身"和我们的前判断或偏见之间无穷的游戏过程。每一次理解都是一次意义生成的过程,在历史中这个过程是无穷无尽的。④

再次,视域的区别与融合。

视域融合是伽达默尔的重要思想,有的学者把这一思想概括

---

① 参看潘德荣:《西方诠释学史》,332 页。
② 参看章启群:《伽达默尔传》,106 页。
③ 洪汉鼎:《诠释学——它的历史和当代发展》,233 页。
④ 参见章启群:《伽达默尔传》,河北人民出版社,1998 年,107 页。

为:"理解的效果历史过程中总存在着两种不同的视域:一是文本的视域,一的理解者的视域。文本有它自己的历史视域,是因为它是在特定的历史条件下有特定历史存在的作者创造出来的。理解者也有自己特定的视域,这种视域是他自己的历史境遇所赋予的。而所谓理解无非是经验这两种视域的融合。它通过视域的融合来扬弃两种视域的差异和矛盾。效果历史说到底就是历史文本和历史解释者之间在相互作用中所达到的统一。"① 也有的学者这样理解:"偏见构成了解释者的特殊视界,而本文总是含有作者原初的视界,二者存在差距,理解的出现就是两种视界的交融即视界融合。"②

关于前见与视域,伽达默尔自己说:

> 我们前面已把这称之为前见的作用(Ins-Spiel-bringen der Vorurteile)。我们开始原是这样说的,即一种诠释学处境是由我们自己带来的各种前见所规定的。就此而言,这些前见构成了某个现在的视域,因为它们表现了那种我们不能超出其去观看的东西。但是,现在我们需要避免这样一种错误,好像那规定和限定现在视域的乃是一套固定不变的意见和评价,而过去的他在好像是在一个固定不变的根基上被突出出来的。③

这是说,自己的前见规定了自己的诠释学处境,也构成了现在的视域。这应该就是前面所说的自己的方式。但是我们又要避免把这

---

① 何卫平:《通向解释学辩证法之途》,197—198 页。
② 章启群:《伽达默尔传》,106 页。
③ [德] 汉斯-格奥尔格·伽达默尔著、洪汉鼎译:《真理与方法——哲学诠释学的基本特征》,416 页。

个现在视域看作固定不变的,也就是说现在视域是不断形成和变化的。①

> 其实,只要我们不断地检验我们的所有前见,那么,现在视域就是在不断形成的过程中被把握的。这种检验的一个重要部分就是与过去的照面(Begegnung),以及对我们由之而来的那种传统的理解。所以,如果没有过去,现在视域就根本不能形成。②

这就涉及前见和视域的关系。这里说当我们不断检验自己的前见,就会发现现在视域是不断形成的,那也就是说前见也是在不断改变的。那么怎么检验自己的前见呢?他说让我们的前见与过去"照面",在照面中形成现在视域。这里的过去似乎是指文本而言。而"我们由之而来的传统"应指解释者自身的前见所包括的传统。如有学者认为:"理解在任何时候都是沟通过去和现在的经验与实践。……任何理解总要受到前理解结构的制约,而前理解结构反映的是历史性的人的此在,包括传统。"③那么,这就是说,现在视域是由我们的前见和文本的传统相照面而形成的。

伽达默尔说:

> 在传统的支配下,这样一种融合过程是经常出现的,因为

---

① 何卫平认为,视域是一个隐喻,伽达默尔主要用它来表征前见的性质和作用。参见何卫平:《通向解释学辩证法之途》,195 页。
② [德] 汉斯-格奥尔格·伽达默尔著、洪汉鼎译:《真理与方法——哲学诠释学的基本特征》,416 页。
③ 何卫平:《通向解释学辩证法之途》,199 页。

旧的东西和新的东西在这里总是不断地结合成某种更富有生气的有效的东西,而一般来说这两者彼此之间无需有明确的突出关系。①

有学者把这种思想理解为:"理解就是使个人置于传统之内,在此传统之中'过去'与'现在'不断地通过对话相融合。真正进入到过程中的"事情本身"并不是主观理解的活动,而是从过去到现在一直在发生作用的历史传统的本体论活动。"②

> 诠释学的活动就是筹划一种不同于现在视域的历史视域。历史意识是意识到它自己的他在性,并因此把传统的视域与自己的视域区别开来。但另一方面,正如我们试图表明的,历史意识本身只是类似于某种对某个持续发生作用的传统进行叠加的过程(Überlagerung),因此它把彼此相区别的东西同时又结合起来,以便在它如此取得的历史视域的统一体中与自己本身再度相统一。③

这应当是说,一方面要把传统的视域和自己的视域区别开来,另一方面又要把二者结合起来,达到视域的统一。传统的视域应该是指作者或文本的视域,而自己的视域最后要达到与传统视域的统一。先区分,再融合,这就是伽达默尔强调的理解视域的辩证运动。

---

① [德] 汉斯－格奥尔格·伽达默尔著、洪汉鼎译:《真理与方法——哲学诠释学的基本特征》,416 页。
② 何卫平:《通向解释学辩证法之途》,185 页。
③ [德] 汉斯－格奥尔格·伽达默尔著、洪汉鼎译:《真理与方法——哲学诠释学的基本特征》,417 页。

所以，历史视域的筹划活动只是理解过程中的一个阶段，而且不会使自己凝固成为某种过去意识的自我异化，而是被自己现在的理解视域所替代。在理解过程中产生一种真正的视域融合（Horizontverschmelzung），这种视域融合随着历史视域的筹划而同时消除了这视域。我们把这种融合的被控制的过程称之为效果历史意识的任务。①

这里是说，视域融合不是把自己凝固在传统的视域、过去的视域，而是让过去的视域被自己现在的视域所替代。按，替代恐怕不符合融合说，我们可以理解为这都是强调现在视域的重要性。

五、传统和过去的意义

　　在伽达默尔看来："一切自我认识都是从历史地在先给定的东西开始的，这种在先给定的东西，我们可以用黑格尔的术语称之为'实体'，因为它是一切主观见解和主观态度的基础，从而它也就规定和限定了在传承物的历史他在（Andersheit）中去理解传承物的一切可能性。"② 历史地先在给定的东西，即前见，前见是理解传承物的基础。

　　《伽达默尔传》这样叙述："伽达默尔说，我们生活在传统所遗留的东西之中，……这种文化传统只能继续传播那种语言上可以把握和历史上已予证实的意义。他认为历史先于我和我的反思，在

_____

① [德] 汉斯－格奥尔格·伽达默尔著、洪汉鼎译：《真理与方法——哲学诠释学的基本特征》，417 页。
② 同上，410 页。

属于我之前,我先属于历史。历史是主客的交融,是过去和现在连续的过程和关系。理解不是克服人的历史性,而是正确评价和适应历史性。前见是在历史和传统下形成的。在传统属于我们之前,我们已经属于传统,传统已先期决定了我们,我们只能在传统中进行理解。我们存在的历史产生着前见,前见构成了我们全部体验的最初直接性。"①

由以上这些宏观的论述,可得出伽达默尔对传统和现代关系的一般主张。但是诠释学是文本诠释为中心的,那些有关传统和现代的主张还不能显示出他对前见主张的全部内涵。以下我们尝试就前见问题做一些总结和提问。

《真理与方法》围绕着自己的前见和文本的前见、读者的前见和文本的前见、解释者的前见与作为理解对象的传承物,作了多方面复杂的论述。其要点:

1. 前见是一种判断,启蒙运动要消除一切前见,而伽达默尔主张前见中有合理的部分。

2. 海德格尔将前见看作理解的前提条件,认为一切理解必然包含某种前见,同时也认为前见有偶发的部分。伽达默尔继承了海德格尔的观点,认为前见是理解的基础,也认为前见有非合理的部分。

3. 承认理解的历史性,偏见构成了我们的存在。传统先决定我们,我们只能在传统中理解,文本和理解都处在传统中。

4. 伽达默尔主张,自己的前见往往忽视文本的见解,故读者不能盲目坚持自己的前见而要向文本开放。

5. 合理的理解是把自己的前见与他人的前见放入一种相互关系,成为一种视界的融合。

---

① 参见章启群:《伽达默尔传》,89、92、93 页。

6. 解释者有其前见构成的视域,文本有其作者原初的视域,为了二者的融合,需要提问。

因此,当我们进入具体的诠释关系,讲到前见时,就需要问是哪一种前见,谁的前理解? 而不能只停留在对前见的一般论定。

我们进一步的提问是:

前见有传统的部分,传统是理解者自己的前见? 还是也属于书写文本的前见解? 权威是理解者的前见还是书写文本的前见?

传统属于哪个视域? 是属于解释者的视域,还是属于文本作者的视域? 还是兼属于二者的视域?

自己的前见属于现在的视域? 是现在视域的一部分? 能不能说自己的前见既有传统影响又是现在境况,而主要是现时代的参与? 伽达默尔重视传统还是现在?

在这样的提问下,我们觉得,伽达默尔在此书中并没有清楚地给予回答。同时我们看到,迄今为止的研究中有三种对伽德默尔与此相关思想的解释:一种是侧重于现在,一种是侧重于过去,一种是强调过去与现在的融合。

首先,来看洪汉鼎的研究。他认为:按照伽达默尔的看法,任何理解都决不是一种抽象的形式的理解,而是理解者根据自己的当前语境和现实问题对一直传承到自己的传承文本的把握,这里既有理解者的具体境遇和效果历史前理解,又有传承物本身经历的效果历史,因而我们的理解本身就是一种具体的效果历史事件。

其实解释者所想理解的无非只是这种普遍的东西——文本,也就是说,他只想理解传承物所说的东西,即构成文本的意义和意思的东西。但是,为了理解这种东西,他一定不能无视他自己和他自己所处的具体的诠释学境况,如果他想根本理解的话,他必须把文本与这种境况联系起来。

我们每次理解文本——尽管文本是一个普遍的东西——我们只想理解该文本所说的东西,也就是我们每次理解文本,都是把自己的具体境况带入进去,因而理解者每次对文本的理解都"一定不能无视他自己和他自己所处的具体的诠释学境况"。

因此,理解在这里不是指被原来作者或语词字面所意指的意义,而是指该命题中被隐藏了的而且当下我们作为理解者必须要揭示的意义,也就是说,这种当前的理解包含我们与该命题的当下生存关系。

当我们说任何理解都是理解者根据自己的历史语境和现实问题的具体理解,其具体性显然指理解者那里的具体意义,而不是作者当时的具体意义。

解除语境,显然指不直接返回到原来作者的具体意义,而重建语境,显然指我们需要根据自己当前的新的问题和现实去揭示文本的新的意义。

这里事实上讲到传统继承一个关键问题,即继承不是对抽象的语言文字的直接继承,而是把这种直接的文字形式从它原来的土壤和气候中抽离出来,然后把它放入现当下的土壤和气候中,从而使它获得新的生命。

在重新唤起文本意义的过程中,解释者自己的思想总是已经参与了进去。就此而言,解释者自己的视域具有决定性作用,但这种视域却又不像人们所坚持或贯彻的那种自己的观点,它乃是更像一种我们可发挥作用或进行冒险的意见或可能性,并以此说明我们真正占有文本所说的内容。我们在前面已把这一点描述为视域融合。

这里非常深刻地揭示了文化传承过程中源与流、继承与创新的辩证关系。文化传承的源就是早先存在的但现在已经很陌生的世界,而文化传承的流则是通过现在再次进入这个陌生世界而产生的新的共同世界。我们的自我不是抽象的同一，而是过去与现在的统一，我们是在再次进入过去世界中而来到现在的世界，这也就是说，我们是在解释中来到存在。①

总之，他倾向于把"前见"理解为具体的诠释学境况，认为伽达默尔强调的是自己的当前语境和现实问题，而不是传统和过去。

第二，再来看戴维·E·林格对伽达默尔的理解：

解释者本身熟悉的视域虽然是很难理论地把握，但它却是理解活动的一个组成部分，就像他用以同化陌生对象的清晰过程一样。这种视域成了解释者自己对于传统的直接参与，而传统并不是理解的对象，只是产生理解的条件。②

对于施莱尔马赫和狄尔泰，认识者当时的情境只具有消极的价值，作为偏见和曲解的根源，阻碍了正确的理解，这正是解释者必须超越的。根据这种理论，历史的理解就是清初一切偏见的主观性活动。……伽达默尔问道，难道仅仅通过采取一种态度，认识者就真的能使自己离开他当下的情境吗？如果我们的历史性并非仅仅是偶然的和主观的条件而是一种本体论的条件，那么在理解的一切过程中就早已本质地包含了认识者自己的当前情境。这样，伽达默尔就把认识者束缚于自己当前视域的特点以及使认识者与他们对象相隔的时间间隔作为一切理解的创造性基础，而不只作为一种必须克服的消极因素或障碍。③

当前情境以未经考察的方式受过去影响而成，它是"理解"植根于其中的"给定"的东西，它永远不可能被反思在一种批判的距

① 这里引用的论述，皆见洪汉鼎：《诠释学与传统继承问题》，《南国学术》，2018 年 4 期。
② ［德］伽达默尔著，夏镇平、宋建平译：《哲学解释学》，上海译文出版社，1994 年，"编者导言" 2 页。林格即原编者。
③ 同上，4 页。

离中完全把握住并予以客观化。①

伽达默尔提出一种关于理解的观点，它把解释者对于历史的参与作为中心环节。理解并不是重建而是调解。我们是把过去传递到当前的传递者，即使是最小心地试图在过去中看过去，理解在本质上仍然是把过去的意义置入当前情境的一种调解或翻译。②

他决心承认理解活动无可怀疑的有限性和历史性，并展现它们在每一次人类的意义转换中实际所起的积极作用。对于伽达默尔，过去在理解的现象中具有一种真正的弥散性力量。……过去的作用决不能被限制为仅仅是提供作为解释对象的文本或事件，作为偏见和传统，过去也规定了当一个解释者进行理解时所处的基础。③

以前的解释学试图克服的时间鸿沟现在则表现为遗产和传统的持续，这是一种"显现"的过程，亦即，是一种调解的过程。在这种过程中过去早已在解释者当前的视域中起作用并构成着解释者当前的视域。④

伽达默尔还成功地改变了我们对过去的本质的看法，从而使过去成为一种永无穷尽的意义可能性的源泉，而不是研究的消极对象。⑤

可见，与洪汉鼎不同，林格虽然也承认当前情境，但认为当前情境受过去影响而成；认为过去在解释者的当前视域中起作用；他在理解上以"过去与当前"为中心，更强调伽达默尔重视过去的意义。

第三种是潘德荣的理解。

---

① [德] 伽达默尔著，夏镇平、宋建平译：《哲学解释学》，5 页。
② 同上，6 页。
③ 同上，5 页。
④ 同上，7 页。
⑤ 同上，10 页。

上面引述的林格的论述努力表明，伽达默尔的解释学思想重视传统，特别从前见的角度强调传统的重要性，与之相关的，是他对"过去"的重视。而在潘德荣看来，他对过去的重视，并不是单纯的对过去的重视，而是强调过去与现在的融合。潘德荣认为：

我们的理解通过前见（前判断）把传统纳入当代之中，倾听已经在传统被展开的东西的诉说，并以一种新的经验方式继续展示着。①

在历史形成的传统与当代中存在着双向作用：传统作为当代的基础而影响着当代、进入了当代，并在当代中继续向前延伸；正因为传统进入的当代、进入了我们的理解视域，传统就在我们的理解中被重新建构起来。②

传统是被给予的，……它又在我们的理解中被重新规定着。我们并不是简单接受了传统，而是在理解中完成对传统的持续塑造。理解的首要任务便在于此：在我们所接受的前判断中区别出真的前判断和假的前判断，把真的前判断融入理解的再创造过程中。③

因此，应该说，历史（传统）规定了我们，我们又重新规定了历史（传统）。在理解中历史被重新塑造了，基于我们的视域。传统（历史）的视域和今天（我们）的视域相互作用，互不取消。④

伽达默尔主张，任何情况下必须从过去与现在的连续性中去考察过去。⑤ 理解被认为是一种置自身于传统过程中的行动

---

① 潘德荣：《西方诠释学史》，322 页。
② 同上，336 页。
③ 同上，336 页。
④ 同上，341、343 页。
⑤ ［德］汉斯－格奥尔格·伽达默尔著、洪汉鼎译：《真理与方法——哲学诠释学的基本特征》，445 页。

(Einrücken)，在这过程中过去和现在经常地得以中介。^①"把过去的思想融合在我们自己的思想中"，真理性的东西永远是过去与现在的综合。^② 在此传统之中"过去"与"现在"不断地通过对话相融合。

在《真理与方法》中关于前见的讨论可见，启蒙运动的前见概念强调书写物的前见，海德格尔的前理解注重的是理解者的前理解，而伽达默尔既强调理解者的前见，也关注历史文本作为传承物的意义。伽达默尔反对启蒙运动完全否定前见，但不是完全肯定前见的内容，而是把前见分为合理的前见和非合理的前见，主张理解者和传承物的相互作用构成理解。他的视域说提出，把自身视域带入作者视域，共同形成大视域，强调理解者的视域与文本视域的融合。他认为自己的前见构成现在的视域，自己的前见中既有当下处境，也有传统的影响，故解释者的处境既有当下处境，也有传统的影响。

由此可见，上述三种看法在伽达默尔思想中都能找到支持，而从他的思想来看，前见既包括传统传承至今的影响，也包括当前的具体境况；他既承认传统是不能脱离的存在论条件，又重视基于当下情境的创造性的理解；三种看法中，强调过去与现在的融合应该是其思想的主导倾向。

回到我们最关心的问题，即在伽达默尔思想中对传统的认识。概括说来，他是以理解为中心来提出对传统的认识，这是其特点也是其限制。其思想主张，传统是对理解具有影响的历史力量，前见即是传统影响理解的主要方式；前见是理解不可摆脱的条件，而理

---

① [德] 汉斯-格奥尔格·伽达默尔著、洪汉鼎译：《真理与方法——哲学诠释学的基本特征》，395 页。
② 洪汉鼎：《诠释学——它的历史和当代发展》，217—218 页。

解须在传统中才能实现；正是传统把理解者和理解对象关联一起，促成了理解；同时传统在我们的理解过程中又被重新规定着，所以我们并不是简单接受了传统，而是在理解中也完成对传统的塑造。在理解话语之外，他认为，道德永远基于传统，道德传统的有效性不需要任何证明；他还指出，实际上传统不是自由的对立面，而经常是自由和历史本身的一个要素。应该说这些都是深刻的睿见。

认识传统的意义

一、什么是传统

《后汉书》"国皆称王,世世传统",传是动词,统是统系。统表示一种连续关系之链,古代多用皇统、君统、宗统、道统等,与今天的传统一词有近似之处。今天所用的传统是一名词,来自于现代汉语,已经吸收了西方语言中 tradition 的意义,指世代相传的精神、风俗、艺术、制度等。在 20 世纪的社会文化话语中,与"传统"相对的是"现代"。

希尔斯《论传统》(1981)认为,就广义的定义而言:传统是从过去传延到今天的事物;就外延而言,凡是被人类赋予价值和意义的事物,传延三代以上都是传统;就主要用法而言,"传统"多指文化传统,即自古以来世代相传的思想、信仰、艺术、制度。

人类学又把传统分为大传统和小传统,小传统是指乡村社区的俗民传统,大传统则是指文化的精英传统。广义地说,认识传统,可以包括对"传统"概念本身的讨论,也可以包括对各种不同形态的小传统的细部描述和发现;而我们这里是从思想文化的大传统着眼的,因为一个文明的特色是由其大传统所决定的。近代以来为人们所关注的与现代相对待的文化传统,晚近有关文明冲突的讨论中所关注的文明传统,都是指文化的大传统而言的。事实上希尔斯的论传统,所指的也是大传统。

从中华文明来看,第一,文化传统代表了民族文化的精神追求,也是民族的生命血脉,是民族的根和魂。第二,传统有利于文化传承发展,形成历史文化的继承性和连续性。第三,传统提供文化的意义,保守文化的价值,塑造文化的认同。第四,价值体系是文化传统的核心,提供一个文化的价值规范、价值理念、价值追求、价值理想即价值观。价值传统是民族的精神命脉,是伦理道德的载体,是社会秩序的保障;传统是文明质量的保证,传统赋予存在以意义,维护着古往今来的伟大理想。

那么为什么近代会出现反传统思潮?这是因为,对传统的认识受到时代的影响。虽然传统促进了价值的稳定、文化的延续,却在历史转折和社会转型时期表现出惰性。这时传统便成为社会关注的焦点,被强调更新和改革的人视为包袱,于是在社会文化转型时期"传统"便成为问题了。欧洲启蒙运动中个人解放和科学主义曾一起激烈批判传统,在中国的传统批判则以"五四"时代最为突出。

二、如何认识传统

传统有精华与糟粕,需要分析。新文化运动对传统的批判有积极的意义。但把整个文化传统看成巨大的历史包袱,要传统文化对中国的落后负全责,以为经过与传统的彻底决裂才能走向现代,带有明显的激进色彩。在学术层面上,全盘否定儒家的价值体系和整个中国传统文化的价值,把合理的批判推向极端,这些显然失于偏激。其原因是在认识上未能正确解决对待人文传统的价值的取舍标准。

20 世纪出现的全盘反传统思潮，涉及分辨传统的标准，其突出的问题主要有三点：其一，以富强为唯一标准。如陈独秀在比较东西文明和检讨中国文化时以功利主义为基点，以富强之强为根本标准，极力称赞"西洋诸民族好战健斗，根于天性，成为风俗，自古宗教之战、政治之战、商业之战，欧罗巴之全部文明史无一字非鲜血所书，英吉利人以鲜血取得世界霸权，德意志人以鲜血造成今日之荣誉！"陈独秀不仅变成一个战争与鲜血的崇拜者，而且公开提倡文化教育中的"兽性主义"，抨击"独尊人性"，高呼"保存兽性"。他说"兽性之特长谓何？曰意声顽狠、善斗不屈也，曰体魄强健、力抗自然也，曰信赖本能、不依他活也，曰顺性自然、不饰伪文也。晰种之人殖民事业遍大地，唯此兽性故；日本称霸亚洲，唯此兽性故。"与此同时，把爱好和平与注重文化教养看成东方民族的"卑劣无耻之根性"而加以诋斥。这就是在外在功能坐标中判断人文价值，认为一切与富强的政治经济功效无直接关系的人文文化都没有价值。其实真、善、美和人类的平等、友爱、和平的价值理想，是不可能依照某一外在的功效来衡量其价值的。不能因为《诗经》、《楚辞》或儒学仁义礼智、道家自然无为思想不具有某种政治经济目的功效，而否认其自身的价值。

其二，以科学民主为唯一标准。以陈独秀为代表的新文化运动 1917 年后则更多地以"德先生"和"赛先生"为旗帜，这比起《新青年》的初期更具积极的启蒙意义，但全盘反传统的思想更借此而发展。陈独秀的话是有代表性的，他把新与旧、传统与现代完全对立起来："要拥护那德先生，便不得不反对孔教、礼法、贞节、旧伦理、旧政治；要拥护那赛先生，便不得不反对旧艺术、旧宗教；要拥护德先生又要拥护赛先生，便不得不反对国粹和旧文学。"他不仅以民主和科学整个地反对孔子与儒家、佛教、道教，而且把科学民主与中国古典文学、艺术完全对立起来。以陈独秀为代表的伦理革命主张和以胡适为代表的文学革命主张,从文化观念来看,主要是引入"科学"、"民主"作为判断文化传统的价值的根本标准。后来"文革"的"破四旧"可明显看出"五四"时代反传统观念的影响。但是文化遗产中包含的哲学、美学、伦理、文学上有普遍价值的成分不可能在"科学"、"民主"的典范下被承认,文明、和谐、正义的价值都不属于民主科学。衡量人文价值的标准必须内在于人文文化本身的真、善、美来取得,因而"科学"、"民主"并不能成为判断文化价值的唯一标准。

其三,价值理性视野的缺失。除了主张富强、民主、科学三个标准评判人文价值外,最根本的是,"五四"时代不能正确了解近代文化发展中价值理性的意义。价值理性是重视道德价值的理性,工具理性是重视功效的理性。价值理性的内容即主张博爱、平等、和平等价值的伦理体系。尽管西方近代文明通过启蒙运动挣脱了基督教会的约束,通过科学、民主等取得了长足的进步,但西方文明之能够延续,西方社会作为一个整体存在与发展,是与以传统宗教为形式的价值传统的连续性分不开的。基督教传统经过宗教改革和其他转化形式仍然是西方近代文明中不可或缺的要素。"五四"以来我们看西方,只看到近代民主与科学的进步,而没有认识到伦理——信仰传统的连续性及其在文明发展中的作用,从而使我们对文化发展的继承性与创发性不能正确理解,把传统与现代化完全对立起来了,走向了全盘反传统主义。

当年,大力提倡和欢迎"德先生"和"赛先生",追求民主与科学是人们热切的向往。在新文化运动中,少数有识之士也曾呼吁欢迎"穆勒尔"(moral)——道德小姐。然而,民主和科学在当时被认为是最重大的课题,客观上重视了"德先生"和"赛先生",而冷落了"穆小姐"。今天我们必须重新明确辨识传统的标准，突出价值传统的重要性，才能弘扬中华文化"讲仁爱、重民本、守诚信、崇正义、尚和合、求大同"的价值传统，才能确立"富强、民主、文明、和谐；自由、平等、公正、法治；爱国、敬业、诚信、友善"核心价值的文化根源。

三、传统与现代化

以上看到，反传统主义希望义无反顾地甩掉历史文化的包袱，大力推进中国走向现代的步伐；文化保守主义则主张在社会改革和走向世界的过程中，保持文化认同，承继文化传统，发扬民族精神。在中国文化中，文化与历史传统是保障价值理性的重要基础，因此，在近代化的过程中，由文化危机引发的激烈的反传统思潮势必在相当程度上导致价值失落的危机，从而破坏价值的连续性与民族的文化自信，伤害现代化秩序建构过程本身并导致价值的危机。

战后美国的现代化理论，认为非西方国家谋求转变固有的价值观传统是现代化最重要的前提。但从过去的一百年的中国历史来看，形而上学地全盘否定传统，不仅在学理上不能成立，在实践上的直接恶果就是大大损伤民族的自信心和凝聚力，使现代化过程中出现文化、价值、精神的全面失落，加剧现代化秩序建构过程中的混乱、痛苦，甚至加剧政治、经济的危机，从而减弱了民族对于现代化建设的困难的承受力与战斗力。

"文革"后，追求"现代化"成为全社会的明确共识，同时也重新兴起了反传统的思潮。但很少人关注到，我们周边的工业东亚（日本、韩国、新加坡和中国的台湾与香港地区）正在经历经济起飞与现代化,而这些国家进入现代化社会却没有一个是先经历了决裂传统的文化革命,反而都恰当地延伸了传统。因此,1970 年代后工业东亚的经济奇迹对美国战后的现代化理论构成了重大挑战,这使得人们开始意识到,传统不必是中国现代化的根本障碍,现代化的过程可以在不摧毁传统的方式下实现,传统的调整和持续与制度的改革和建构,可以整合在同一过程之中。而破坏传统不仅不必然意味现代化的实现,而且可能导致价值结构的解体和文化认同的失落,损害到现代化秩序建构过程本身。

因此,1970 年代以后工业东亚—中国文化圈的发展,特别是中国港台地区和新加坡华人社会现代化的经验,其最大的意义在于揭示出:中国人或中国文化熏陶下成长的人完全有能力在开放的文化空间实现现代化,"五四"以来的文化自卑感和民族自卑感被证明是完全错误的。中国传统文化虽然未能自发地引导中国社会走入近代化,但中国文化的价值传统并不必然与模拟、学习、同化既有的现代政治经济制度相冲突,中华民族的聪明才智曾经创造了灿烂的古代文明,她也一定能赶上时代的步伐,建设新的现代文明。1990年代以来中国经济的迅猛发展,完全证明了这一点。回顾历史将有助于重建我们的文化自信与自觉。当代知识分子的文化课题,不应再是对传统作感情冲动的全面否定,而是化解传统与现代从"五四"以来的不必要的紧张,理性地对传统进行批判的继承和创造的发展。

四、传统的现代意义

我们还要在深化对"现代"的理解基础上加深对传统的现代意

义的理解。在文化转型的 1990 年代，我们常常看到"传统文化与改革开放"这类题目。事实上，在传统文化中有不少内容与改革开放是没有什么直接关系的，或干脆不相干的，如《楚辞》与改革开放有什么关系？有利还是不利于改革开放？可以说没有什么关系，但这不等于说《楚辞》没有价值。传统文化中的许多内容，如哲学、文学、艺术、宗教的价值并不是也不可能在功利主义的坐标中得到肯定的，而是要从内在于文化自身发展的立场上来断定其价值。所以，我们看待传统文化，要从一个更高的角度，从人性和人生的需要、社会文化的全面发展，以及文化自身的内在价值上认识传统文化的现代意义与价值。

在多数知识分子的理解中，"现代化"主要是一个经济功能的概念，一般所说的"现代化"只是一个偏于经济功能的概念。事实上，"现代化"或"中国文化传统与现代化"是一个范围远远超过经济发展问题的课题，因为"现代"可以具有丰富的文化内涵。现代生活之中仍有传统，也不可能离开传统。尤其是关注到现代人仍需要终极关怀、价值理想、人生意义、社会交往，传统文化价值体系的承继与转化，仍有十分重要的意义。因此我们在支持现代化市场经济发展的同时，还需要从一个更高的角度来思考中华文化传统与中国化现代化发展的问题。即发达的、现代的市场经济与商业化趋势，使得道德规范和精神文明的要求更为凸显，传统的价值体系的继承和改造，将对建设有中国文化特色和完备市场经济的社会主义，发挥积极的作用。事实上，一切宗教传统都与现代化有冲突的一面，都必然对现代化发展中的物欲横流、价值解体、人性异化、人际疏离、文化商业化等消极因素持批判态度。传统是我们在现代社会范导现实、重建价值观的重要资源。

1990 年代末的思想学术界，在"传统与现代"的问题上，可以说已经形成了一些共识。这就是：传统并不是我们可以随意丢弃摒除的东西，拒绝或抛弃传统是不可能的；传统是文化对于人的一种作用，而传统对于人的作用和意义，又依赖着人对传统的诠释、理解。因此，传统的意义更多地取决于我们如何在诠释的实践中利用它、创造地传达其意义。习近平指出："抛弃传统、丢掉根本，等于割断了自己的精神命脉。"今天中华民族已经不再怀疑自己重新挺立于世界民族之林的能力，现代化对于中国人来说，不是能不能的问题，而是如何快速和稳妥地加以实现的问题。经历了 1990 年代的经济起飞，今天很少再有人把现代化受挫的满腔怨气喷向中华民族先贤创造的古代文化，很少再有像 1980 年代中后期人们对中国现代化前景的那种焦虑，那种由于国家经济发展缓慢落后而产生的对传统的愤懑已经大大缓解。代之而起的是全国自下而上的国学热，反映了广大人民群众在建设精神家园方面对本土传统资源的热切渴求。在现代化市场经济发展的同时，社会道德秩序和个人安身立命的问题日益突出起来。社会道德秩序的建立离不开传统道德文化，这已经是社会转型期执政党和人民的共识。与其他外来文化、宗教相比，传统文化提供的生活规范、德行价值、文化归属感，起着其他文化要素所不能替代的作用。在心灵稳定、精神向上、社会和谐等方面发挥了重要的积极作用，为当代市场经济社会中的中国人提供了重要的精神资源。中华文化是社会主义核心价值的基础和源泉，已经成为今天人们的共识。我们高兴地看到，传统与现代的紧张已经日渐消解，代之而起的，是对振奋民族精神、重建价值体系、复兴中华文化的关注和要求。今天，我们对传统的关注已经从现代化的主题转向为民族复兴、民族文化传承发展的主题。人们更为关心的是如何发挥传统的积极性和优秀精华，提高文化自觉，推进中华民族的伟大复兴。这正是文化心态成熟的标志。

五、对传统的哲学认识

"我们从何处来？我们是谁？我们向何处去？"高更名画作的发问变为近代关注的哲学问题，本质上是由于传统在近代衰落而引起的发问。麦金太尔曾说，我们之所是主要就是我们继承的东西，就是呈现在我们现在之中的过去，我们自己是一个历史的一部分，是传统的承载者。因此，他认为，**试图将我自身与这个历史切断，就是要扭曲我现在的各种关系，而对这种历史身份的反叛是一种幻象**。[①] 在儒家哲学看来，"使我们成为我们之所是"，并非仅仅是个体的理性，而是文化、历史、传统。人性构成了我们自身之所是的本质要素，而我们的文化和历史实践以及传统成就了我们实际之所是，也改变这我们实际之所是，因而人们塑造自己、成就自己，是不可能脱离传统的。

伽达默尔从另一个角度即诠释学的认识论强调了传统的意义，比海德格尔的前理解结构更进一步。在《真理与方法》中，伽达默尔在讨论"作为理解条件的前见"时，专立一节题为"为权威和传统正名"。他说：

> 表现为有限制的前见的东西，其实属于历史实在本身。如果我们想正确地对待人类的有限的历史的存在方式，那么我们就必须为前见概念根本恢复名誉，并承认有合理的前见存在。所以我们能够这样来表述某种真正历史诠释学的中心问题及其认识论基本问题：前见的合理性的基础在于何处？什么东

---

① [美] 阿拉斯戴尔·麦金太尔著、宋继杰译：《追寻美德》，译林出版社，2003 年，280—281 页。

西可以使合理的前见与所有其他无数的前见区别开来？①

这意味着，传统也属于前见，而前见中有合理者与不合理者，因而那种要彻底否定传统的想法是错误的。

他指出，排除权威和传统，是启蒙运动的主张：

> 启蒙运动所提出的权威信仰和使用自己理性之间的对立，本身是合理的。如果权威的威望取代了我们自身的判断，那么权威事实上就是一种偏见的源泉。但是，这并不排除权威也是一种真理源泉的可能性。当启蒙运动坚决诋毁一切权威时，它是无视了这一点。"②

这就是说，合理的权威和传统也是真理的一种源泉，应当予以保护，所以他说：

> 这里，我们可以在浪漫主义对启蒙运动的批判中找到支持。因为存在一种浪漫主义特别要加以保护的权威形式，即传统。③

基于这样的原因，他肯定了浪漫主义对启蒙运动的批评，他说：

> 事实上，我们是把这样一种对启蒙运动的更正归功于浪漫

---

① [德] 汉斯－格奥尔格·伽达默尔著、洪汉鼎译：《真理与方法》上卷，上海译文出版社，1999年，355页。
② 同上，358页。
③ 同上，359页。

主义,即除了理性根据外,传统也保留了权利,并且在一个相当大的范围内规定了我们的制度和行为。①

他认为浪漫主义主张传统是历史上被给予的东西,有如自然一样,不管我们是想以革命的方式反对传统还是保留传统,它的有效性不需要任何合理的根据和证明,而是理所当然地制约我们的。传统的有效性不需要证明,它为自身所证明,这正是传统的特点。他认为,古代伦理学优越于近代道德哲学的特征在于,古代伦理学认为传统是不可或缺的。道德大多都是而且永远是基于习俗和传统的有效性。②古典主义"的那种负有义务要去传承和保存价值的力量,都先于一切历史反思、并且在这种反思中继续存在"③。古典主义乃是对某种持续存在东西的意识,对某种不能被丧失并独立于一切时间条件的意义的意识。④古典主义就是执着于对传统的传承。

伽达默尔特别指出,启蒙运动以来的一个思想方法的差误,是把传统视为理性自由的对立面,传统被视为自由的自我规定的抽象对立面。其实,"实际上,传统经常是自由和历史本身的一个要素"⑤。他还指出:

> 我们其实是经常地处于传统之中,而且这种处于决不是什么对象化的行为,以致传统所告诉的东西被认为是某种另外的异己的东西——它一直是我们自己的东西,一种范例和借鉴,一

---

① [德] 汉斯-格奥尔格·伽达默尔著、洪汉鼎译:《真理与方法》上卷,360 页。
② 同上。
③ 同上,368 页。
④ 同上,369 页。
⑤ 同上,361 页。

种对自身的重新认识。①

所以他强调：

> 因此，在所有历史诠释学一开始时，传统和历史学之间的抽象对立、历史和历史知识之间的抽象对立必须被消除。继续存在的传统的效果和历史研究的效果形成了一种效果统一体，而对这种效果统一体的分析可能只找到相互作用的一种结构。②
>
> 换言之，我们必须在历史关系里去认识传统要素，并且探究这一要素在诠释学上的成效性。
>
> 在精神科学里，尽管有其独特的方法论性质，但传统的要素总是在起作用，而且这一要素构成精神科学的真正本质及其鲜明的特征。③

基于这样的诠释学立场，伽达默尔提出：

> 理解甚至根本不能被认为是一种主体性的行为，而要被认为是一种置自身于传统过程中的行动，在这过程中过去和现在经常地得以中介。④
>
> 所以，与传统相联系的意义，亦即在我们的历史的—诠释学的行为中的传统因素，是通过共有基本的主要的前见而得以

---

① [德] 汉斯－格奥尔格·伽达默尔著、洪汉鼎译：《真理与方法》上卷，361页。
② 同上，362页。
③ 同上，363页。
④ 同上，372页。

实现的。[①]

六、诠释学的创造性继承

从诠释学的角度看,继承就是对历史文本意义的一种态度与活动,是对文本意义的一种理解方式;继承不是对古代文本作者的意旨或作品文本的意义的复制,而是在后世即后来时代的语境中放宽文本语句的一般意义以容纳新时代的个别对象。因而继承不是对文本语句作者意向的重述、体验,而是寻求一种使广大读者共通共感、可分享的思想文化内容。因为,在内容上,作品意指的东西本来就远比作者之意更多,后来时代的解释就是把其中包含的更多的东西展开来,结合时代之所需,故文本语句作者的原意在这里并不重要。由文字固定下来的文本语句是开放给理解者的,从而文化的继承就是要通过每一时代自己的理解赋予或揭示其中适于今天的意义。继承的本质在于,真正的真理是文本的过去意义与今天的理解的结合。因此在继承上,要尽力不去执着文本语句的具体历史性,而着力阐明其中的普遍意义、普遍真理性。对诠释学而言,文本意义的开放性和解释者的创造性是最重要的。每一时代的人们都面临着自己新的问题,由此不断更新对文本意义的理解,这才是继承。从而,继承是创造性的继承,创造性应是诠释的本质,也是继承的本质。故在诠释学的立场上,继承必然是创造性的继承,而不是还原性的复制。

在文本理论上,诠释学认为,文本作为书写的语言形式,已脱离

---

① [德]汉斯－格奥尔格·伽达默尔著、洪汉鼎译:《真理与方法》上卷,378页。

了时代具体性,文本成为独立于、超出于讲述者各种具体限定的存在。文本的重点是文本本身所说的东西,而不是作者意图,人们可以根据自己时代的前理解对文本的意义加以创造性的诠释,以满足实践的需求。这既是创造性的诠释,也是创造性的继承。哲学诠释学所面对的是作为文化资源的文本,是致力于文本的传承、诠释、活用,力求张大文本的一般性以包含解释需要的意义,并加以创造性继承与转化。同时,诠释学认为对文本的理解和继承,不是复制还原,而是应用实践,照伽达默尔所说,诠释学自古就是使文本的意义和真理运用于当下具体境况。诠释就是把文本的形式意义扩张,创造性地用于当下时代的需要,用创造性诠释结合当下时代的实践需要,就是创造性转化。创造性诠释包括了改造及转化,如1957年"中国哲学史座谈会"会议参加者一致认为,不管如何继承,继承都是包括"改造"这一要件的过程。而所谓改造就是可以加以新的诠释,使其以往不彰的意义豁显出来。故诠释学理解的传承一定是过去和今天的融合,传承必定包含新理解、新解释,不是原封不动。这里所谓"新"即是理解者的创造性。

在伽达默尔看来,文化的继承就是要通过每一时代自己的理解赋予或揭示其中适于今天的意义。继承的本质在于,真正的真理是文本的过去意义与今天的理解的结合,解释者要把自己的所处的具体境况和文本联系起来。因此在继承上,对诠释学而言,文本意义的开放性和解释者的创造性是最重要的。每一时代的人们都面临着自己新的问题,由此依据自己的具体语境不断更新对文本意义的理解,这才是继承。从而,继承是创造性的继承,创造性应是诠的本质,也是继承的本质。照伽达默尔所说,诠释学自古就是使文本的意义和真理运用于当下具体境况。诠释就是把文本的形式意义扩张,创造性地用于当下时代的需要,用创造性诠释结合当下时代的实践需要，就是创造性转化。诠释学对传承实践中"创造性"的强调是很有意义的。

文化的传承发展，应该是"同一性"与"创造性"整合在一个过程之中，从这个角度来看，伽达默尔的诠释学重点在强调创造性，而在一定程度上忽视了文化传承中的同一性。如果仅仅有解释者的具体理解与创造性，只有每个时代的新问题新理解，就不能构成传承的同一性，也就不能构成传承，不能证成继承。伽达默尔虽然主张过去与现在是综合，视界的融合，但始终没有对"过去"之维加以论述和分析，没有明确肯定过去的普遍性，只强调当下的具体性。

可见，仅仅讲创造性，还不能满足文化传承发展的全部理论需要，创造性只是满足了我们对文化的发展和创新的主要，而整个文化的传承创新，还需要肯定继承和弘扬的方面，继承和创新两个方面的结合才能构成文化传承发展的辩证展开。

儒家的政治思想与美德政治观

近来,在历史研究和政治思想史研究中,美德政治(Virtue Politics)与贤能政治(Meritocracy)的话题受到关注,如何从这个角度认识儒学的政治观,值得作进一步的讨论。

一、孔子的美德政治理想

孙中山先生早说过:"政就是众人的事,治就是管理,管理众人的事,便是政治。"[①] 中国古代早在《左传》中也提出"政以治民"(《左传》隐公十一年),故中山先生的理解与中国传统是有一致处的,也可以说是对古代讲法的一种新的诠释和发展。不过,古代的"治民"往往被理解为管理民人,而不是管理人民的事;不是把人民的事治好,而是把人民治服(民服)。所以,虽然《尚书》中的天民合一、天德合一的思想成为后来儒家政治思想的基础,但商周以来的实际政治运作和施行也习惯地形成了自己的传统,此即"政以治民"。如何治民即是如何为政,它不仅指涉政治运作施行的方法,也包含着对政治本质的理解。简而言之,政治是对一国之事务的管

---

① 孙中山:《孙中山选集》,人民出版社,1981 年,692—693 页。

理,而政治哲学是用哲学的方法论述政治价值及其基础、根源。政治哲学研究何种政治价值值得追求,[1] 并以此为标准推动现实政治、进行政治评价,以及以此探寻理想政治生活。政治哲学的观念不仅可以独立地阐述出来,也往往通过政治讨论表现出来。

在《论语》中涉及政治的地方不少,尤其是孔子答人"问政"的例子很多。一般来说,"问政"是涉及政治实践和行政举措的提问。自然,问政于孔子,在多数情形之下,是执政者(如季康子或准备从政者子路)对于"如何为政"向孔子提出的发问,而为政即是施政,即从事治理国家人群的事务。在春秋时代"政"是多层级的,有天子治天下之政,有诸侯国一国之政,有卿大夫一家之政等,随封君等级之不同而异。而为政者可以是封君本人,也可以是协助封君从事于治理民人的卿大夫士。对于这类问政,根据对象的不同,孔子的回答是多样的,即根据问者的特点而给以为政方法的指点。从孔子的这些答"问政"的言辞,可以看出他对政治实践之重点的认知,从中也可以看出他对政治问题的基本思考,以及这些思考后面的根本预设。

政治哲学即对政治及其活动的本质进行道德的、价值的反省和界定。儒家政治哲学是中国古代哲学的政治思考的主要部分。儒家政治哲学的这种地位,不仅是因为其作品的数量占了多数,更是因为儒家政治哲学直接影响了、关联着两千年来的中国古代的政治实践,并由此成为中国政治思想主要的规范性传统。

孔子政治思想中以下几个论点最具代表性:

第一,"为政以德":

---

[1] 可参看燕继荣:《政治学十五讲》,北京大学出版社,2004年,11页。

> 为政以德，譬如北辰居其所而众星拱之。（《论语·为政》）

为政即从事政治的治理与领导，"以德"在字面上可能有两种意义，即道德教化和道德表率。而从整个句子来看，为政以德并不是泛指以道德治理国家，而是特指为政者以自己的道德作为民人的表率，故后句说"譬如北辰居其所而众星拱之"，即为政者能作道德表率，人民自然都会归向为政者，如众星环绕北极星一样。这一句是讲政治德行的意义。

第二，"道之以德"：

> 道之以德，齐之以礼，有耻且格。（《论语·为政》）

道即引导、领导，政治的基本功能就是实现领导，而领导社会和人民的方式是"德"，规范人民的方法是诉诸"礼"。就"道之以德"来说，其宗旨也就是后人所说的"以德治国"。以德治国，主张以道德实现政治领导，在当时有其针对性，这就是反对以刑治国。以政治命令和刑法来治国，势必对人民实行横征暴敛、严刑酷罚，因此以德治国不仅表达了儒家对治国方略的深刻睿见，其背后包含着儒家对人民的关切和爱护，预设了政治要以保障人民的生活温饱、社会的安定平和为目标。有耻且格，则表明孔子对政治的理解中，政治的目标不仅是追求一个有秩序的社会，更重要的是实现一个善的、有道德心的社会。道之以德，应当指推行道德教化，提升人民的道德意识水平，以引导人民的良善行为。这一句是讲道德教化的意义。

第三，以政为正：

> 季康子问政于孔子，孔子对曰：政者，正也。子帅以正，孰

敢不正？（《论语·颜渊》）

首先，"正"是对行为的规范，"政者正也"是说政治的本质就是规范、管理社会的行为；其次，社会行为的规范，要从君身做起，君帅以正，则民无不正。因此，如果说，"政者正也"可能是春秋时卿大夫对政治的一般认识，那么孔子则是在此基础上强调君帅以正，进行了创造性的转化。所以，对于"政者正也"，孔子的理解与以往执政者不同，强调的重点在执政者的正身，于是孔子的"正身"观念在其政治思想中显出其突出的重要性。正身是针对政治领导者提出的。对政治领导者而言，"正其身"比"正其民"更为重要。这一句是强调修身为本的重要。

"政者正也"，这可以说是以定义形式表达的孔子对"政治"的理解和主张，在孔子思想的表述中并不多见。用"正"来界说"政"，不是定义"政治"的辞典意义，而是一方面体现了他对政治活动本质的认识，另一方面是指点政治实践的关键；一方面是他对西周以来主流政治观念的总结和概括，一方面是对西周春秋政治理解的发展和转进。《左传》已经有"政以正民"（《左传》桓公二年）的提法，代表了当时的主流政治观点，这个说法点出政治是执政者的活动，重视政治与正民的关联，但对如何正民，并未说明。一般认为，此"正"亦即是规范、纠正之意，因此，"政以正民"很容易混同于后来法家的命题，法家主张用刑法来管理社会、规范人民，在法家的正民思想里，道德没有任何的地位。早期法家如《管子》便认为"以正治国"，甚至也说"政者正也"（《管子·法法》）。而孔子认为，"正"是指领导者身之正，领导者德行之正，在孔子看来，政治的要点，是执政者发挥其道德表率的作用，以实现和促进整个社会的"正"。所以在孔子这里，"正"从单纯的政治规范意义，转为道德德行的意义，既代表社会正当的秩序（包括政治秩序），又代表从天子到大夫士的端正德行。孔子把"正"的重点，从"民"转移到执政者之身，这是古代政治思想的重要转变，其中在思想上、观念上预设了孔子对道德领率作用的根本信任，也建立起了政治与道德的根本关联。

众所周知，孔子明确表示反对"道之以政，齐之以刑"的治道，而春秋时代普遍流行的"政以正民"的思想接近于"道之以政"的思想，"政以治民"之"治"也近于这样的意思。把"道之以政"，转变而为"道之以德"，这种转变，一方面要求从政治的政令主导转为政治的教化主导，另一方面则要求领导者德行作为表率。故孔子在另一个地方说"其身正，不令而行"，"苟正其身矣，于从政乎何有？不能正其身，如正人何？"（《论语·子路》）通过正身来正民，通过正己来实现正人的目的，正是体现出孔子对"政者正也"的独特理解和具体说明。因此，这种对政的理解，不是仅仅追求"何为则民服"[1]，即人民对执政者的简单服从，它实际所追求、所欲实现的，是道德美德对于整个社会的引导作用。"身"在这里是指行为，所以古代也强调"修身"，正是在这个意义上，儒家认为政治应"以修身为本"。"尧舜帅天下以仁，而民从之"、"君子之德风，小人之德草"。政治的实践，最后要归结到政治领导的美德。

第四，政治美德：

《论语》记载孔子论政治美德的话不少，以下几则有代表性：

> 曰："恭、宽、信、敏、惠。恭则不侮，宽则得众，信则人任焉，敏则有功，惠则足以使人。"（《论语·阳货》）

---

[1]《论语·为政》：哀公问曰："何为则民服？"孔子对曰："举直错诸枉，则民服；举枉错诸直，则民不服。"

子谓子产，"有君子之道四焉：其行己也恭，其事上也敬，其养民也惠，其使民也义"。(《论语·公冶长》)

子曰："恭而无礼则劳，慎而无礼则葸，勇而无礼则乱，直而无礼则绞。君子笃于亲，则民兴于仁；故旧不遗，则民不偷。"(《论语·泰伯》)

子张问于孔子曰："何如斯可以从政矣？"子曰："尊五美，屏四恶，斯可以从政矣。"子张曰："何谓五美？"子曰："君子惠而不费，劳而不怨，欲而不贪，泰而不骄，威而不猛。"子张曰："何谓惠而不费？"子曰："因民之所利而利之，斯不亦惠而不费乎！择可劳而劳之，又谁怨？欲仁而得仁，又焉贪？君子无众寡，无大小，无敢慢，斯不亦泰而不骄乎！君子正其衣冠，尊其瞻视，俨然人望而畏之，斯不亦威而不猛乎！"(《论语·尧曰》)

这四条，虽然回应的问者不同，但其内容应该是通君主与卿大夫的政治美德而言。春秋时代的卿大夫也是封君，只是其政治等级和占有范围在国君之下。在这个意义上说，这些德行都是统治者的德行。孔子认为，践行这些美德是参加政治的前提，也是取得治理效果的根本。孔子的这些主张显示出，孔子所主张的政治观确乎是美德的政治。这种政治观预设了君主的德行对臣下乃至民众的单向感动与模范影响。

由前面所说可见，儒家不强调政治权力的分配和实现，不强调政治制度安排的创新。儒家理想的政治是以美德为基础的政治，强调政治事务不能脱离美德。从西周以来不断强调的政治领导必须务德、宽民的思想，到春秋末期已经渐渐成为政治传统的重要一支，而由儒家自觉地加以发扬。观察孔子在《论语》中对政治问题的意见与评论，可以看出他的政治理解的根本预设，其中重要的核心之点即是"政不离德"。

在孔子看来,对务德的强调,不仅是行政的方法,而且关系到对政治的根本理解,虽然孔子对政治的理解有些是在明言层面上表达出来的,也有一些未在明言层面上表达出来。从政治与道德的关系来看,孔子认为政治是不能脱离道德的,故在这里不存在政治的中立:政治必须以伦理原则为其自身的基础,脱离了伦理,脱离了道德概念,政治将不复为政治,政治必须放在价值的善恶中予以掌握。

政治不仅不能独立于善恶,而且政治是最可能造就大恶的活动。古代中国政治思想以历史经验为基础,特别注重历史世界对暴政、虐政的批判,因此政治的善恶成为最重要的善恶,其标准端在于政府给人民带来什么。国家给人民带来的是痛苦饥寒,则为恶,国家带给人民的是温饱有教,则为善。相对的,君主、政府之骄奢淫逸为恶,克勤克俭为善,此外,还涉及到政府能否维护传统和信仰。古代中国特别是儒家的观念中,"政"的概念与欧洲古代"政治是有关国家的事务"相比,更强调政治是与"民"相关的事务。政治是围绕人民生活安排进行的。因此,与马基雅维利"非道德的政治观"相反,在古代儒家则持"道德的政治观",始终认为政治是有善恶属性的,必须以善恶作为评价的准则,以不断改进政治。政治不能超越道德价值,独立于善恶之外的政治是不存在的,政治社会必须以社会主流的道德信念为依据、为基础、为保证。如前所说,这种对政治的理解里面有深刻的天道自然法的背景。

总结起来,"道之以德"和"为政以德"是孔子对古代"政以治民"和"政以正民"的重大改造。古代儒家强调政治德行对于政治过程的重要性,认为政治的本质就是道德教化,坚持以美德为政治的基础,以善为政治的目的,以仁贯通于政治的实践,这些在现代社会的政治制度条件下,仍然有其不可忽略的意义。

二、孟子和朱子的批评政治观

孔子的"政者正也",只强调了统治者"自正"的一面,只关注君主的德行对臣下的单向感动,而没有正视古代"他正"的一面。所谓他正,即孟子所谓"格君心之非"以正君心,主要是指臣下通过批评帮助君主正心正身。我把这称之为与美德政治不同的"批评政治"。

> 孟子曰:"人不足与适也,政不足与间也,惟大人为能格君心之非。君仁莫不仁,君义莫不义,君正莫不正,一正君而国定矣。"(《孟子·离娄上》)

这里讲的"一正君"强调的并不是孔子所说的君主的自正,应当是"大人格君心之非"的结果。相比于孔子的美德政治观,孟子很少讲恭宽信敏惠的政治美德,这似乎表明孟子已经对君主的自我正身失去了信心。他所希望的,是君主能够尊重像他这样的贤明臣下的行为劝诫和政策主张。从这一点来看,子思的时代已经出现了这种政治观的转变,如《五行》篇强调闻君子道而知君子道,强调尊贤,都已显示了早期儒家政治观的变化,即不再像孔子一样寄希望于君主的德性修身和正身,而更加关注君主如何尊重并听取贤明臣下提出的君子道,认真尊贤,礼贤下士,这当然也是适应战国时代游士活动大量增加的情势。《五行》篇说:"闻君子道,聪也;闻而知之,圣也。……见贤人,明也,见而知之,智也。"我曾指出:"这种政治哲学是以闻君子道和见贤人为中心,亦即以闻道和尊贤为中心。《五行》这里所说的闻君子道,更多地指王公的治道,即君子作为统治者的治国之道。尊贤就是要尊敬有德有见的大夫士。圣智说的主要实际意义就是要求国君知贤尊贤敬贤。"①《五行》篇的思想虽然也讲了仁义礼智德行的内化，但更在政治上表达了尊贤的主张。尊贤在先秦时代既是对宗法贵族制的否定，也是对它的补充，其中的"贤"也主要是就能力而言。当然，若全面地说，"贤"是美德与能力的结合，"贤人"是美德精英和能力精英的混合。

孔子的主张是美德政治，孟子除了继承了孔子思想外，更强调批评政治。到了孟子晚年，已经不再关注、强调君主德行的内化，而全力要求君主接纳他的政策主张和行为劝诫。在这个意义上，可以说，孟子的政治观已经不是狭义的美德政治，而是偏重于士大夫立场的批评政治。虽然孟子也讲过"其身正天下归之"，"家之本在身"（《孟子·离娄上》），"有大人者，正己而物正者也"（《孟子·尽心上》），但其前提已经加入了"唯大人能格君心之非"的批评谏正。如果就君主和百官的互动关系而不是中央决策执行机制而言，后世君主政体的中枢权力结构，正是美德政治和批评政治的双存结构。

古代《大学》在教育上提出以士人修身为先的（理论上包括庶人）"修身、齐家、治国、平天下"的发展顺序，这一顺序也可以说反映了美德政治的逻辑。而汉以后在现实政治中，则不是强调士人修身为先，而是强调君主修身为先。这一君主修身为先原则的应用与其说是美德政治的体现，更不如说是批评政治的基础。所以董仲舒说："故为人君者，正心以正朝廷，正朝廷以正百官，正百官以正万民，正万民以正四方。"（《春秋繁露·玉英》）这个说法就与《大学》的说法相距甚远了。与孟子一样，董仲舒所言，不再如孔子那样提出君主应当具备的诸项政治美德，而统之以"正心"，这里的正心不是士人的修身，而是君主的正心。虽然正心说看起来仍然是美德政

① 陈来：《竹帛〈五行〉与简帛研究》，生活·读书·新知三联书店，2009 年，153—154 页。

治的要求，但在实际政治中也成为士大夫对君主的合理要求，成为士大夫批评君主的合法权利。而不畏君主发怒、帮助君主正心，乃成为儒家臣子的首要政治义务，成为儒家士大夫的政治美德。这比起孔子的美德政治，在两千年的政治生活中似乎影响更大。

古代如孔子很重视美德政治，但美德政治指向政治统治者如君主。汉代以后，君主美德的保持或提升，不仅要依靠君主个人的道德修身努力，也需要一种批评约束的政治机制。如宋代的士大夫秉持"正君心"的观念，在奏疏中直接批评君主修身的不力，成为中枢政治不可缺少的环节。宋代大儒的经筵讲书同样起着类似的作用，台谏的政治批评也往往包含着这一方面，即美德的劝诫。宋代政治精英具有区别性的结构，此即君主集团和士大夫集团，当然这是理想型的分析，不代表现实中士大夫是铁板一块，如道德理想派和务实官僚派。无论如何，在一定的制度支撑下，敢于负责地批评政治成为后世士大夫的主要美德，对君主的任性必须形成约束也是儒家政治的基本理念，并落实为一套制度化的约束机制。

给予臣下充分的议论国是的批评权利，虽然不能保证君主个人会接受所有批评，但保障了一种政治风气，而士大夫之间对于批评性奏札的交流也加强了士大夫的政治意识，从而发扬了政治主体性。从这个角度来看，儒家的政治观，不仅是美德政治和贤能政治，而且要加上批评政治，前者重自正，后者重他正。孔子强调自正，孟子强调他正。孟子政治思想显然已经不再主要强调对君主的美德要求，像孔子那样，而是更多地要求君主听取贤者的政策意见。这既是"尊贤"在战国时代特有的政治含义，也是汉唐政治实践中越来越明显的要求。

宋代儒家士大夫上书言事及其体现的政治观，可以朱熹为例。朱熹33岁开始投身政治活动，他给宋孝宗写了奏书即《壬午封事》，发挥《大学》中所讲"格物致知、正心诚意"，认为三纲领八条目不仅是士人的为学方案，也应当是君主的首要要求。他强调，帝王之学，必先格物致知，彻底了解事物的变化，才能精细地辨义理是非，这样才能够意诚心正，才能够应付天下大事。[1]

朱熹34岁时第一次到朝中面见孝宗奏对，对孝宗说："大学之道……格物以致其知。"他说孝宗有两件事没做到，一是随事以观理，二是即理以应事。随事观理就是格物穷理，格物就是要随事随物，穷理就是要观理。即理以应事，就是要了解事物的变化，才能够应付天下的大事。他认为孝宗没有做好这两件事，所以收不到治国平天下的效果。[2] 宋孝宗听了当然会不高兴。

朱熹50岁时做南康知军，皇帝又诏求直言。朱熹应诏上书奏事，因为这一年是庚子年，所以其封事称为《庚子应诏封事》。

> 臣伏睹三月九日陛下可议臣之奏，申敕监司郡守条具民间利病悉以上闻，无有所隐。臣以布衣诸生蒙被圣恩，待罪偏垒，乃获遭值仁圣求言愿治、不间疏远如此，其敢不悉心竭虑以塞诏旨？然臣尝病献言者不惟天下国家之大体而毛举细故以为忠，听言者不察天下国家之至计而抉摘隐伏以为明，是以献言虽多而实无所益于人之国，听言虽广而实无以尽天下之美。臣诚不佞，然不敢专以浅意小言仰奉明诏，惟陛下幸于其大者垂听而审行之，则天下幸甚。
>
> 臣尝谓天下国家之大务莫大于恤民，而恤民之实在省赋，省赋之实在治军。若夫治军省赋以为恤民之本，则又在夫人

---

[1]《壬午应诏封事》，《朱子全书》第20册，上海古籍出版社、安徽教育出版社，2002年，569—580页。

[2]《癸未垂拱奏札》，《朱子全书》第20册，631—633页。

君正其心术以立纪纲而已矣。董子所谓"正心以正朝廷，正朝廷以正百官，正百官以正万民，正万民以正四方"，盖谓此也。……

……至于所谓其本在于正心术以立纪纲者，则非臣职之所当及。然天下万事之根本源流有在于是，虽欲避而不言，有不可得者。且臣顷于隆兴初元误蒙召对，盖已略陈其梗概矣。今请昧死复为陛下毕其说焉：

夫所谓纲者，犹网之有纲也；谓纪者，犹丝之有纪也。网无纲，则不能以自张；丝无纪，则不能以自理。故一家则有一家之纲纪，一国则有一国之纲纪。若乃乡总于县，县总于州，州总于诸路，诸路总于台省，台省总于宰相，而宰相兼统众职，以与天子相可否而出政令，此则天下之纲纪也。然而纲纪不能以自立，必人主之心术公平正大、无偏党反侧之私，然后纲纪有所系而立。君心不能以自正，必亲贤臣，远小人，讲明义理之归，闭塞私邪之路，然后乃可得而正也。古先圣王所以立师傅之官，设宾友之位，置谏诤之职，凡以先后纵臾、左右维持，惟恐此心顷刻之间或失其正而已。原其所以然者，诚以天下之本在是，一有不正，则天下万事将无一物得其正者，故不得而不谨也。[1]

在这封上书中，朱熹引用董仲舒的话，又一次讲到了君主正心的重要性，说爱民之本在于皇帝能够正心，皇帝怎样才能爱民呢？先要正心，正了心才能够确立道德和法纪。他还说现在皇帝只亲近一两个小人，受他们的蛊惑，安于私利，所以造成不好的社会局面。他特

---

[1]《庚子应诏封事》,《朱子全书》第 20 册, 580—587 页。

别引用了董仲舒关于人君正心的话,强调人君正心的根本重要性。他的批评就是要指出君主的问题,来帮助君主正心。

朱熹指出,开放直言的批评建议,在政策上是好的,但在实践上却可能常常出现两种弊病,一个是批评者集中在细节小事,一个是被批评者只关注揭发臣下的隐私,这样的情况下,献言虽多,听言虽广,却无益于治国理政。他认为,政治批评应该集中在"人君正其心术以立纪纲",这才是政治的根本。人君正其心主要是"心术公平正大",人君立纲纪的关键是"必亲贤臣、远小人"。

淳熙戊申朱熹59岁的时候,皇帝又让他来入都奏事。有人劝朱熹说,"正心诚意"是皇上最不爱听的,这次千万别提这四个字了。朱熹很严肃地说:我平生所学就这四个字,我怎么能不说? 我不说就是欺君! 他面见孝宗后当面指出:

> 臣诚愚贱,窃为陛下惑之。故尝反覆而思之,无乃燕闲蠛濩之中、虚明应物之地,所谓天理者有未纯、所谓人欲者有未尽而然欤? 天理有未纯,是以为善常不能充其量,人欲有未尽,是以除恶常不能去其根。为善而不能充其量、除恶而不能去其根,是以虽以一念之顷,而公私邪正、是非得失之几未尝不朋分角立而交战于其中。故所以体貌大臣者非不厚,而便嬖侧媚之私顾得以深被腹心之寄;所以寤寐豪英者非不切,而柔邪庸缪之辈顾得以久窃廊庙之权;非不乐闻天下之公议正论,而亦有时而不容;非不欲圣天下之谗说殄行,而亦未免于误听;非不欲报复陵庙之仇耻,而或不免于畏怯苟安之计;非不欲爱养生灵之财力,而或未免于叹息愁怨之声。凡若此类,不一而足。是以所用虽不至尽非其人,而亦不能尽得其人;所由虽不至尽非其道,而亦不能尽合其道。规模盖尝小定,而卒至于不定;

志气盖尝小立，而卒至于不立。虚度岁月，以至于今，非独不足以致治，而或反足以召乱；非独不可以谋人，而实不足以自守；非独天下之人为陛下惜之，臣知陛下之心亦不能不以此为恨也。①

夏天奏事之后，当年冬天他再上封事，说为人君者心不正的话，天下事无一得正；"人心惟危、道心惟微"；皇帝应该以天理之公战胜人欲之私，进贤退奸、端正纲纪。《戊申封事》中他说：

> 臣之辄以陛下之心为天下之大本者，何也？天下之事，千变万化，其端无穷，而无一不本于人主之心者，此自然之理也。故人主之心正，则天下之事无一不出于正；人主之心不正，则天下之事无一得由于正。盖不惟其赏之所劝、刑之所威各随所向，势有不能已者，而其观感之间，风动神速，又有甚焉。是以人主以眇然之身居深宫之中，其心之邪正若不可得而窥者，而其符验之著于外者，常若十目所视、十手所指而不可掩。此大舜所以有"惟精惟一"之戒、孔子所以有"克己复礼"之云，皆所以正吾此心而为天下万事之本也。此心既正，则视明听聪、周旋中礼而身无不正，是以所行无过不及而能执其中，虽以天下之大，而无一人不归吾之仁者。②

他认为政治的根本在于"人主之心正"，人主之心正与不正，表面上好像难以证见，但实际上在政治和社会生活中的效验，昭著明显而

---

① 《戊申延和奏札五》，《朱子全书》第 20 册，661—662 页。
② 《戊申封事》，《朱子全书》第 20 册，590—591 页。

不可掩盖。人主的一举一动，风动神速，都会立即产生政治的影响和后果。

淳熙己酉朱熹60岁时又准备上封事，后来政情变化，虽然没有寄送出去，但其中仍然表达了他的一贯思想。其《己酉拟上封事》：

> 其一，所谓讲学以正心者。臣闻天下之事，其本在于一人，而一人之身，其主在于一心。故人主之心一正，则天下之事无有不正；人主之心一邪，则天下之事无有不邪。如表端而影直，源浊而流污，其理有必然者。是以古先哲王欲明其德于天下者，莫不壹以正心为本。①

所以，这个思想在政治上说，与《大学》的"壹是以修身为本"不同，政治的根本是人主的修身和正心。儒家士大夫以此为依据，对于君主提出道德的批评，这是古代中国政治的常态。这不仅是一种政治文化，也有着制度的支持。故朱子赞成"士大夫以面折廷争为职"②这样的说法。

中古以后的美德修身和美德教化，更多指向个人和社会，而不是仅指向君主统治者，这在现代中国也仍然被继续和实践。

古代的政治美德要求甚高，除了它与人生整体追求有关外，更主要的是因为当时没有制度依凭来产生这些可欲的政治行为，故只能从美德的修养提出来。而现代社会的一个基本思路就是从政治制度的转型入手，使得在新的制度下可以用制度自身的力量并不费力地导出古代美德所期待的政治行为。如任期制自然解决了权力

---

① 《己酉拟上封事》，《朱子全书》第 20 册，618 页。
② 《朱子语类》卷一三二，中华书局，1986 年，3181 页。

更替,而无任期制则近于君主制。又如开放各种监督方式和批评方式,朝内大臣和地方官员均可直接对皇帝本人与朝政提出批评。批评成为臣下的主要美德和政治实践的基本操作。虽然批评不等于善政本身,批评也可以成为党同伐异的工具,但掌握得当,的确可以发挥积极作用,特别是,臣下对皇帝的异议和对朝政的批评,在这种制度和文化中被保障为政治批评的自由。

应当指出,古代的政治美德未包括近代以来公认的政治价值要素,如作为美德的民主,不一意孤行,注意了解下民之情,不突出个人专断,善于听取不同意见,尊重知识专家。在这个意义上,在当代政治生活中,仅仅传承古典的美德政治和政治美德是不够的,还必须发展新的政治美德。

三、近代西方的两种政治观

为了认识儒家的政治观,我们还可以对比了解西方政治思想史的相关形态。在政治思想史上,文艺复兴时期的意大利被认为以"美德政治"为主导,亦称为政治人文主义,或称公民人文主义或共和人文主义。古典共和思想的一个突出特色是强调"公民美德",即关心公共事务和公共目标,克制私欲以服从公益。意大利共和人文主义的思想根源于西塞罗,代表人物为拉蒂尼。这种思想主张通过提高政治精英的德性和品质来提高政治治理的质量,鼓励精英进行人文主义的研究,特别是对道德和道德哲学的研究,在诗歌和历史文本中赞扬德性与好统治者,以强调美德的重要性。这些与儒家文化思想相当接近。文艺复兴时期的人文主义承认法律的重要性,但与注重通过法律制度措施来改变治理的思想有很大的分歧。不仅人文主义的政治观与儒家相接近,人文主义与立宪主义的斗争也类似于先秦时期的儒法之争。

近代欧洲政治思想的变化集中体现在文艺复兴时期的意大利。16—17 世纪的意大利,政治话语经历了一个巨大转变。在此以前,古典的主张、观念认为政治是建立好政府的高尚艺术,即依赖正义和理性统治共和国的艺术;而 17 世纪以后,国家理由占了上风,政治被认为只是建立好政府的手段,政治意味着国家理由和法律统治的技巧和手段。① 在早期近代的意大利,共和国的艺术是维护全体公民的共和国,而国家的技巧是维护某个人或某些人的国家。拉蒂尼主张"政治之善",他主张,政治的目标必须通过正义和理性来实现,而在拉特若的《论国家理由》中,"国家理由"的目的可以通过任何手段来实现。前者是传统政治话语的核心,后者后来成为新政治话语的核心。② "理性"指西塞罗的理性,体现公正的普适原则,而在国家理由中,理性是从工具意义而言,意味着权衡各种保卫国家的手段的能力。③ 圭恰蒂尼、马基雅维利皆步此种国家理由说的后尘。自然,共和国也是国家,在处理与其他国家关系时,也需要使用国家理由及其手段,用非正义的手段应对非正义的战争以及镇压叛乱。马基雅维利和圭恰蒂尼明确阐述统治者必须具备"政治之善"和"国家理由"两方面。④ 政治理由为全体人民的城市共和国服务,国家理由为某个君主服务。在早期近代的意大利进程中,自由的城市共和国被君主国和暴政所取代,政治之善的话语被国家理

---

① [意]莫瑞兹奥·维罗里著、郑红译:《从善的政治到国家理由》,吉林人民出版社,2011 年,1—2 页。

② 同上,3 页。

③ 同上。

④ 同上,5 页。

由的话语所排挤。

在 13 世纪亚里士多德的《政治学》扩散之前,西塞罗的政治美德传统和罗马人的公民智慧已经成了一套广被认可的政治话语。直到 15 世纪,西塞罗的传统和罗马的公民智慧仍然是传统政治观的主要部分。[1] 当圭恰蒂尼在《佛罗伦萨政体的对话》中引入“国家理由”这个概念时,其意图是告诫西塞罗学说的信奉者:正义不足以维护共和国的存在,而通过国家理由这一理性观念,使得发动非正义战争、不公正地对待公民、将公共制度用于个人目的,都获得某种合法性。而在政治之善的话语中,这些都是与理性背道而驰的。[2]

对比儒家来看,《孟子》中有:

> 鲁欲使乐正子为政。孟子曰:“吾闻之,喜而不寐。”公孙丑曰:“乐正子强乎?”曰:“否。”“有知虑乎?”曰:“否。”“多闻识乎?”曰:“否。”“然则奚为喜而不寐?”曰:“其为人也好善。”“好善足乎?”曰:“好善优于天下,而况鲁国乎? 夫苟好善,则四海之内,皆将轻千里而来告之以善。夫苟不好善,则人将曰:‘訑訑,予既已知之矣。’訑訑之声音颜色,距人于千里之外。士止于千里之外,则谗谄面谀之人至矣。与谗谄面谀之人居,国欲治,可得乎?”(《孟子·告子下》)

孟子所欣赏的“为政”是“好善优于天下”之政,可见孟子的政治思想也属于“政治之善”。政治人文主义所主张的正义和理性,在孟

---

[1] [意] 莫瑞兹奥·维罗里著、郑红译:《从善的政治到国家理由》,6 页。
[2] 同上,7 页。

子则称之为"道",合于仁义与人性为"得道",不合于仁义与人性为"失道"。在这个意义上说,孔孟的政治思想都属于政治人文主义。《大学》所说的"至善",明显是包含着追求治国平天下的至善。《大学》说:"国无以为宝,惟善以为宝。""国不以利为利,以义为利也。""未有好义其事不终者也。"治国以善为宝,以义为利,以善义为治理国家的根本原则。按其逻辑,国与国的关系亦应以"絜矩之道"为处理原则。可见,儒家也讲国家目标,但不是从实际利益来讲国家目标与理由,而是主张国家以道义至善的价值为目标为理由,这与意大利现实主义政治观是相反的。

如果就"美德"作为问题意识而言,除了西塞罗的传统外,罗马帝国的波爱修斯,以"美德"与"命运"相对抗,也留给了后世深远的影响。希腊的 arete 和罗马的 virtus 经过发展都有了优秀品德的意义,[1] 美德于是成为核心的概念话语。德性用来抵抗命运,即人不能预测、也不能控制的环境,[2] 对波爱修斯传统的思想家来说,"德性"是好人用来型塑自身的"命运",公民人文主义将好人等同于好公民,把德行政治化,使之不能离开别人的美德。[3] 即使到了马基雅维利仍然在这两极中运作。相比之下,同样重视美德,孔子的思想具有德性与命运一致之意,如《论语》记载孔子曰:

> "天生德于予,桓魋其如予何?"(《论语·述而》)
>
> 子畏於匡。曰:"文王既没,文不在兹乎? 天之将丧斯文也,后死者不得与于斯文也;天之未丧斯文也,匡人其如予何?"(《论语·子罕》)

---

① [英] 波考克著,冯克利、傅乾译:《马基雅维利时刻》,译林出版社,2013 年,40 页。
② 同上,95 页。
③ 同上,167 页。

孟子对美德与命运关系的处理有所不同。孟子认为,美德的追求根于人的本性,这种追求的意志不受命运即环境的影响。顺命知命与美德的追求没有冲突。对孟子而言,命更多关联的是外在幸福,而外在幸福能否得到,不是君子所关注的,君子将顺命之自然,这就是"求之有道,得之有命"。

　　中世纪的意大利,政治美德传统的复兴是和 11—12 世纪自由城市共和国为经验和历史背景的,而西塞罗关于政治美德的传统是意大利城市共和国思想的基本组成部分。[①] 如马克布乌斯发扬了西塞罗共和国的诠释,认为城市共和国的统治者必须具有政治美德"谨慎"、"节制"、"正义",具有政治美德才能使普通人成为统治城市的政治人,这是古代西塞罗的传统。他还提出了对美德的四重划分:政治美德、自省的美德、纯洁思想的美德、榜样的美德。政治美德的传统在中世纪发挥了巨大的影响。[②] 先秦儒学提出的政治美德也很多,与西塞罗的传统有可比之处,西塞罗传统对政治美德和政治人的关系的看法也与儒家接近。

　　通过中世纪对亚里士多德《尼各马可伦理学》的诠释,阿奎那接纳了亚里士多德的观念"政治学追求道德"[③],在他看来,亚里士多德正确地将政治从审慎(prudence)中区别出来,审慎是统治自己的艺术,而政治学研究如何统治众人。儒家则认为,统治自己和统治众人虽然不同,但二者有一致性,修己和治人是连接一体的。中世纪的学者认为,君主必须有完美的德性,并且显示出所有这些美德,而不是其中的一部分。如吉尔强调,他像塞内卡一样,把审慎放在首位,认为正义比虔诚和节制更重要。他详尽叙述了君主必须

---

① [意] 莫瑞兹奥·维罗里著、郑红译:《从善的政治到国家理由》,11 页。
② 同上,16 页。
③ 同上,28 页。

拥有的美德,审慎、正义、虔诚、节制、宽宏、闲适、温顺、诚实、慈祥、和蔼。① 西塞罗传统中君主仅凭政治美德就可以获得永久幸福,而经院哲学家认为君主必须在内心皈依上帝、献身上帝,才能获得永久幸福,② 他不仅要审慎,还必须培养仁慈的美德,像上帝那样。无论如何,增加了仁慈的美德表更加接近于儒家的美德表了。

关于意大利人文主义者美德思想的人论基础,斯金纳的《近代政治思想的基础》也作了很多论述。其书第四章《佛罗伦萨文艺复兴》第一节"古典价值的恢复"中,叙述了 14 世纪初佛罗伦萨人文主义者在修道院图书馆查找古典作家的著作,发现了古代最伟大的天才西塞罗的一些著作和讲演集,彼特拉克等人文主义者成为西塞罗思想的热烈拥护者,从而改变了人们对教育的宗旨和内容,人的特征、能力、生活目标的看法,确立了西塞罗式的"美德"观念。③然后他又在第四章的下一节"美德的概念"中叙述了这个时代美德概念的中心地位和影响。按其叙述,人文主义者接受了西塞罗美德概念的基本假设,即人性和教育的理念,后者是指用何种课程培养出真正具有美德的人,在给王公和绅士指引正确的教育科目和课程中得到体现。④ 中世纪不曾有这种关于人性和能力的可能性,人可能拥有若干具体的美德,但只有上帝才能具备完善的美德,如果一个人想依靠自己的努力追求美德或人的全面杰出,就是傲慢和错误的。⑤ 彼特拉克及其弟子们否定了奥古斯丁关于人的堕落本性的假设,认为真正的美德可能具备,人须尽最大努力具备美德,坚持认

① [意] 莫瑞兹奥·维罗里著、郑红译:《从善的政治到国家理由》,32 页。
② 同上,35 页。
③ [英] 昆廷·斯金纳著,奚瑞森、亚方译:《近代政治思想的基础》,商务印书馆,2002年,145 页。
④ 同上,148 页。
⑤ 同上,150 页。

为人有力量获得崇高的美德,从而创造了一种最具特色的文艺复兴道德思想——一种致力赞颂"人的美德和尊严"的道德思想。① 这些关乎人性的看法与孟子人性思想是一致的,正是古代儒学人性论的根本特色。由于人有能力达到这样的美德,就有责任以追求美德作为他们一生的主要目标。人文主义承认,他们对人性的看法即对个人自由和力量的乐观看法,认为美德是一种创造性的社会力量,能够左右自己的命运,改造社会世界。② 至于美德的内容,其中最重要者是"公道,平等,自由,和爱"。还需要一些美德支持我们对待生活逆境,包括"坚定不移,持之以恒,坚忍不拔,强而有力",如果说这些是亚里士多德的美德,他们和先秦儒学如在《儒行篇》所呈现的美德是相同的。

马基雅维利明确抛弃了公民人文主义的话语,他否认政治是维护善的共和国的艺术,强调政治的目的是追求权力,政治人不可能是古典式的贤人。人们一致认为他将高尚从人类技艺转变为暴政的手段。③ 也有人认为,西塞罗传统的公民人文主义是"古代的",而马基雅维利的新传统是"现代的";前者是要维护公共社会和公共权利,后者是少数人的技巧为自己的利益进行统治。④ 技巧即是术,即维护和加强君主地位的权术。马基雅维利猛烈批判共和人文主义和古典的西塞罗传统,如西塞罗坚持诚信优先于权宜之计,但是主张权者认为,在外交事务中,遵守诚信是没有意义的。⑤ 马基雅维利的《君主论》中写道,明智的君主在诚信将伤害自己时,就

---

① [英] 昆廷·斯金纳著,奚瑞森、亚方译:《近代政治思想的基础》,商务印书馆,2002年,153页。
② 同上,155页。
③ [意] 莫瑞兹奥·维罗里著、郑红译:《从善的政治到国家理由》,134页。
④ 同上,135页。
⑤ 同上,139页。

不能,也不该信守诺言。①

16世纪最初几十年的意大利,亦可称为现代性的起点时刻。在当时的意大利,亦即马基雅维利时代的佛罗伦萨思想,"美德"与"命运"是从罗马时代承继下来的主题,德性是用来抵抗恶毒命运的。而马基雅维利拒绝了这个传统,他对德性作了重新解释:德性决不能理解为国家为之存在的东西,相反,德性仅仅为了国家理由而存在。政治生活不受制于道德性,囿于道德性便无法建立维护政治社会。② 施特劳斯认为这是现代性的第一次浪潮。

传统政治话语除了公民道德外,还赞颂和谐,将之视为政治智慧的必要基础,指出为了享有政治智慧我们必须全力维护和谐和平。马基雅维利则强调,社会冲突是不可避免的,而且对于维护社会自由是大有裨益的。③ 马基雅维利提供的是与美德政治相反的权术政治,可以从反面衬托出美德政治的价值意义。来看施特劳斯《关于马基雅维利的思考》引言的一段:

> 希冀牢固占有他国领土的君主们,应该对这些领土原来的统治者,满门抄斩;君主们应该杀掉他们的敌手,而不没收他们的财产,因为蒙受掠夺的人,可以图谋复仇,而那些已被铲除掉的人,则不可能这样做了;人们对于谋杀他们的父亲,与丧失他们的祖传财产相比,忘却的更快;真正的慷慨宽容在于,对于自己的财产吝啬小气,对于他人的所有物慷慨大方;导致福祉的不是德行,而是对于德行和邪恶加以审慎的运用;加害

---

① [意] 莫瑞兹奥·维罗里著、郑红译:《从善的政治到国家理由》,150页。
② [美] 利奥·施特劳斯:《现代性的三次浪潮》,载《西方现代性的曲折与展开》上,吉林人民出版社,2005年,87页。
③ [意] 莫瑞兹奥·维罗里著、郑红译:《从善的政治到国家理由》,160页。

于人的时候,应该坏事做尽,这样对伤害的品味瞬息即逝,伤害带来的痛苦也就比较轻;而施惠于人的时候,则应该细水长流,一点一点底赐予,这样恩惠就会被人更为深刻地感受到。一个得胜凯旋的将军,如果惧怕他的君主可能会鸟尽弓藏、恩将仇报,那就可以先下手为强、揭竿而起、发起叛乱。……①

马基雅维利的思想可以概括为"为了达到目的,可以不择手段"的原则,儒家则相反,孟子主张"交邻国有道","其交也有道",这个道是先王之道,以仁智为首,也是道德之道。孟子把这一尧舜之道称为"王道",与"霸道"相对。与儒家"道德的政治"相比,马基雅维利乃是"非道德的政治",也是"霸道"的代表。在他看来,德行不是目标,而是实现国家利益的手段;"善"并不永远和国家福祉一致。现实世界的国家目标是全然不顾善恶是非,对他国寻求霸权,和财富、势力的扩张。②遵守社会法则是必要的,但触犯这些行为准则不亚于遵守那些准则的需要。③他认为,确实有人具有忠诚仁慈的美德,但这种人若要委以重任,就可能对公共利益构成威胁,如导致私人势力的培植,会使国家暴露在趋于卑微猥琐的危险。④马基雅维利否定了美德德性,而鼓吹有益本国国家目标的德行。

19世纪以来,我们在西方帝国主义、殖民主义的对外活动中,处处可以看到马基雅维利的影子,只追求本国利益目标,全然不顾国际正义,蔑视世界秩序;在国与国关系中,抛弃政治美德,奉行强力霸权。如果这是现代性的一种内涵,那么必须发扬古典的政治美德,坚

① [美]利奥·施特劳斯:《关于马基雅维利的思考》,译林出版社,2003年,引言。
② 同上,408页。
③ 同上,423页。
④ 同上,411页。

决否弃这种政治恶德，对现代性深加反思，人类命运共同体的理想才有可能实现。这在今天的逆全球化时刻，具有特别重要的意义。

由以上论述可知，以美德政治为古代中国政治特色，就刻画传统中国政治而言是不充分的，必须同时强调批评政治，才能反映古代中国政治与传统的实际。而美德政治若就国与国关系而言，则其中包含的王道价值，仍应当是现代国际关系的基本原则，值得发扬，以抵抗马基雅维利式的霸道横行。

后　记

　　本书所收的论文,在内容上主要有两大方面。一个方面是近年我对 20 世纪儒家心学中熊十力、梁漱溟、徐梵澄哲学的研究,侧重于精神性的维度,以往学者对此注意较少。我做的这些研究比起我自己以往对现代儒家哲学的研究有所深化。这一组对 20 世纪儒家心学的研究可以说是以熊十力为中心的,因而也对熊十力的中国哲学论做了分析说明,同时强调应该对熊十力的中国哲学史研究予以重视。对王阳明哲学研究的两篇论文也是我近年所写的,这两篇论文发表后引起学界的重视,认为是《有无之境——王阳明哲学的精神》出版三十年后能够接续《有无之境》,而且更为深入地研究王阳明的哲学之作。我把这两篇列于论 20 世纪儒家心学的数篇之后,亦可看出新儒家心学与阳明学的相承之迹。

　　另一个方面是我近些年所做的涉及西方哲学思想的研究。以赛亚·伯林的一篇是参加 2011 年清华大学国学研究院主办的柏林会议的论文,其中集中分析了伯林对文化民族主义的深刻阐述,分析了文化民族主义与各种社会建制的关系。回应德里克的一篇,是因为德里克曾在 2010 年受清华大学国学研究院之邀在清华讲课数月,而他的讲课录也在 2015 年出版了。但是德里克作为后殖民思想家,主张中国的儒学复兴是全球资本主义的话语体现,这是我所不能同意的,所以我觉得有责任表达我们的立场,促成真正的交流。

只可惜在我的论文发表前一个月他便去世了,失去了进一步交流的机会。《论儒家的实践智慧》一文是 2013 年我应邀参加世界哲学大会做的大会报告,我的报告从三个方面分析了儒家的实践智慧与亚里士多德的实践智慧的不同,突出了儒家哲学的特色。关于桑德尔论公民德行的一文,是出席 2016 年在上海举办的"桑德尔与中国哲学"讨论会的论文。论文对桑德尔《民主的不满》一书所描述的美国二百年来共和主义在德行方面的主张提出一些讨论和质疑,此文亦受到桑德尔本人的重视与回应。《儒家的政治思想与美德政治观》一文是为 2019 年在上海举办的"美德政治与贤能政治"会议准备的,论文强调仅仅用美德政治作为古代中国政治的特色、判断中国传统政治是不充分的,并比较了意大利文艺复兴时代的人文主义的政治观,提出儒家王道理念在当今世界政治仍值得发扬。最后,关于伽达默尔诠释学中的"前见"概念一文,是因为 2015 年以后我承担了国家社科基金重大项目"中华文化的创造性转化与创新性发展",对伽达默尔的诠释学产生了新的兴趣,论文从《真理与方法》中的"传承物"概念入手,细致梳理了伽达默尔对前见的理解和使用。所有这些研究都不是孤立的对于西方哲学思想的研究,而是从中国问题和中国文化的需要出发所做的关联性研究。由于第一方面的论文集中在 20 世纪儒家哲学,属于现代中国哲学,而第二方面是我关联于西方哲学思想的研究,其中的西方哲学家、思想家大都是 20 世纪的名家,属于现代西方哲学思想。所以本书定名为"中国哲学的现代视野",以显示当代中国哲学家对现代中国哲学中本原性问题的关注,和对现代西方思想的理解与问题意识。此书中有几篇尚未在学术杂志上发表,所以也可以说代表了我比较新的研究成果。

  以上是我就本书的主要内容和书名向读者做的说明。同时,我

把本书各篇曾发表的情况列举如下,供读者查索:

1、《近代"国学"的发生与演变》,《清华大学学报(哲学社会科学版)》2011 年第 3 期

2、《启蒙批判与学术研究的双重变奏——整理国故运动中的胡适》,《清华大学学报(哲学社会科学版)》2010 年第 4 期

3、《熊十力论中国哲学与中国哲学史》,原题《20 世纪中国哲学史论述的多元范式——以熊十力论中国哲学与中国哲学史为例》,《文史哲》2022 年第 1 期

4、《熊十力哲学的见体论》,《哲学研究》2023 年第 1 期

5、《梁漱溟论见体与一体》,《哲学动态》2023 年第 2 期

6、《精神哲学与知觉性理论——徐梵澄心学思想述论》,《世界宗教研究》2020 年第 1 期

7、《王阳明晚年思想的感应论》,《深圳社会科学》2020 年第 2 期

8、《王阳明的万物一体思想》,《中共宁波市委党校学报》2019 年第 2 期

9、《百年来儒学发展的回顾与前瞻》,原题《百年来儒学的发展和起伏——陈来教授在香港孔子学院的讲演》,《文汇报》2013 年 6 月 3 日《文汇学人·每周讲演》

10、《归属与创伤——伯林论民族意识与民族主义》,《天津社会科学》2011 年第 6 期

11、《中国的儒学复兴是全球资本主义话语? ——回应后殖民的儒学批评》,复旦大学上海儒学院编:《东亚儒学问题省思》(《现代儒学》第二辑)2017 年 9 月

12、《论儒家的实践智慧》,《哲学研究》2014 年第 8 期

13、《关于桑德尔论共和主义德行的思考——对〈民主的不满〉

的评论》，《华东师范大学学报（哲学社会科学版）》2016年第3期

14、《诠释学中的"前见"——以〈真理与方法〉为中心的分析》，《文史哲》2011年第4期

15、《认识传统的意义》，部分内容题作《传统的认识与继承》，刊于《中国文化》2019年第1期

16、《儒家的政治思想与美德政治观》，《中国哲学史》2020年第1期

最后，感谢责任编辑孟庆媛同志，感谢她认真、过细的编辑工作。

陈　来

2023年1月18日于京北御汤山